# i-Manuel LA SOLUTION NUMÉRIQUE POUR ENRICHIR L'ENSEIGNEMENT

- **En usage collectif,** pour animer la classe et vidéoprojeter les activités et les corrections.
- **En usage individuel** pour motiver et faire travailler les élèves sur poste informatique.

## COMMENT ACCÉDER À VOTRE i-Manuel ÉL

### Pour ACTIVER votre i-Manuel

▶ Transmettez votre clé d'activation imprimée ci-d
à votre enseignant qui, en retour, vous commu
vos **identifiant** et **mot de passe**.

W0391832

**votre clé d'activation élève**

BP24-VRH5H-3ANG9

PRONOTE.net
Votre établissement est équipé de Pronote.net : activez et accédez à votre i-Manuel avec vos identifiants Pronote depuis Pronote.net

### Ensuite, pour vous CONNECTER

▶ Rendez-vous sur **www.i-manuel.fr** et connectez-vous à votre espace élève avec vos **identifiant** et **mot de passe**.

**À SAVOIR**

- Votre clé d'activation élève est unique et personnelle, une fois utilisée, elle ne sera plus valide. Elle offre un accès à un seul élève pour une période de 24 mois (à compter de la première activation) et ne peut être réutilisée par d'autres élèves les années suivantes.
- L'activation des licences i-Manuel des élèves est laissée au libre choix de l'enseignant et l'ouvrage imprimé peut toujours être utilisé seul.

**Pour l'enseignant :** rendez-vous sur **www.nathan.fr/i-manuel** pour contacter votre délégué pédagogique Nathan, disposer de toutes les informations pratiques pour créer vos classes, activer les licences de vos élèves et équiper vos élèves de nouvelles licences.

Nathan TECHNIQUE

BTS Français 1re et 2e années

# Regards croisés

## Culture générale, méthode et expression

**Sous la direction d'Adrien David**

Françoise Cahen
Maxime Durisotti
Étienne Leterrier
David Martin
Alexandra de Montaigne
Estelle Planchon
Fabrice Sanchez
Justine Wanin

Nathan
TECHNIQUE

Coordination éditoriale : Karine Le Forestier

Édition : Marine Vives

Mise en page : Alinéa

Iconographie : Maryse Hubert

Fabrication : Christine Aubert

Couverture : Laurence Durandeau

Maquette intérieure : Séverine Tanguy



ISBN : 978-2-09-165281-8

# Sommaire

# Chapitre 1 Le travail ou la vie

• **Vincent Debanne, *Les Troupes de La Défense*, *quartier de la Défense*, 2004**

*Ce photographe explique pratiquer un « photomontage politique ». En retouchant les photographies, il souligne les mutations des sociétés contemporaines.*



## Pour se lancer !

1. Comment comprenez-vous le titre de cette photographie, *Les Troupes de La Défense* ?
2. Quelle image des salariés le photographe donne-t-il ?
3. Selon vous et d'après ce document, quels seront les thèmes abordés dans ce chapitre ?

# CORPUS 1 Merci patron !

## Document 1 Victor Hugo, *Les Misérables*, 1862

***Jean Valjean, ancien bagnard, a changé d'identité pour commencer une nouvelle vie. Se faisant appeler monsieur Madeleine, il devient le patron d'une industrie à Montreuil-sur-Mer.***

C'était un homme d'environ cinquante ans, qui avait l'air préoccupé et qui était bon. Voilà tout ce qu'on en pouvait dire.

Grâce aux progrès rapides de cette industrie qu'il avait si admirablement remaniée, Montreuil-sur-Mer, pour ce commerce, faisait presque concurrence à Londres et à Berlin. Les bénéfices du père Madeleine étaient tels que, dès la deuxième année, il avait pu bâtir une grande fabrique dans laquelle il y avait deux vastes ateliers, l'un pour les hommes, l'autre pour les femmes. Quiconque avait faim pouvait s'y présenter, et était sûr de trouver là de l'emploi et du pain. Le père Madeleine demandait aux hommes de la bonne volonté, aux femmes des mœurs pures[1], à tous de la probité[2]. Il avait divisé les ateliers, afin de séparer les sexes et que les filles et les femmes pussent rester sages. Sur ce point, il était inflexible. C'était le seul où il fût en quelque sorte intolérant. Il était d'autant plus fondé à cette sévérité que, Montreuil-sur-Mer étant une ville de garnison, les occasions de corruption abondaient. Du reste sa venue avait été un bienfait, et sa présence était une providence. Avant l'arrivée du père Madeleine, tout languissait dans le pays ; maintenant tout y vivait de la vie saine du travail. Une forte circulation échauffait tout et pénétrait partout. Le chômage et la misère étaient inconnus. Il n'y avait pas de poche si obscure où il n'y eût un peu d'argent, pas de logis si pauvre où il n'y eût un peu de joie.

Le père Madeleine employait tout le monde. Il n'exigeait qu'une chose : soyez honnête homme ! soyez honnête fille !

Comme nous l'avons dit, au milieu de cette activité dont il était la cause et le pivot, le père Madeleine faisait sa fortune, mais, chose assez singulière dans un simple homme de commerce, il ne paraissait point que ce fût là son principal souci. Il semblait qu'il songeât beaucoup aux autres et peu à lui. En 1820, on lui connaissait une somme de six cent mille francs, il avait dépensé plus d'un million pour la ville et pour les pauvres.

Première partie, « Fantine », livre cinquième,
« La descente », chapitre II, « Madeleine ».

1. Une conduite morale.
2. Honnêteté.

**Victor Hugo (1802-1885)**
À la fois poète, romancier, dramaturge et homme politique, Victor Hugo est considéré comme l'un des plus grands écrivains français. Dans ses œuvres, notamment dans *Les Misérables*, il a voulu mettre en scène la grandeur et la souffrance du peuple français.

## COMPARER LES DOCUMENTS 1 ET 2

i-manuel

1. **Quel thème précis est commun à ces deux textes ?**
2. **Aimeriez-vous travailler dans ces entreprises ? Relevez les éléments justifiant votre réponse.**
3. **Comment comprenez-vous les deux dernières phrases du texte de Mathilde Ramadier ?**
4. **En vous aidant de vos réponses précédentes, faites la liste de ce qui oppose ces deux textes.**

## Document 2 Mathilde Ramadier, *Bienvenue dans le nouveau monde*, 2017

***Mathilde Ramadier raconte son expérience dans une startup s'occupant de nouvelles technologies. Accueillie avec beaucoup d'enthousiasme, on lui promet une « aventure » « cool » et « épanouissante ».***

Un lundi matin, nous sommes tous invités par mail à préparer un exposé sur notre travail. L'idée ? Les managers de chaque département de l'entreprise (éditorial, marketing, design, service clients, finance, dev[1]) présentent leur job et celui de leur équipe en quinze minutes – avec du style, un PowerPoint de compétition et, surtout, un grand sens de l'*entertainment*[2]. Cela permet en un temps record de comprendre ce que font les différents employés, car même si nous sommes peu nombreux, nous ne connaissons pas les attributions de tout le monde : lorsqu'on se croise le temps d'un café à la cuisine, on en profite plutôt pour échanger quelques banalités ou parler de ce qu'on a fait le week-end. L'événement doit se dérouler sur deux demi-journées la semaine suivante, ce qui laisse aux différents volontaires le temps de se préparer. Bien sûr, cette activité n'est pas obligatoire. Mais les managers qui n'y participent pas – pour une raison ou pour une autre – ne sont pas franchement bien vus par la direction : ne manquent-ils pas cruellement d'esprit d'initiative et d'esprit d'équipe ? On leur permet de se donner en spectacle et de dire à quel point ils aiment leur boulot. Que demander de plus ?

Les différentes présentations se déroulent sans anicroche. Le CEO[3], ses associés et la directrice des ressources humaines y assistent en prenant des notes. Entre chaque exposé, on peut apprécier un tube de Rihanna lancé à fond et on a le droit d'aller se chercher une limonade bio ou quelques bonbecs à la cuisine. Les managers sont tous applaudis, quelques questions sont posées par l'assistance et le CEO, qui prononce le discours de clôture, est gratifié d'une standing ovation. Une heure plus tard, alors que nous sommes tous tranquillement retournés à notre vie terrestre, seuls devant nos écrans après ce beau moment de convivialité, nous recevons par mail une invitation à répondre à un questionnaire via une plateforme de sondage anonyme (en d'autres termes, permettant un anonymat relatif) afin d'évaluer les différents intervenants selon divers critères, dans le but de désigner le meilleur. En bas du message, il est précisé en gras et en lettres capitales qu'il est obligatoire de voter. Mais rassurons-nous, cela part d'un bon sentiment : le but est d'apprendre à connaître ses forces et ses faiblesses, de s'améliorer individuellement pour réussir collectivement. La volonté des CEO est de créer une communauté motivée et constructive. Loin d'eux l'idée de pousser leurs employés à la compétition, la moquerie, la délation…

**Chapitre I, « Ta mission, si tu l'acceptes ».**

**Mathilde Ramadier**
(née en 1987)
**Cette écrivaine et auteure de BD française vit à Berlin. Dans ses œuvres, elle évoque nos sociétés contemporaines, libérées, joyeuses, mais parfois très violentes.**

1. Abréviation de développement.
2. Divertissement.
3. Directeur général.

## Le BTS autrement IMPROVISER UNE SCÈNE

i-manuel

**5 Vous improviserez la suite de l'anecdote racontée par Mathilde Ramadier, en choisissant l'une des situations suivantes.**

- Un employé est convoqué par son manager. Sa prestation ne l'a pas convaincu et n'a pas plu aux autres employés.
- Un employé est félicité par son manager pour sa prestation. Ils évoquent son futur dans l'entreprise.
- Un employé est choqué par la situation. Il décide d'en parler à son manager.

**→ Pour se préparer**

**a.** Relevez dans le texte les éléments qui pourraient être exploités dans votre scène.
**b.** Quels arguments le manager mettra-t-il en avant pour défendre son point de vue ?
**c.** Quels arguments l'employé mettra-t-il en avant pour défendre son point de vue ?
**d.** Quel ton et quels gestes emploierez-vous ?

Document 3

## Margaux Rambert, « France Télécom et le management par la peur », *Psychologies*, 2009

***Dans les années 2000, des dizaines d'employés de France Télécom (devenu Orange) se sont suicidés. Cet article évoque les méthodes de management de l'entreprise.***

« Surcharge de travail », « urgence permanente », « management par la terreur ». C'est en ces termes que Michel, ce cadre marseillais de 51 ans qui a mis fin à ses jours le 14 juillet dernier, décrivait, dans une lettre désespérée laissée à sa famille, ses conditions de travail chez France Télécom. Il était le 18$^{e}$ employé de l'entreprise de télécommunications à se donner la mort en un an et demi. Quatre mois plus tard, celle-ci dénombre 25 cas de suicides parmi ses salariés. L'expression d'un mal-être croissant au cœur de cette ancienne structure publique récemment privatisée, où la peur est devenue une méthode de management généralisée.

**« Les 5 M »**

Marion est entrée chez France Télécom il y a 37 ans. Durant toutes ces années, elle a travaillé au « back office[1] », où elle gérait une équipe de six personnes. Un jour, la nouvelle tombe : son activité est délocalisée en Guadeloupe. Elle va désormais devoir répondre aux appels des clients. « Il a fallu que je m'adapte après une formation de trois semaines, raconte-t-elle. Ce n'est pas facile d'avoir le client en ligne. Et nous avons des objectifs très élevés. Je vis très mal ce changement d'activité. Mon supérieur m'avait assuré qu'après un an sur ce poste, je pourrais retourner au « back office ». Aujourd'hui, il me dit que c'est impossible. J'ai 57 ans, il n'est pas question que j'accepte d'autres changements. »

Des salariés contraints de changer de poste, ou de métier, Ivan du Roy, journaliste, en a rencontré de nombreux avant de publier son enquête sur le management par le stress à France Télécom : *Orange Stressé* (La Découverte, octobre 2009). « Avec les réorganisations successives, les employés sont soumis à des mobilités géographiques et de métier. C'est une véritable politique de l'incertitude face à laquelle ils sont déstabilisés. Leur métier initial perd de son sens. Ils finissent par ne plus savoir qui ils sont. Ceux qui tentent de résister sont « placardisés ». Passés 50 ans, les gens sont poussés à partir. Et même avant. Chaque année, lors des entretiens individuels, on demande aux salariés s'ils ne veulent pas s'en aller. » 22 000 suppressions de postes en trois ans : c'est le résultat du plan stratégique Next (Nouvelle Expérience des Télécommunications), déclenché en 2005.

Management par le stress, mobilités forcées, mouvement perpétuel, mise au placard et mise en condition de retraite forcée... Voici les « 5 M » qui, selon les chercheurs de l'Observatoire du stress et des mobilités forcées de France Télécom, définissent la stratégie managériale de cette entreprise.

1. Service chargé des opérations en Bourse.

## Le BTS autrement — ÉCRIRE UNE LETTRE

i-manuel

**1 Un employé de France Télécom écrit à la direction, aux syndicats ou à l'Inspection du Travail pour dénoncer ses conditions de travail. Imaginez sa lettre.**

→ Pour se préparer

**a.** Relevez dans le document 3 les éléments qui pourraient être exploités dans votre lettre.

**b.** Quelles propositions pouvez-vous faire pour améliorer la situation ?

**c.** Quels procédés emploierez-vous pour convaincre votre destinataire ?

Document 4 **Couverture du magazine *Management*, décembre 2013**

## COMPARER LES DOCUMENTS 3 ET 4

i-manuel

2 Pour quelles raisons le cadre de France Télécom parle-t-il de « management par la terreur » (l. 2) ?

3 Observez la photographie et le titre de la couverture du magazine. Que peut-on éprouver en la regardant ?

4 Quels points communs et quelles différences y a-t-il entre Marissa Mayer et les managers évoqués dans le texte de Margaux Rambert ?

# MÉTHODE Identifier la nature des documents

## Activités

**1 Associez à chaque type de document le nom commun désignant la personne qui l'a réalisé.** Ex. : poème > poète

Caricature > ..............................

Essai > ..............................

Sondage > ..............................

Article de journal > ..............................

Pièce de théâtre > ..............................

Roman > ..............................

**CONSEIL**

Le corpus présente toujours des documents de différentes natures : textes, images, infographies statistiques. Certains documents sont explicatifs ou argumentatifs : ils exposent clairement les enjeux du thème de la synthèse. D'autres constituent davantage des exemples, des illustrations.

**2 Classez les noms de la liste dans le tableau ci-dessous :**

caricature – essai – poème – sondage – photographie de presse – peinture – article de journal – tribune – pièce de théâtre – diagramme – dessin de presse – manifeste – roman – enquête

| Textes explicatifs ou argumentatifs | Textes ayant une valeur d'exemple ou d'illustration | Images | Documents statistiques |
|---|---|---|---|
| | | | |

**3 Dans quelles cases du tableau de l'exercice 2 classeriez-vous ces textes ?**

**Document 1**

**Émile Zola, *Germinal*, 1885**

En haut, la température montait jusqu'à trente-cinq degrés, l'air ne circulait pas, l'étouffement à la longue devenait mortel. Il avait dû, pour voir clair, fixer sa lampe à un clou, près de sa tête ; et cette lampe, qui chauffait son crâne, achevait de lui brûler le sang. Mais son supplice s'aggravait surtout de l'humidité. La roche, au-dessus de lui, à quelques centimètres de son visage, ruisselait d'eau, de grosses gouttes continues et rapides, tombant sur une sorte de rythme entêté, toujours à la même place.

**Document 2**

**« Coup de grisou en Géorgie : quatre morts », *AFP*, 2018**

Quatre mineurs ont été tués et six autres blessés lundi à la suite d'un coup de grisou dans une mine de charbon de l'ouest de la Géorgie, ont annoncé les autorités de ce pays du Caucase.
L'accident s'est produit dans la matinée dans la mine de Mindeli, à Tkibouli, a indiqué à la télévision le chef de la police locale, Besik Amiranachvili.
Selon un haut responsable local, David Katamadze, l'explosion est due au méthane.

**Document 3**

**Pierre Bachelet, *Les Corons*, 1982**

Au nord, c'étaient les corons
La terre c'était le charbon
Le ciel c'était l'horizon
Les hommes des mineurs de fond
Et c'était mon enfance, et elle était heureuse
Dans la buée des lessiveuses
Et j'avais des terrils à défaut de montagnes
D'en haut je voyais la campagne
Mon père était « gueule noire » comme l'étaient ses parents
Ma mère avait les cheveux blancs

Document 1 : ..............................  Document 2 : ..............................  Document 3 : ..............................

**4** À quel genre appartient chacune de ces images ?

**Document 4** Jean-François Millet, *Les Glaneuses*, 1857

**Document 5** Visuel pour *Lu*, 2013

**Document 6**
Frédéric Dugit, portrait d'Olivier Lainé, céréalier, 2017

Document 4 : ..............................

Document 5 : ..............................

Document 6 : ..............................

**5** **a.** À quels genres appartiennent les documents du corpus 1 (p. 8-11) ?

Document 1 : ..............................

Document 2 : ..............................

Document 3 : ..............................

Document 4 : ..............................

**b.** Quels documents vous semblent explicatifs ou argumentatifs ?

..............................

**c.** Quels documents vous semblent plus illustratifs ?

..............................

# CORPUS 2 Travaille-t-on seulement pour gagner sa vie ?

## SUJET

Travaille-t-on seulement pour gagner sa vie ?
**Vous répondrez à cette question d'une façon argumentée en vous appuyant sur les documents du corpus 2 (p. 15-17), vos lectures et vos connaissances personnelles.**

### Premières intuitions

**1** Spontanément, que répondriez-vous à cette question ?

**2** Dans le cadre ci-dessous, notez librement toutes les idées qui vous viennent à l'esprit, en rapport avec la question d'écriture personnelle.

### Analyse du sujet

**3** Entourez dans le sujet les mots-clés permettant de construire votre réflexion.

Travaille-t-on seulement pour gagner sa vie ?

**4** Donnez pour chacun de ces mots-clés des synonymes et des antonymes.

**5** Reformulez le sujet avec vos propres mots.

## CONSTRUIRE SA RÉFLEXION

**Lisez les documents du corpus 2 (p. 15-17) pour nourrir votre réflexion et réaliser les activités de la Méthode (p. 18-19).**

### Document 1 Matthew B. Crawford, *Éloge du carburateur*, 2016

***Dans cet essai, Matthew B. Crawford évoque son double parcours d'étudiant à l'université et d'apprenti électricien puis mécanicien.***

C'est à la veille de mes quatorze ans que j'ai commencé à travailler comme assistant d'un électricien. À l'époque, j'avais quitté le lycée, et j'ai continué à travailler à plein temps jusqu'à l'âge de quinze ans après quoi j'ai exercé le métier d'apprenti électricien pendant les vacances d'été, jusque pendant mes premières années de fac, et ce en assumant des responsabilités de plus en plus importantes. À l'université, j'ai fini par obtenir un diplôme de premier cycle en physique mais, en l'absence de débouché professionnel immédiat, j'étais bien content de pouvoir mettre à profit mes compétences d'artisan, et c'est ainsi que je me suis mis à mon compte à Santa Barbara.

Le moment où, à la fin de mon travail, j'appuyais enfin sur l'interrupteur (« Et la lumière fut ») était pour moi une source perpétuelle de satisfaction. J'avais là une preuve tangible de l'efficacité de mon intervention et de ma compétence. Les conséquences de mon travail étaient visibles aux yeux de tous, et donc personne ne pouvait douter de ladite compétence. Sa valeur sociale était indéniable. J'étais parfois estomaqué à la vue d'un faisceau de câbles convergeant vers un panneau de contrôle industriel, déployant leurs courbes et leurs ramifications, et se rejoignant tous sur la même surface. Il s'agissait là d'un exploit technique tellement au-dessus de mes capacités que j'en arrivai à considérer son auteur comme un véritable génie, et j'étais certain que l'homme qui avait ainsi dompté ce faisceau de câbles avait ressenti l'exaltation engendrée par son accomplissement. Ma spécialité, c'était plutôt les circuits d'immeubles résidentiels ou d'éclairage commercial basique, et le résultat de mon travail était généralement dissimulé à la vue, caché à l'intérieur des murs. Ce qui ne m'empêchait pas de ressentir une certaine fierté chaque fois que je satisfaisais aux exigences esthétiques d'une installation bien faite. J'imaginais qu'un collègue électricien contemplerait un jour mon travail. Et même si ce n'était pas le cas, je ressentais une obligation envers moi-même. Ou plutôt, envers le travail lui-même – on dit parfois en effet que le savoir-faire artisanal repose sur le sens du travail bien fait, sans aucune considération annexe. Si ce type de satisfaction possède avant tout un caractère intrinsèque et intime, il n'en reste pas moins que ce qui se manifeste là, c'est une espèce de révélation, d'auto-affirmation.

« Bref plaidoyer pour les arts mécaniques ».

**Matthew B. Crawford**
(né en 1965)
**Philosophe et universitaire américain, ses travaux portent notamment sur la valeur du travail et de l'individu dans nos sociétés contemporaines. Il travaille également dans un garage de réparation de motos.**

### MOBILISER DES EXEMPLES

i-manuel

1. **Matthew B. Crawford travaille-t-il seulement pour gagner sa vie ?**
2. **Aimeriez-vous faire un tel métier ? Pour quelles raisons ?**

CORPUS 2

# Travaille-t-on seulement pour gagner sa vie ?

Document 2 **Robert Doisneau, *Les Halles*, 1968**

*Les Halles étaient un immense marché situé au centre de Paris. Lorsque les premiers projets de destruction furent rendus publics, Robert Doisneau décida de photographier les bâtiments et les nombreux marchands de ce lieu mythique.*

## MOBILISER DES EXEMPLES

i-manuel

**1** **Quelle image du métier de fleuriste Robert Doisneau donne-t-il ?**

**2** **Cette fleuriste travaille-t-elle seulement pour gagner sa vie ? Quelles satisfactions peut-elle tirer de son travail ?**

## Le BTS autrement

### PRÉSENTER UNE PHOTOGRAPHIE

i-manuel

**3** **Faites un exposé sur une photographie représentant le monde du travail. Vous pouvez chercher une œuvre de Robert Doisneau ou d'un autre grand photographe, comme Willy Ronis ou Raymond Depardon.**

→ Pour se préparer

**a.** Que représente cette photographie ? Dans quel contexte a-t-elle été prise ?

**b.** Quelle image du travail donne-t-elle ?

**c.** Quelles émotions peut-elle susciter chez le spectateur ?

## Document 3 — Sondage Ifop réalisé pour *Pèlerin*, 2016

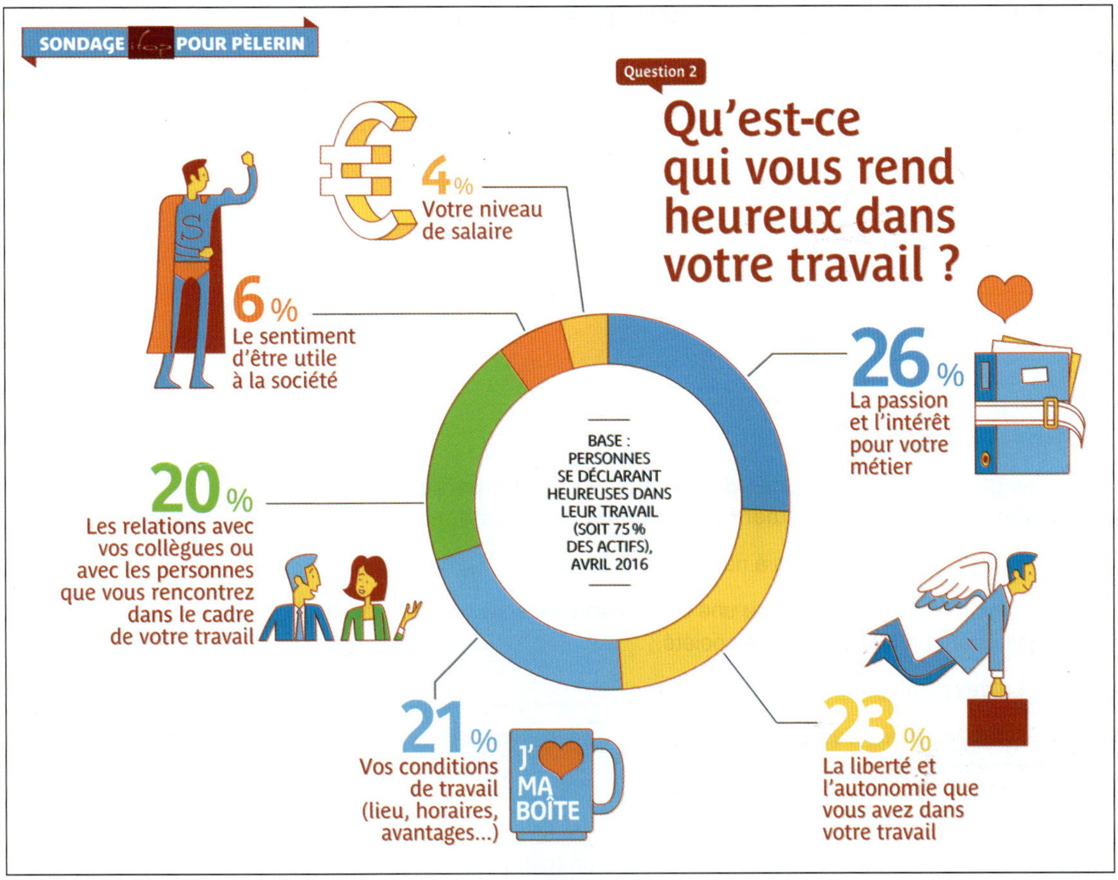


### MOBILISER DES EXEMPLES

i-manuel

**4** Lisez attentivement le sondage. Pour quelles raisons principales les Français travaillent-ils ?

**5** Qu'auriez-vous répondu à ce sondage ?

## Le BTS autrement — RÉALISER UN SONDAGE

i-manuel

**6** **a.** Réalisez ce sondage auprès de vos camarades, de vos amis et de votre famille. Chacun d'eux devra donner trois réponses à la question : « Qu'est-ce qui est le plus important pour vous dans votre travail ? ».
**b.** Présentez les données recueillies sous forme d'un tableau.
**c.** Obtenez-vous le même résultat que le sondage national ? Comment l'expliquez-vous ?

# Trouver des arguments

## Activités

**1 Quelles idées du corpus 2 vous ont le plus marqué(e) (p. 15-17) ?**

**2 Ces phrases sont extraites d'un travail d'écriture personnelle.
Relevez celles qui formulent des arguments répondant à la question posée (p. 14).**

**a.** Le travail donne un sens à notre vie.

**b.** Un infirmier, un pompier ou une enseignante ne sont peut-être pas bien payés, mais ils ont un métier utile à la société.

**c.** Le travail donne une place dans la société.

**d.** Pour beaucoup de gens, le sens de la vie se trouve dans la famille, les loisirs, les passions, et non dans le travail.

**e.** On travaille seulement pour gagner sa vie.

**f.** Un footballeur, un chanteur, un artiste ont un métier qui les passionne et ont des revenus souvent très confortables.

**g.** Quand notre métier nous passionne, peu importe le salaire.

**h.** Un cuisinier est fier d'être appelé en salle par des clients pour être félicité.

**i.** Ce qui est important pour nous se trouve en dehors du travail.

**j.** Dans le travail, on ressent la reconnaissance des autres personnes.

**k.** Les traders n'ont peut-être pas un travail très intéressant, mais avec l'argent qu'il leur rapporte, ils peuvent avoir des loisirs incroyables et parcourir le monde.

**l.** L'argent obtenu par le travail nous permet beaucoup de choses.

**m.** Le travail nous rend utiles.

**n.** Le travail contribue à l'affirmation de soi.

**o.** Un postier rend service à toute la communauté en distribuant le courrier. De plus, on ne pourrait pas vivre sans éboueurs, sans électriciens, sans commerçants.

**p.** Le travail est source d'épanouissement.

**q.** Le travail ne se résume pas à une question d'argent.

**3** **Corrigez le paragraphe argumenté suivant, qui doit présenter un argument clair et concis puis illustrer cet argument par un ou plusieurs exemples.**

Un travail doit nous apporter de la fierté. Il faut être fier de son travail, par exemple un boulanger qui propose des pains délicieux, avec des farines de bonne qualité peut être fier. Ses clients peuvent lui dire qu'ils aiment son pain et le féliciter. Il est utile à la société. Si on n'est pas fier de son travail, on ne peut pas travailler et se lever tous les matins. Par exemple, un mauvais boulanger aura honte de son travail. Mais au contraire, dans un restaurant, un chef pourra être fier parce qu'il prépare des plats appréciés et parce qu'il sera connu. On ne peut pas travailler sans fierté.

**4** **Rédigez votre écriture personnelle (p. 14) sur une feuille à l'aide des critères ci-dessous.**

| Critères de réussite | Points positifs | Points à améliorer |
|---|---|---|
| La question est correctement traitée, sans hors sujet. | | |
| L'argumentation est cohérente et recevable. | | |
| Les exemples sont pertinents, bien exploités. | | |
| La forme de la réponse est claire, lisible, structurée. | | |
| La langue est correcte. | | |

# PROJET Jouer une scène de la vie professionnelle

i-manuel

**Par deux, vous improviserez une scène inspirée par le monde professionnel : lors de votre stage, vous avez été choqué(e) par l'attitude de quelqu'un. Vous décidez de lui en faire part pour le faire réfléchir et changer de comportement. Votre scène durera cinq minutes.**

## Étape 1 Choisir une situation professionnelle

**a. Choisissez une situation, qui servira de point de départ à votre scène. Vous pouvez choisir une situation que vous avez vécue ou non.**

- ☐ Quelqu'un s'est montré violent, physiquement ou verbalement.
- ☐ Quelqu'un s'est montré injuste.
- ☐ Quelqu'un a commis quelque chose d'illégal ou de dangereux.
- ☐ Autre : ....................

**b. Expliquez la situation de manière synthétique.**

....................

....................

## Étape 2 Mobiliser des idées

**a. Qui seront les personnages de la scène ?**

- ☐ Votre manager ou un supérieur hiérarchique.
- ☐ Un collègue de même rang.
- ☐ Le membre d'une autre entreprise.
- ☐ Un client.
- ☐ Un stagiaire.
- ☐ Autre : ....................

**b. Où la scène se situera-t-elle ?**

....................

**c. Comment le dialogue commencera-t-il ?**

....................

**d. Comment réagira la personne au comportement discutable ?**

- ☐ Elle sera compréhensive.
- ☐ Elle ne comprendra pas.
- ☐ Elle sera furieuse ou agressive.
- ☐ Elle sera peinée.
- ☐ Elle sera indifférente.
- ☐ Autre : ....................

**e. Comment la scène s'achèvera-t-elle ?**

....................

## Étape 3 > Élaborer un argumentaire

a. Pour quelles raisons le comportement de cette personne pose-t-il problème ? Proposez plusieurs arguments.

b. Que peut-elle répondre à ces arguments ?

## Étape 4 > Préparer l'improvisation en scène

Complétez ce tableau pour préparer votre mise en scène.

| | Rôle 1 ........................ | Rôle 2 ........................ |
|---|---|---|
| Attitude et ton | | |
| Gestes | | |

## Étape 5 > Improviser la scène devant la classe

Lorsque vous observerez les mises en scène des autres étudiants, notez les points positifs dont vous pouvez vous inspirer et les défauts qu'il faudra éviter de reproduire.

## Évaluez votre prestation

| Critères de réussite | Points positifs | Points à améliorer |
|---|---|---|
| La situation de départ est clairement expliquée. | | |
| Les arguments sont précis et convaincants. | | |
| Le ton et les gestes sont pertinents. | | |
| Le conflit est résolu. | | |
| La langue est correcte. | | |

LIRE et VOIR

# À découvrir pour prolonger votre réflexion

## Un essai

**Julia de Funès et Nicolas Bouzou, *La Comédie (in)humaine* (2018)**
L'entreprise, qui devrait permettre de travailler et de s'épanouir, est devenue un lieu absurde et cruel : réunions interminables, managers tyranniques, plannings incompréhensibles. Une description acide et ironique du monde du travail.

## Un documentaire

**Didier Cros, *La Gueule de l'emploi* (2012)**
Une compagnie d'assurance recrute. Pour cela, elle convoque une dizaine de candidats qui devront se soumettre pendant deux jours à des tests et des jeux de rôle, sans rien savoir du poste ni de sa rémunération.

## Un film

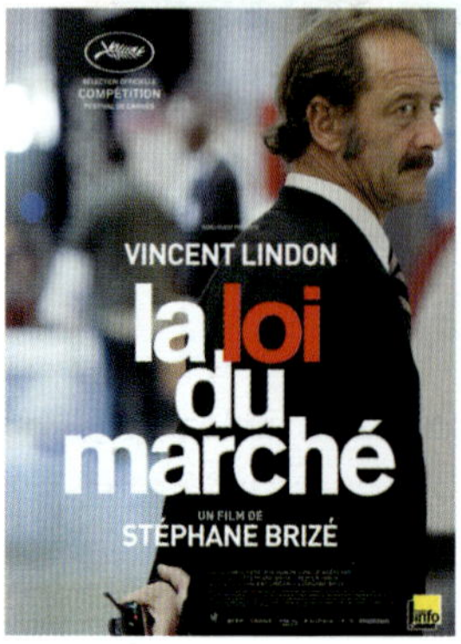


**Stéphane Brizé, *La Loi du marché* (2015)**
Après quinze mois de chômage, Thierry, ancien cadre, se résout à devenir vigile dans un supermarché. Il découvre un monde dur, violent, où il doit à la fois surveiller les clients et ses collègues.

# BILAN

i-manuel

## Dans ce chapitre...

- **Quels documents vous ont particulièrement frappé(e) ou intéressé(e) ? Pourquoi ?**
- **Quelles idées importantes avez-vous retenues ?**
- **Votre opinion à propos des thèmes étudiés a-t-elle évolué ?**

## La préparation à l'examen

- **Quels points de méthode maîtrisez-vous mieux à la fin du chapitre ?**
- **Lesquels vous semblent encore difficiles ? Pourquoi ?**
- **Quels sont vos objectifs pour le prochain chapitre ?**

# Chapitre 2

# Être ou avoir

Andreas Gursky, *99 Cent*, 2001



## Pour se lancer !

1. Quelle impression se dégage de cette photographie ?
2. Que vous évoque son titre ?
3. Selon vous et d'après ce document, quels seront les thèmes abordés dans ce chapitre ?

# CORPUS 1 L'objet de nos désirs

## Document 1 Antoine Repessé, *#365 Unpacked*, 2017

***Antoine Repessé, photographe lillois, a été remarqué pour son travail sur les déchets liés à la surconsommation.***

## Le BTS autrement MENER DES RECHERCHES

i-manuel

**1 Quels changements peut-on envisager pour éviter la prolifération des déchets ?**

→ **Pour se préparer**

Pour répondre à cette question, effectuez les recherches suivantes, en vous assurant de la fiabilité des sources :

**a.** Qu'est-ce que le « continent de plastique » ?

**b.** Qu'est-ce que la « slow consommation » ou « consomm'action » ?

**c.** Qu'est-ce que le « zéro déchet » ?

## Document 2 Michel Houellebecq, *La Carte et le Territoire*, 2010

***Michel Houellebecq se met en scène dans ce roman et raconte sa rencontre avec Jed Martin, un artiste. Lors de leurs échanges, ils abordent le sujet de la consommation.***

« Dans ma vie de consommateur, dit-il, j'aurai connu trois produits parfaits : les chaussures *Paraboot Marche*, le combiné ordinateur portable-imprimante *Canon Libris*, la parka[1] Camel Legend. Ces produits je les ai aimés, passionnément, j'aurais passé ma vie en leur présence, rachetant régulièrement, à mesure de l'usure naturelle, des produits identiques. Une relation parfaite et fidèle s'était établie, faisant de moi un consommateur heureux. Je n'étais pas absolument heureux, à tous points de vue, dans la vie, mais au moins j'avais cela : je pouvais, à intervalles réguliers, racheter une paire de mes chaussures préférées. C'est peu mais c'est beaucoup, surtout quand on a une vie intime assez pauvre. Eh bien cette joie, cette joie simple, ne m'a pas été laissée. Mes produits favoris, au bout de quelques années, ont disparu des rayonnages, leur fabrication a purement et simplement été stoppée – et dans le cas de ma pauvre parka Camel Legend, sans doute la plus belle parka jamais fabriquée, elle n'aura vécu qu'une seule saison... » Il se mit à pleurer, lentement, à grosses gouttes, se resservit un verre de vin. « C'est brutal, vous savez, c'est terriblement brutal. Alors que les espèces animales les plus insignifiantes mettent des milliers, parfois des millions d'années à disparaître, les produits manufacturés sont rayés de la surface du globe en quelques jours, il ne leur est jamais accordé de seconde chance, ils ne peuvent que subir, impuissants, le diktat irresponsable et fasciste des responsables des lignes de produit qui savent naturellement mieux que tout autre ce que veut le consommateur, qui prétendent capter une attente de nouveauté chez le consommateur, qui ne font en réalité que transformer sa vie en une quête épuisante et désespérée, une errance sans fin entre des linéaires[2] éternellement modifiés. »

– Je comprends ce que vous voulez dire », intervint Jed, « je sais que beaucoup de gens ont eu le cœur brisé lors de l'arrêt de la fabrication du Rolleiflex double objectif[3]. Mais peut-être alors... Peut-être faudrait-il réserver sa confiance et son amour aux produits extrêmement onéreux, bénéficiant d'un statut mythique. Je ne m'imagine pas, par exemple, Rolex arrêtant la production de l'Oyster Perpetual Day-Date[4].

– Vous êtes jeune... Vous êtes terriblement jeune... Rolex fera comme tous les autres. » Il se saisit de trois rondelles de chorizo, les disposa sur un bout de pain, engloutit l'ensemble, puis se resservit un verre de vin.

**Deuxième partie, chapitre IV.**

1. Veste contre les fortes intempéries.
2. Rayons.
3. Modèle d'appareil photographique.
4. Modèle de montre de luxe.

**Michel Houellebecq (né en 1956 ou 1958)**
Cet écrivain français est célèbre pour ses romans et ses poèmes. Il a reçu le prix Goncourt pour *La Carte et le Territoire* en 2010.

### COMPARER LES DOCUMENTS 1 ET 2

i-manuel

**2** **Quels adjectifs pourraient qualifier à la fois les personnages de la photographie et ceux du texte ?**

**3** **Que ressent le personnage de Michel Houellebecq lorsqu'il évoque les trois « produits parfaits » qu'il a connus ? Qu'en pensez-vous ?**

**4** **Comparez les visions qu'offrent les deux documents de la société de consommation.**

## Document 3 Dimitri Sokolov-Mitrich, « Huit jours de bonheur loin de la consommation », *Courrier International*, 2010

*Un journaliste russe a fait l'expérience d'une semaine de vie quasi monacale : confort et décor minimalistes, consommation limitée. Il relate cette aventure des temps modernes aux lecteurs des* Izvestia[1].

**Dimitri Sokolov-Mitrich** (né en 1975)
Les articles de ce reporter, journaliste et essayiste russe, sont souvent retranscrits dans *Courrier international*.

Arrivé à un certain stade de l'existence, on comprend que trop de choses inutiles et absurdes se sont amoncelées autour de nous. Et que tout cela devient agressif. On se met donc à en avoir peur.

On a du mal à contenir son irritation quand on se voit offrir des cadeaux inutiles, ou même utiles, et on insiste auprès de ses amis pour qu'ils viennent à vos soirées d'anniversaire les mains vides. Mais ils n'écoutent pas. On réagit mal lorsque notre épouse nous propose d'aller chez Mega [gigantesque centre commercial] acheter une paire de jeans neufs, parce qu'un homme comme il faut se doit d'avoir cinq ou six pantalons différents. On est horrifié devant la quantité de jouets qui a envahi la chambre des enfants. Et on comprend soudain le bonheur que ça doit représenter de remplir un grand sac d'objets divers et d'aller le balancer à la décharge.

Si vous pensez que je suis en train de déplorer à grands cris la puissance destructrice des objets, vous vous trompez. C'est exactement l'inverse. Je suis consterné de voir à quel point ils ont perdu de leur force. Parce que j'aime les objets, je veux qu'ils fassent partie de la famille au lieu de n'être que des partenaires jetables. Pour moi, pas de brève aventure ; je suis animé des intentions les plus sérieuses vis-à-vis des objets.

Personne n'est absolument détaché du monde matériel. Tout objet valable a un côté pragmatique et esthétique, mais aussi sacré. Et c'est précisément cette fétichisation que la publicité exploite. Lorsque nous contemplons la naissance du nouveau modèle d'une marque automobile mondialement connue, notre inconscient se réveille, prêt à succomber à la grandeur de cette création divine, ou du moins à communier avec cette grandeur en la possédant.

Mais le culte des objets, comme tout autre, se désacralise lorsque les dieux deviennent trop nombreux. À quand remonte la dernière fois où vous avez vraiment « arrêté votre choix » sur un objet ? Et nos enfants disent-ils, émus, à leurs copains : « *C'est le parapluie de papa, celui qui les abritait, lui et ma maman, au début de leur vie commune* » ? Qui se souvient encore de ce qu'est un patrimoine familial ? Nous avons même cessé de considérer les robes de mariée comme des reliques à conserver précieusement. Aujourd'hui, les articles sont tout de suite hors d'usage, et même s'ils peuvent encore servir ils vieillissent mal, passent de mode, lassent leurs propriétaires. Ils entrent chez nous pour en sortir aussitôt, comme des amants furtifs ou des filles d'un soir, sans que nous ayons le temps de nous y attacher, voire simplement de les apprécier. Du coup, nous perdons aussi le sens de la mesure dans la consommation.

C'est ainsi que les objets se multiplient autour de nous, qu'ils s'entassent, nous submergent. Nous cessons de les comprendre, de les maîtriser. Chacun d'eux nous dit quelque chose, mais quand il y en a trop ils font un tel vacarme qu'ils en arrivent à nous empoisonner la vie et à nous désorienter. Nous sommes perdus dans notre espace existentiel. Les objets finissent par devenir des ennemis.

1. Journal russe, dont le titre peut être traduit par *Les Nouvelles*.

## Document 4 Georges Perec, *Les Choses*, 1965

***Ce roman décrit les désirs et désillusions d'un jeune couple vivant à Paris dans les années 1960, rêvant de richesse.***

Mais entre ces rêveries trop grandes, auxquelles ils s'abandonnaient avec une complaisance[1] étrange, et la nullité de leurs actions réelles, nul projet rationnel, qui aurait concilié les nécessités objectives et leurs possibilités financières, ne venait s'insérer. L'immensité de leurs désirs les paralysait.

Cette absence de simplicité, de lucidité presque, était caractéristique. L'aisance – c'est sans doute ceci qui était le plus grave – leur faisait cruellement défaut. Non pas l'aisance matérielle, objective, mais une certaine désinvolture, une certaine décontraction. Ils avaient tendance à être excités, crispés, avides, presque jaloux. Leur amour du bien-être, du mieux-être, se traduisait le plus souvent par un prosélytisme[2] bête : alors ils discouraient longtemps, eux et leurs amis, sur le génie d'une pipe ou d'une table basse, ils en faisaient des objets d'art, des pièces de musée. Ils s'enthousiasmaient pour une valise - ces valises minuscules, extraordinairement plates, en cuir noir légèrement grenu, que l'on voit en vitrine dans les magasins de la Madeleine, et qui semblent concentrer en elle tous les plaisirs supposés des voyages éclair, à New York ou à Londres. Ils traversaient Paris pour aller voir un fauteuil qu'on leur avait dit parfait. Et même, connaissant leurs classiques, ils hésitaient parfois à mettre un vêtement neuf, tant il leur semblait important, pour l'excellence de son allure, qu'il ait d'abord été porté trois fois. Mais les gestes, un peu sacralisés, qu'ils avaient pour s'enthousiasmer devant la vitrine d'un tailleur, d'une modiste ou d'un chausseur, ne parvenaient le plus souvent qu'à les rendre un peu ridicules.

Peut-être étaient-ils trop marqués par leur passé (et pas seulement eux, d'ailleurs, mais leurs amis, leurs collègues, les gens de leur âge, le monde dans lequel ils trempaient). Peut-être étaient-ils d'emblée trop voraces : ils voulaient aller trop vite. Il aurait fallu que le monde, les choses de tout temps leur appartiennent, et ils y auraient multiplié les signes de possession. Mais ils étaient condamnés à la conquête : ils pouvaient devenir de plus en plus riches ; ils ne pouvaient faire qu'ils l'aient toujours été. Ils auraient aimé vivre dans le confort, dans la beauté. Mais ils s'exclamaient, ils admiraient, c'était la preuve la plus sûre qu'ils n'y étaient pas.

**Georges Perec (1936-1982)**
Cet écrivain français a reçu le prix Renaudot en 1965 pour son premier roman, *Les Choses*, et le prix Médicis en 1978 pour *La Vie mode d'emploi*, roman qui raconte la vie des habitants d'un immeuble.

1. Satisfaction coupable.
2. Volonté d'imposer ses idées.

### COMPARER LES DOCUMENTS 3 ET 4

i-manuel

**1** **En quoi Dimitri Sokolov-Mitrich et les personnages de Georges Perec diffèrent-ils ? Justifiez votre réponse.**

**2** **Selon vous, Georges Perec défend-il un point de vue similaire ou différent de celui de Dimitri Sokolov-Mitrich ? Justifiez votre réponse.**

## Le BTS autrement DÉBATTRE

i-manuel

**3** **Faut-il faire le vide autour de soi pour être plus heureux ? Vous débattrez de cette question.**

→ **Pour se préparer**

- Préparez vos arguments et exemples au brouillon, en menant si besoin des recherches, avant de vous lancer dans le débat.

MÉTHODE

# Identifier les idées du corpus

## Activités

**CONSEIL**

Reportez-vous aux pages 214-215 pour apprendre à identifier efficacement les idées d'un corpus.

**1 Relisez le corpus 1 (p. 24-27) et complétez le tableau ci-dessous en ajoutant deux nouvelles idées principales. Vous vous appuierez au moins sur deux documents pour justifier chacune des idées. Aidez-vous des exemples déjà donnés.**

| Idées principales | Document 1 | Document 2 | Document 3 | Document 4 |
|---|---|---|---|---|
| Les émotions que procurent les objets de consommation qui nous entourent. | | | Le journaliste souhaite être attaché à des objets choisis, lui procurant du plaisir et avec lesquels il a une relation sentimentale. L'accumulation d'autres objets l'agace voire l'oppresse. | |
| L'avenir des objets achetés. | | Le personnage de Houellebecq garde et chérit ses objets jusqu'à l'usure, puis cherche à les renouveler à l'identique. | | |
| | | | | |
| | | | | |

**2 Identifiez les documents du corpus 1 qui abordent les thèmes ci-dessous, puis rapprochez ou opposez-les en fonction du point de vue qu'ils défendent.**

**a.** L'environnement : ......................................................................................................

..........................................................................................................................................

**b.** Le plaisir : ..................................................................................................................

..........................................................................................................................................

**3** **Identifiez les thèmes développés dans chaque document.**

**Document 1**

**Simone de Beauvoir, *Les Belles Images*, 1966**

Ils achètent un appareil facile à manier. Un signal vert indique que la lumière est bonne ; si elle est mauvaise, il devient rouge ; impossible de se tromper. Catherine sera contente. Mais c'est autre chose que je voudrais lui donner : la sécurité, la gaieté, le plaisir d'être au monde. C'est tout ça que je prétends vendre quand je lance un produit. Mensonge. Dans les vitrines, les objets gardent encore l'aura qui les nimbait sur l'image en papier glacé. Mais quand on les tient dans sa main, on ne voit plus rien d'autre qu'une lampe, un parapluie, un appareil photographique. Inerte, froid.

**Document 2**

**Annie Ernaux, *Les Années*, 2008**

On avait le temps de désirer les choses, la trousse en plastique, les chaussures à semelles de crêpe, la montre en or. Leur possession ne décevait pas. On les offrait à l'admiration des autres. Elles recelaient un mystère et une magie qui ne s'épuisaient pas. Les tournant et les retournant, on continuait à attendre d'elles on ne savait quoi après les avoir eues.

**Document 3**

**Campagne de Greenpeace contre la pollution**

Document 1 : ..............................................................................

..............................................................................

..............................................................................

Document 2 : ..............................................................................

..............................................................................

..............................................................................

Document 3 : ..............................................................................

..............................................................................

..............................................................................

# CORPUS 2 La consommation définit-elle qui nous sommes ?

## SUJET

La consommation définit-elle qui nous sommes?

**Vous répondrez à cette question d'une façon argumentée en vous appuyant sur les documents du corpus 2 (p. 31-33), vos lectures et vos connaissances personnelles.**

## Premières intuitions

**1 Spontanément, que répondriez-vous à cette question ?**

**2 Dans le cadre ci-dessous, notez librement toutes les idées qui vous viennent à l'esprit, en rapport avec le sujet.**

## Analyse du sujet

**3 Entourez dans le sujet les mots-clés permettant de construire votre réflexion.**

La consommation définit-elle qui nous sommes?

**4 Donnez pour chacun de ces mots-clés des synonymes et des antonymes.**

**5 Reformulez le sujet avec vos propres mots.**

## CONSTRUIRE SA RÉFLEXION

**Lisez les documents du corpus 2 (p. 31-33) pour nourrir votre réflexion et réaliser les activités de la Méthode (p. 34-35).**

### Document 1 Mona Chollet, *Beauté fatale*, 2012

En 2011, le conditionnement et la sexualisation précoce des petites filles ont fait quelques remous dans les médias. La marque Petit Bateau a par exemple commercialisé des bodies pour bébé rose ou bleu selon le sexe ; sur le premier, on pouvait lire les mots : « jolie, têtue, rigolote, douce, gourmande, coquette, amoureuse, mignonne, élégante, belle » ; sur le second : « courageux, fort, fier, vaillant, robuste, rusé, habile, déterminé, espiègle, cool ». Poussant très loin la panique de l'indifférenciation sexuelle, une entreprise américaine propose des perruques pour bébé, afin qu'il soit bien clair que les petites filles ne sont pas des garçons (« I'm not a boy ! »), mais des « petites princesses ».
On l'a dit : il ne suffit pas d'incriminer le « marketing ». Celui-ci, cherchant le meilleur moyen de gagner de l'argent, ne fait qu'identifier les tendances profondes qui travaillent une société afin de les exploiter. Pour autant, on commettrait une grave erreur en sous-estimant sa capacité à les exacerber en retour. L'écrivaine et chroniqueuse américaine Peggy Orenstein en a fait l'expérience. Mère d'une petite Daisy, elle a été médusée par la passion que développait la fillette pour le rose et les « Princesses Disney » : « Elle dévorait des yeux les vitrines drapées de tulle des magasins de jouets du quartier et me réclama pour son troisième anniversaire "une vraie robe de princesse" avec les chaussures à talons hauts assorties. Pendant ce temps, l'une de ses camarades de classe, celle qui avait deux mamans, arrivait tous les jours à l'école vêtue d'une robe de Cendrillon – avec son voile nuptial. » Elle décide donc d'enquêter. Elle rappelle que, il y a un siècle encore, le code couleur pour les enfants de chaque sexe n'existait pas. Lorsqu'il a commencé à se mettre en place, de surcroît, le rose était considéré comme une couleur masculine – « une version pastel du rouge, la couleur associée à la force » – et le bleu, « associé à la Vierge Marie, à la constance et à la fidélité », comme une couleur féminine. La déferlante du rose *girly* ne date que du milieu des années 1980, lorsque « l'amplification des différences d'âge et de sexe devint une stratégie clé du marketing ciblant les enfants ». Poussant plus loin ses investigations, elle découvre que certaines catégories d'âge qui passent pour des stades de développement identifiés par les psychologues sont en fait de pures trouvailles marketing. C'est le cas du *toddler*, le « tout-petit » (entre un et trois ans), inventé par les fabricants de vêtements dans les années 1930, et, plus récemment, du *tween*, le préadolescent, qui a fait son apparition dans les années 1980. « Je n'aurais jamais pensé, en ayant une fille, que l'une de mes tâches les plus importantes serait d'empêcher la société de consommation de faire main basse sur son enfance », écrit Orenstein.

**Mona Chollet (née en 1973)**
**Cette journaliste et essayiste franco-suisse s'intéresse à divers sujets de société. Dans *Beauté fatale*, elle décrypte notamment les liens entre la condition féminine et les médias.**

### MOBILISER DES EXEMPLES

i-manuel

**1 Pourquoi le marketing a-t-il développé certaines catégories d'âge ? Qu'en pensez-vous ?**

**2 Pensez-vous que les produits achetés pour un enfant contribuent à la construction de son identité ?**

# La consommation définit-elle qui nous sommes ?

## Document 2 Jacques Sternberg, *Le Credo*, 1990

***Cette nouvelle décrit un homme ordinaire, fasciné par la publicité, qui décide de changer de vie.***

Il consacra toute son énergie et tout son argent à atteindre ce but : se dépasser lui-même. Parvenir au stade suprême : celui d'homme de son temps, de mâle, de héros de tous les jours, tous terrains, toutes voiles dehors.

C'est sur le rasoir Gillette qu'il compta pour décrocher la perfection au masculin et s'imposer comme le meilleur de tous en tout dès le matin. La joie de vivre, il l'ingurgita en quelques minutes grâce à deux tasses de Nescafé. Après s'être rasé, il s'imbiba de Savane, l'eau de toilette aux effluves sauvages qui devaient attirer toutes les femmes, à l'exception des laiderons, évidemment. Et pour mettre encore plus d'atouts dans son jeu, en sortant de son bain, il s'aspergea de City, le parfum de la réussite. Sans oublier d'avaler son verre d'eau d'Évian, la seule qui devait le mener aux sources pures de la santé. Il croqua ensuite une tablette de Nestlé, plus fort en chocolat, ce qui ne pouvait que le rendre plus fort dans la vie. Puis il décapsula son Danone se délectant de ce yaourt spermatique, symbole visuel de la virilité. Et termina par quelques gorgées de Contrex, légendaire contrat du bonheur.

Il eut la prudence de mettre un caleçon Dim, celui du mâle heureux. Sa chemise avait été lavée par Ariel qui assurait une propreté insoutenable repérable à cent mètres. Il rangea ses maigres fesses dans un Levi's pour mieux les rendre fascinantes à chaque mouvement. Il enfila ses Nike à coussins d'air, avec la conscience de gagner du ressort pour toute la journée. Son blouson Adidas lui donna un supplément d'aisance, celle des jeunes cadres qui vivaient entre jogging et marketing.

Avant de sortir pour aller au bureau, il vida une bouteille de Coca-Cola pour sentir lui couler dans les veines la sensation Coke, il croqua ensuite une bouchée Lion qui le fit rugir de bonheur et le gorgea d'une bestiale volonté de défier le monde de tous ses crocs. Il ne lui restait plus qu'à poser sur son nez ses verres solaires Vuarnet, les lunettes du champion, et d'allumer une Marlboro, la cigarette de l'aventurier toujours sûr de lui, que ce soit dans la savane ou sur le périphérique.

Lesté, des yeux aux pieds, de tous ces ingrédients de choc, il aborda sa journée de morne travail aux assurances en enlevant avec brio quelques affaires en suspens depuis des semaines et constata que plusieurs employées se retournaient sur son passage dans les corridors, sans compter que l'une d'elles lui avait adressé quelques mots.

Il quitta le bureau au milieu de l'après-midi pour aller dans un pub voisin où il commanda un Canada Dry, le dégustant avec la mâle assurance du buveur de whisky certain de ne pas dévier dans l'ivresse. Et rien qu'en jetant un vague regard derrière lui, il repéra immédiatement une jeune femme qui lui parut digne de se donner à lui. Elle était très joliment faite, un peu timide sans doute, mais l'air pas trop farouche et fort mignonne. Pour un homme peu habitué à la drague, il avait eu du flair et le coup d'œil. Grâce à Pink, Floc, Crash, Zoung, Blom ou Scratch sans doute.

Sans hésiter, il l'invita à prendre un verre à sa table. Elle le regarda de haut en bas, eut presque l'air de le humer, accusa alors un léger mouvement de recul impressionné.

– M'asseoir à votre table ? dit-elle d'une voix essoufflée. Je n'oserais jamais. Vous êtes vraiment trop pour moi.

Il la rassura, l'enjôla, la cajola du regard, de la parole et, à peine une heure plus tard, il se retrouvait avec elle dans son petit appartement de célibataire. Il lui servit un Martini blanc, ne prit rien et lui demanda de l'excuser un instant après lui avoir délicatement effleuré les lèvres. Il ressentait le besoin de se raser de près.

**Jacques Sternberg (1923-2006)**
Cet auteur belge s'est consacré à plusieurs genres : roman, nouvelle, théâtre, essai.

Il entra dans sa minuscule salle de bains où la jeune femme, subjuguée, le suivit. Il s'aspergea de mousse à raser Williams surglobulée par l'anoline R4 diluée dans du menthol vitaminé, puis il prit son rasoir Gillette et vit sa compagne se décomposer.

– Non, balbutia-t-elle, oh ! non ! Moi qui croyais que vous seriez mon idéal... Mon rêve de perfection masculine... Mais ce n'est pas avec Contour Gillette que vous vous rasez, c'est avec Gillette GII... Rien ne sera jamais possible...

Il n'eut même pas le temps de la rattraper, déjà elle avait ouvert et refermé la porte derrière elle.

## MOBILISER DES EXEMPLES

i-manuel

**1** **Le personnage principal de ce récit est-il défini par ce qu'il consomme ? Justifiez votre réponse.**

**2** **Que pensez-vous des relations entre les personnages de cette nouvelle ?**

## Document 3 Daniel Firman, *Gathering*, 2003

***Daniel Firman (né en 1966) est un artiste français. Son travail, notamment ses sculptures, est régulièrement exposé dans le cadre d'expositions d'art contemporain.***

i-manuel

## MOBILISER DES EXEMPLES

**3** **Que semble dire l'artiste à propos de la société de consommation ?**

**4** **Quel est le rapport entre cette sculpture et l'écriture personnelle (p. 30) ?**

# Mobiliser des exemples

## Activités

**1 a. À l'aide de votre culture personnelle et du corpus 2 (p. 31-33), complétez sous forme de notes le tableau suivant.**

| Arguments | Exemples |
|---|---|
| Le marketing invente des catégories de consommateurs pour inciter à acheter des produits. | *Beauté fatale* de Mona Chollet : influence de l'invention par le marketing des catégories du *toddler* et du *tween*. |
| En achetant une marque, le consommateur peut avoir l'impression de s'approprier le message qu'elle véhicule. | |
| Le consommateur peut se définir grâce à ses choix, notamment en boycottant certains produits. | |

**CONSEIL**

Avant de rédiger, ne négligez pas l'élaboration au brouillon d'une liste d'exemples qui vous aideront à construire votre plan. Tous les documents du corpus peuvent être exploités dans votre écriture personnelle, mais il faut également proposer des références personnelles. Chaque exemple doit être précis et développé : il ne faut pas se contenter d'une simple allusion.

**b. Choisissez un des arguments du tableau et rédigez un paragraphe argumenté que vous illustrerez d'un exemple.**

**Vocabulaire**

Un exemple doit être clairement introduit grâce à des mots comme : « ainsi », « par exemple », « comme le montre... », « comme le souligne... », « comme le prouve... », « comme l'écrit »..., etc.

**2 Lisez le début de ce paragraphe argumenté puis répondez aux questions ci-dessous.**

> On peut affirmer que la société de consommation influence la représentation des genres dans notre société. Tout d'abord, les goûts des consommateurs sont définis par le discours publicitaire et le marketing. C'est le cas de l'attribution d'un code couleur selon les sexes. Peggy Orenstein démontre ainsi dans une enquête que la déferlante du « rose girly » est une création du XX$^{e}$ siècle, puisque le rouge et le rose étaient auparavant des couleurs masculines quand le bleu était attribué aux petites filles.

a. Dans ce paragraphe, identifiez la thèse et l'argument principal.

b. Soulignez les mots qui permettent d'introduire les idées et l'exemple.

c. Surlignez l'exemple développé dans ce paragraphe.

i-manuel



**3** **En prenant pour modèle le paragraphe de l'exercice 2, construisez un paragraphe argumentatif pour défendre la thèse suivante : « Certes, le marketing influence certains consommateurs, mais d'autres parviennent à se définir en se libérant du discours publicitaire. » Prenez soin de développer un exemple.**

**4** **Réécrivez le paragraphe suivant afin de l'améliorer. Pour cela, aidez-vous des questions ci-dessous.**

> En achetant une marque, le consommateur peut avoir l'impression de s'approprier le message qu'elle véhicule. Le sportif se donne l'impression de mieux courir en s'achetant des baskets d'une marque célèbre.

a. Effectuez une recherche sur la marque Nike et le slogan « Just Do It ».

b. Insérez mieux l'exemple grâce aux mots introducteurs adéquats.

c. Développez davantage cet exemple en donnant des chiffres et des dates.

**5** **Rédigez votre écriture personnelle sur une feuille, à l'aide des critères suivants.**

| Critères de réussite | Points positifs | Points à améliorer |
|---|---|---|
| La question est correctement traitée, sans hors sujet. | | |
| L'argumentation est cohérente et recevable. | | |
| Les exemples sont pertinents, bien exploités. | | |
| La forme de la réponse est claire, lisible, structurée. | | |
| La langue est correcte. | | |

# PROJET Réaliser une chronique radiophonique

i-manuel

**Vous réaliserez une chronique radiophonique pour présenter une œuvre sur la société de consommation. Vous direz ce que vous avez éprouvé en la découvrant et expliquerez les intentions de son auteur. Votre chronique durera environ cinq minutes.**

## Étape 1 Choisir une œuvre

**Recherchez sur Internet un livre sur la société de consommation ou demandez conseil auprès de votre libraire, de votre professeur ou du documentaliste. Vous pouvez aussi choisir une œuvre de la liste suivante.**

**Simone de Beauvoir,**
***Les Belles Images***
**(roman, 1966)**
Laurence, en apparence, mène une vie idéale. Mariée à un architecte, mère de deux enfants, elle travaille dans la publicité. Pourtant, elle n'est pas heureuse dans ce rôle qu'elle joue.

**Radhika Jha,**
***La Beauté du diable***
**(roman, 2014)**
Kayo mène une vie ordinaire avec mari et enfants. Quand elle hérite d'une grosse somme d'argent, elle devient une acheteuse compulsive de vêtements de marque, jusqu'à ce qu'il ne lui reste plus rien…

**Frédéric Beigbeder,**
***99 francs* (roman, 2000)**
Ce roman dénonce les dérapages cyniques du monde de la publicité dans la société de consommation occidentale.

**Violaine Schwartz, *Comment on freine ?* (théâtre, 2015)**
Des cartons de vêtements s'entassent dans l'appartement d'un couple qui ne s'entend plus. Au Bangladesh, un atelier de confection pour des marques occidentales s'effondre et fait plus de mille morts. Ce huis-clos interroge notre mode de consommation et ses conséquences.

**Christophe Rioux,**
***Tête de gondole***
**(roman, 2009)**
Victor, professeur de lettres démissionnaire, devient assistant au rayon livres d'un supermarché. Sous-payé et victime de l'horreur salariale, il se résigne à vivre vingt-quatre heures sur vingt-quatre sur son lieu de travail.

**Annie Ernaux, *Regarde les lumières mon amour***
**(témoignage, 2016)**
Annie Ernaux rédige le journal de ses visites au magasin Auchan de Cergy, en décrivant l'attirance, la répulsion ou les interrogations que suscite en elle ce lieu.

## Étape 2 Rassembler des informations

**Rassemblez les informations pour présenter l'œuvre que vous avez lue.**

Nom de l'auteur : ……………………………

Titre de l'œuvre : ……………………………

Date de publication : ……………………………

Présentation et/ou résumé de l'œuvre : ……………………………

Votre réaction en tant que lecteur : ……………………………

## Étape 3 Sélectionner un extrait

**Choisissez un extrait caractéristique de l'œuvre, que vous présenterez dans votre chronique. Entraînez-vous à le lire à voix haute, en mettant le ton. Cette lecture sera ensuite intégrée dans votre chronique.**

## Étape 4 Rédiger la chronique

**Rédigez votre chronique. Commencez par citer le titre et le genre de l'œuvre, le nom de l'auteur, la date et la maison d'édition. Définissez un angle qui donnera à votre auditoire envie de lire l'œuvre ou au contraire d'en choisir une autre.**
**Pour cela, sélectionnez les passages les plus caractéristiques mais n'en dévoilez pas trop. Pensez au moment où vous insérerez la lecture de l'extrait que vous avez choisi.**

## Étape 5 Enregistrer la chronique

**Après quelques essais à l'oral, enregistrez-vous à l'aide de votre téléphone.**
**Vous enverrez ensuite votre fichier audio à votre professeur par courriel.**

## Évaluez votre chronique

| Critères de réussite | Points positifs | Points à améliorer |
|---|---|---|
| **Votre présentation est claire et complète.** | | |
| **L'effet produit par la lecture est expliqué avec pertinence.** | | |
| **Votre chronique est dynamique.** | | |
| **L'argumentation est efficace.** | | |
| **L'extrait lu est bien mis en voix.** | | |
| **La langue est correcte.** | | |

LIRE et VOIR

# À découvrir pour prolonger votre réflexion

## Un documentaire

**Cosima Dannoritzer,**
***Prêt à jeter* (2010)**
Dans les pays occidentaux, on peste contre des produits bas de gamme qu'il faut sans cesse remplacer. Au Ghana, on s'exaspère des déchets informatiques qui arrivent par conteneurs. Ce modèle de croissance qui pousse à produire et à jeter toujours plus ne date pourtant pas d'hier...

## Une série

**Matthew Weiner,**
***Mad Men* (2007)**
Cette série suit l'évolution des salariés d'une agence publicitaire new-yorkaise, à travers lesquels le spectateur assiste aux changements sociaux et moraux qui modifieront la société américaine dans les années 1960.

## Une bande dessinée

**Marcos Prior et Danide,**
***Phagocytose* (2018)**
À travers une série d'histoires courtes et ironiques, cette bande dessinée propose une satire de la société de consommation et de l'ultralibéralisme.

# BILAN

i-manuel

## Dans ce chapitre...

- **Quels documents vous ont particulièrement frappé(e) ou intéressé(e) ? Pourquoi ?**
- **Quelles idées importantes avez-vous retenues ?**
- **Votre opinion à propos des thèmes étudiés a-t-elle évolué ?**

## La préparation à l'examen

- **Quels points de méthode maîtrisez-vous mieux à la fin du chapitre ?**
- **Lesquels vous semblent encore difficiles ? Pourquoi ?**
- **Quels sont vos objectifs pour le prochain chapitre ?**

# Chapitre 3 Les valeurs de l'art

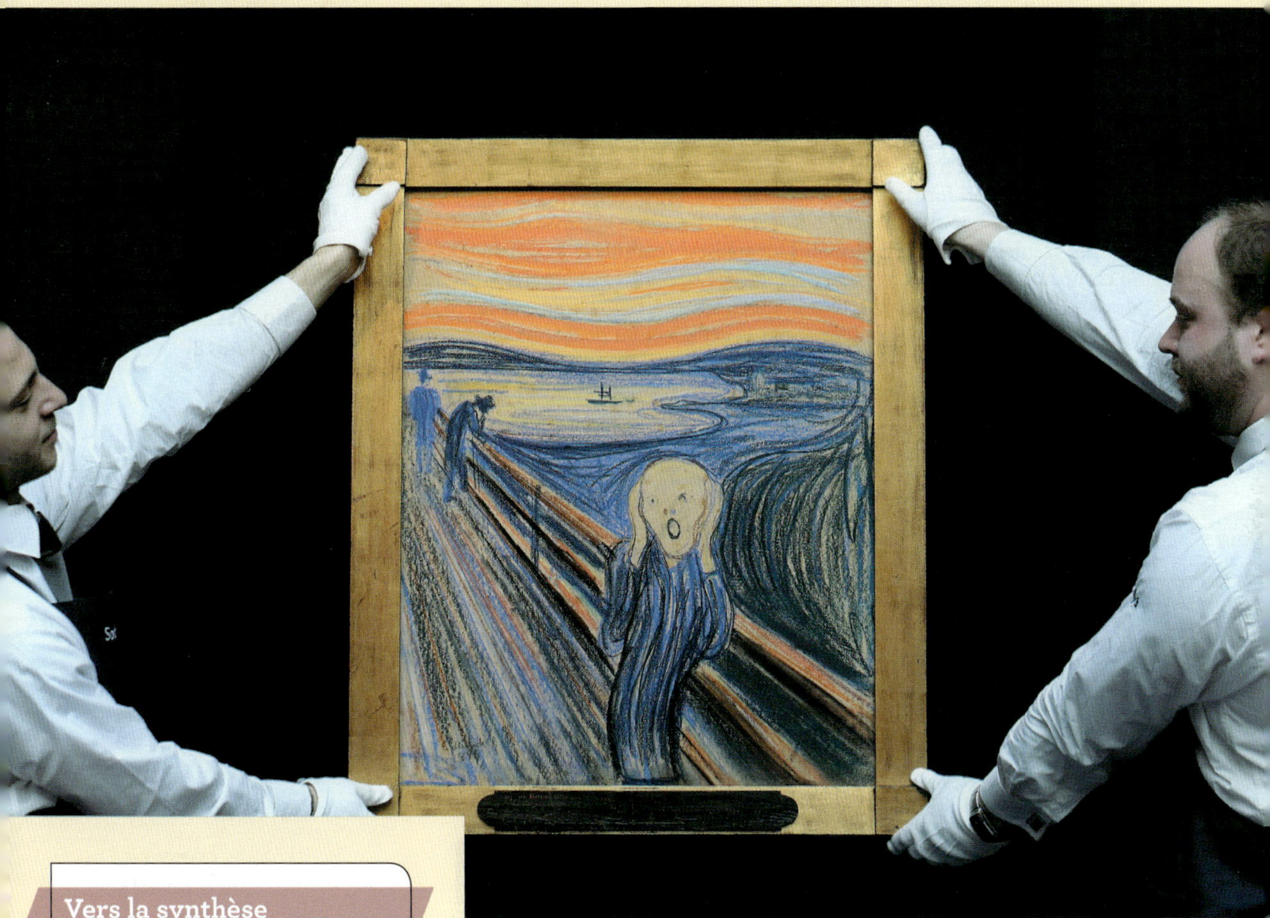

**Oli Scarff, photographie de la présentation du *Cri* chez Sotheby's, 2012**

*Ce tableau d'Edvard Munch a été vendu aux enchères par Sotheby's au milliardaire américain Leon Black pour presque 120 millions de dollars.*

**Vers la synthèse**



**Vers l'écriture personnelle**



**Le BTS autrement**



**Projet**



## Pour se lancer !

1. Que pensez-vous de cette vente aux enchères ?
2. Pour quelles raisons, selon vous, peut-on dépenser une telle somme pour un tableau ?
3. Selon vous et d'après ce document, quels seront les thèmes abordés dans ce chapitre ?

CORPUS 1

# Une histoire de goûts

## Document 1 Pierre Bourdieu, *La Distinction*, 1979

***Dans cet ouvrage, Pierre Bourdieu compare les pratiques culturelles populaires à celles des élites. Il montre comment les classes sociales établissent des distinctions pour se différencier des autres.***

Le spectacle populaire est celui qui procure, inséparablement, la participation individuelle du spectateur au spectacle et la participation collective à la fête dont le spectacle est l'occasion : en effet, si le cirque ou le mélodrame de boulevard[1] (que réactualisent certains spectacles sportifs comme le catch et, à moindre degré, la boxe et toutes les formes de jeux collectifs tels que ceux que la télévision a diffusés) sont plus « populaires » que des spectacles comme la danse ou le théâtre, ce n'est pas seulement parce que, moins formalisés[2] (comme le montre par exemple la comparaison entre l'acrobatie et la danse) et moins euphémisés[3], ils offrent des satisfactions plus directes, plus immédiates. C'est aussi que, par les manifestations collectives qu'ils suscitent et par le déploiement de fastes[4] spectaculaires qu'ils offrent (on pense aussi au music-hall, à l'opérette ou au film à grand spectacle), féerie des décors, éclat des costumes, entrain de la musique, vivacité de l'action, ardeur des acteurs, ils donnent satisfaction, comme toutes les formes de comique et notamment celles qui tirent leurs effets de la parodie ou de la satire[5] des « grands » (imitateurs, chansonniers, etc.), au goût et au sens de *la fête*, du franc-parler et de la franche rigolade, qui libèrent en mettant le monde social cul par-dessus tête, en renversant les conventions et les convenances.

**Première partie, « Critique sociale du jugement de goût », chapitre 1, « Titres et quartiers de noblesse culturels ».**

1. Genre théâtral populaire.
2. Codifiés.
3. Sans violence.
4. Splendeurs.
5. Moquerie.

### Pierre Bourdieu (1930-2002)

Ce sociologue a centré son travail sur l'analyse et la critique des inégalités sociales. Il a notamment publié *Les Héritiers*, *La Domination masculine* et *La Misère du monde*.

## COMPARER LES DOCUMENTS 1 ET 2

i-manuel

**1** **D'après Bourdieu, quels genres de spectacles aime le public populaire ?**

**2** **Comment réagissent Gervaise, Coupeau et leurs invités devant les tableaux du Louvre ?**

**3** **D'après ces deux textes, qu'est-ce qui distingue la culture populaire de la culture des élites sociales ?**

## Document 2 Émile Zola, *L'Assommoir*, 1876

***Gervaise, modeste blanchisseuse, et Coupeau, ouvrier, viennent de se marier. Un orage éclate alors qu'ils se promènent devant le Louvre avec les invités de leur noce. Ils rentrent tous dans le musée pour s'abriter.***

La nudité sévère de l'escalier les rendit graves. Un huissier[1] superbe, en gilet rouge, la livrée galonnée d'or, qui semblait les attendre sur le palier, redoubla leur émotion. Ce fut avec respect, marchant le plus doucement possible, qu'ils entrèrent dans la galerie française.

Alors, sans s'arrêter, les yeux emplis de l'or des cadres, ils suivirent l'enfilade des petits salons, regardant passer les images, trop nombreuses pour être bien vues. Il aurait fallu une heure devant chacune, si l'on avait voulu comprendre. Que de tableaux, sacredié ! ça ne finissait pas. Il devait y en avoir pour de l'argent. Puis, au bout, M. Madinier les arrêta brusquement devant *Le Radeau de la Méduse* et il leur expliqua le sujet. Tous, saisis, immobiles, se taisaient. Quand on se remit à marcher, Boche résuma le sentiment général : c'était tapé[2].

Dans la galerie d'Apollon, le parquet surtout émerveilla la société, un parquet luisant, clair comme un miroir, où les pieds des banquettes se reflétaient. Mlle Remanjou fermait les yeux, parce qu'elle croyait marcher sur de l'eau. On criait à Mme Gaudron de poser ses souliers à plat, à cause de sa position. M. Madinier voulait leur montrer les dorures et les peintures du plafond ; mais ça leur cassait le cou, et ils ne distinguaient rien. Alors, avant d'entrer dans le salon carré, il indiqua une fenêtre du geste, en disant :

– Voilà le balcon d'où Charles IX a tiré sur le peuple.

Cependant, il surveillait la queue du cortège. D'un geste, il commanda une halte, au milieu du salon carré. Il n'y avait là que des chefs-d'œuvre, murmurait-il à demi-voix, comme dans une église. On fit le tour du salon. Gervaise demanda le sujet des *Noces de Cana* ; c'était bête de ne pas écrire les sujets sur les cadres. Coupeau s'arrêta devant la Joconde, à laquelle il trouva une ressemblance avec une de ses tantes. Boche et Bibi-la-Grillade ricanaient, en se montrant du coin de l'œil les femmes nues ; les cuisses de l'Antiope surtout leur causèrent un saisissement. Et, tout au bout, le ménage[3] Gaudron, l'homme la bouche ouverte, la femme les mains sur son ventre, restaient béants, attendris et stupides, en face de la Vierge de Murillo.

**Chapitre 3.**

1. Un gardien.
2. Extraordinaire.
3. Le couple.

**Émile Zola** (1840-1902)
Cet écrivain français est l'auteur des *Rougon-Macquart*, une série de vingt romans évoquant la société française de la seconde moitié du XIXe siècle.

## Le BTS autrement PRÉSENTER UN EXPOSÉ

i-manuel

**4 En cinq minutes, vous présenterez aux étudiants de votre classe l'une des œuvres évoquées dans l'extrait de *L'Assommoir*.**

→ **Pour se préparer**

Recherchez les informations suivantes.

**a.** Nom de l'artiste/titre et date/dimensions/brève explication du sens de l'œuvre.

**b.** Pourquoi Gervaise et ses invités ne pouvaient-ils pas comprendre cette œuvre ?

**c.** Quel effet cette œuvre suscite-t-elle en vous ? Pour quelles raisons ?

## Document 3 Zadie Smith, *De la beauté*, 2005

***Claire enseigne l'écriture poétique dans une faculté américaine. Elle accueille dans son cours Carl, jeune rappeur afro-américain d'un milieu très défavorisé, qui n'est pas inscrit officiellement à l'université.***

C'était toujours pareil, le cours de poésie de Claire, et c'était toujours un plaisir. Chaque semaine les étudiants apportaient un poème qui n'était qu'une variation infime du précédent, et Claire réagissait à chacun avec un mélange salutaire de violente affection et de réelle perspicacité. Ainsi, les poèmes de Ron évoquaient toujours la désaffection sexuelle de l'homme moderne, ceux de Daisy, New York, ceux de Chantelle, la lutte des Noirs, tandis que les poèmes de Zora semblaient toujours avoir été créés par une machine choisissant des mots au hasard. Le grand talent de Claire en tant qu'enseignante consistait à trouver des qualités dans chacune de ces tentatives et de parler aux auteurs comme si leurs noms étaient déjà connus dans chaque foyer américain féru[1] de poésie. Et ce n'est pas rien de s'entendre dire à dix-neuf ans que le nouveau poème de Daisy est caractéristique de l'œuvre de Daisy, que l'on y trouve Daisy en pleine possession de ses moyens, montrant toutes les traditionnelles qualités tant aimées de Daisy ! Claire était un excellent professeur. Elle vous rappelait à quel point il était noble d'écrire de la poésie ; à quel point le miracle devait vous habiter pour communiquer le plus intime de vous-même, et de le faire dans cette forme stylisée, grâce à la rime, la métrique, les images et les idées. Après que chaque étudiant eut lu son travail et qu'on en eut débattu avec sérieux et pertinence, Claire finissait par lire le poème d'un grand poète, le plus souvent mort, et encourageait ses étudiants à en parler comme ils l'avaient fait des autres. Ainsi, chacun apprenait à imaginer une continuité entre son propre poème et la poésie mondiale. Quelle sensation ! Vous sortiez du cours sinon en compagnie de Keats et Dickinson et Eliot[2] et les autres, du moins dans la même chambre sonore, le même appel de l'histoire. La transformation était particulièrement remarquable chez Carl. Trois semaines auparavant, il avait assisté avachi à son premier cours, avec un air à la fois comique et sceptique[3]. Il avait marmonné ses paroles dans sa barbe, et parut offusqué[4] par l'intérêt respectueux que celles-ci suscitèrent. « C'est même pas un *poème*, protesta-t-il, c'est du rap. – Quelle est la différence ? demanda Claire. – C'est deux choses différentes, contra Carl, deux expressions artistiques distinctes. Sauf que le rap, c'est pas une expression artistique. C'est juste du *rap*. – Ce qui veut dire qu'on ne peut pas en parler ? – Vous pouvez en *parler*, bien sûr, j'vous en empêcherai pas. » Pour commencer, ce jour-là, Claire lui démontra que son rap était constitué d'iambes, de spondées, de trochées et d'anapestes[5]. Carl nia passionnément connaître ces formes mystérieuses. Il avait l'habitude d'être célébré à l'Arrêt de Bus[6], pas dans une salle de classe. Le principe fondateur d'une grande part de sa personnalité se résumait à la conviction qu'il n'avait rien à faire dans une salle de classe.

Traduit de l'anglais par Philippe Aronson.

**Zadie Smith**
**(née en 1975)**
Cette romancière anglaise raconte avec humour les contradictions de nos sociétés multiculturelles.

1. Amateur.
2. Célèbres poètes de langue anglaise.
3. Plein de doutes.
4. Blessé.
5. Termes de versification.
6. Restaurant organisant des événements culturels.

### COMPARER LES DOCUMENTS 3 ET 4

i-manuel

1. **Pour quelles raisons Claire commente-t-elle le rap de Carl comme un poème ?**
2. **Selon vous, quel public peut aller voir le spectacle d'Anthony Egéa ?**
3. **D'après ces documents, les différences entre art populaire et art classique sont-elles surmontables ?**

Document 4

## Anthony Egéa, *Tétris*, chorégraphie pour le Ballet de l'Opéra national de Bordeaux, 2010

Tétris *s'inspire du célèbre jeu vidéo où les pièces s'imbriquent. Cette chorégraphie mêle hip-hop et danse classique.*

## Le BTS autrement

**PRÉSENTER UN EXPOSÉ**

i-manuel

**4 Vous présenterez aux étudiants de votre classe une œuvre qui, à la manière de *Tétris*, mêle art classique et art populaire.**

Vous pouvez choisir, par exemple, *Bach to Africa* ; *Mozart l'Égyptien* ; Noa et Cheb Khaled, *Imagine* ; Filippa Giordano, *Habanera* ; Ridan, *Ulysse* ; Stromae, *Carmen* ; Sweetbox, *Everything gonna be alright* ; Zebda, *Tombés des nues*.

**→ Pour se préparer**

**a.** Recherchez les informations suivantes : titre de l'œuvre/nom du ou des artiste(s)/éléments classiques/éléments populaires.

**b.** Pourquoi l'artiste a-t-il mêlé des éléments classiques et des éléments populaires ?

**c.** Entraînez-vous à ne pas trop lire vos notes avant de présenter votre exposé.

# MÉTHODE Construire un plan

## Activités

**CONSEIL**

Reportez-vous aux pages 216-217 pour apprendre à construire un plan de synthèse.

**1 a. Relisez les documents du corpus 1 (p. 40 à 43). Complétez l'encadré ci-dessous en notant les idées essentielles que vous aborderez dans la synthèse. Indiquez entre parenthèses le numéro des documents.**

La culture classique est plus difficile d'accès. (docs 1, 2, 3)

La culture populaire est spectaculaire. (docs 1, 4)

**b. À l'aide de différentes couleurs, regroupez les idées trouvées en plusieurs catégories.**

**c. Quelles sont les deux ou trois idées principales de votre synthèse ?**

- Idée 1 : ……
- Idée 2 : ……
- Idée 3 : ……

**d. Parmi les plans proposés ci-dessous, lequel se rapproche le plus de celui que vous avez élaboré ?**

**PLAN 1**

I. Les arts classiques

II. Les arts populaires

**PLAN 2**

I. L'art au XIXᵉ siècle

II. L'art au XXᵉ siècle

III. L'art au XXIᵉ siècle

**PLAN 3**

I. La peinture

II. Les spectacles

III. La poésie et le rap

**PLAN 4**

I. Les arts classiques et les arts populaires peuvent s'opposer

II. Ils peuvent aussi se ressembler, se mélanger et s'influencer

**e. Lesquels de ces plans vous semblent pertinents ? Pourquoi ?**

……

……

**f. Quels sont les défauts des autres plans ?**

……

……

**2 a. Complétez le tableau ci-dessous en prise de notes, en vous aidant des exercices précédents. Toutes les cases ne seront pas nécessairement remplies.**

| Idées principales | Document 1 | Document 2 | Document 3 | Document 4 |
|---|---|---|---|---|
| 1re idée : la culture classique s'oppose à la culture populaire | | Invités ébahis par les tableaux, les trouvent splendides mais ne les comprennent pas et ne savent pas comment réagir Impression de ne pas être à leur place | | |
| 2e idée : la culture classique et la culture populaire peuvent s'influencer | | | | Chorégraphie à la fois ballet classique + hip-hop |

**b. En vous aidant de vos réponses précédentes, proposez un plan détaillé pour la synthèse. Il comportera au moins deux parties et, chaque partie au moins deux sous-parties.**

**PARTIE I :** ..................

1re sous-partie : .................. (docs ..........)

2e sous-partie : .................. (docs ..........)

3e sous-partie : .................. (docs ..........)

**PARTIE II :** ..................

1re sous-partie : .................. (docs ..........)

2e sous-partie : .................. (docs ..........)

3e sous-partie : .................. (docs ..........)

**PARTIE III :** ..................

1re sous-partie : .................. (docs ..........)

2e sous-partie : .................. (docs ..........)

3e sous-partie : .................. (docs ..........)

# L'art est-il une marchandise comme une autre ?

## SUJET

L'art est-il une marchandise comme une autre ?
**Vous répondrez à cette question de manière argumentée en vous appuyant sur les documents du corpus 2 (p. 47-49), vos lectures et vos connaissances personnelles.**

## Premières intuitions

**1 Spontanément, que répondriez-vous à cette question ?**

**2 Dans le cadre ci-dessous, notez librement toutes les idées qui vous viennent à l'esprit, en rapport avec le sujet.**

## Analyse du sujet

**3 Entourez dans le sujet les mots-clés permettant de construire votre réflexion.**

L'art est-il une marchandise comme une autre ?

**4 Donnez pour chacun de ces mots-clés des synonymes et des antonymes.**

**5 Reformulez le sujet avec vos propres mots.**

## CONSTRUIRE SA RÉFLEXION

**Lisez les documents du corpus 2 (p. 47-49) pour nourrir votre réflexion et réaliser les activités de la Méthode (p. 50-51).**

Léonard de Vinci, *Salvator Mundi*, vers 1500

### Document 1 — Philippe Escande, « Le mythe Léonard de Vinci, record des enchères », *Le Monde*, 2017

***Cet article analyse la vente aux enchères d'un tableau attribué à Léonard de Vinci,* Salvator Mundi *(Le Sauveur du monde).***

Quelle est la marque la plus chère du monde ? Chaque année, des instituts spécialisés s'échinent à calculer la valeur d'un nom, celui d'une entreprise dont le seul label justifie un surcoût immédiat du produit sur lequel il figure. Sans surprise, c'est Apple qui truste la première place depuis des années, suivie de près par Google, Microsoft et Coca-Cola. Mais elles viennent d'être battues à plate couture par le plus célèbre artiste de tous les temps, Léonard de Vinci. Mercredi 15 novembre à New York, la dernière toile du grand maître encore dans des mains privées a été vendue aux enchères pour la somme record de 450 millions de dollars (382 millions d'euros).

**« Épopée rocambolesque »**

Bien sûr, la marque Apple est évaluée à plus de 170 milliards de dollars. Mais c'est parce qu'il s'agit d'un objet commercial rentabilisé sur le milliard de téléphones vendus par la firme depuis 2007. À l'inverse, on ne connaît qu'une quinzaine de toiles de Léonard de Vinci et toutes sont aux mains de musées. D'ailleurs, ce n'est pas son pouvoir marchand qui a aimanté les acheteurs, ni même la qualité de l'objet, mais l'histoire qu'il raconte. Ce *Salvator Mundi* vendu hier, peint vers 1500 sur un panneau de noyer, est tellement abîmé que, en dépit de ses restaurations, on distingue à peine les traits du visage. Peu prédisaient en début de semaine que le tableau pourrait dépasser les 127 millions payés par l'oligarque russe Rybolovlev en 2013.

C'est la puissance du mythe, celle d'un récit qui nous transcende et raconte le monde, comme Homère et les religions ont si bien su le faire. Peinte aux dernières heures de la vie de Vinci, cette œuvre fut la propriété du roi Charles I^er^ d'Angleterre avant de disparaître puis de ressurgir aux États-Unis, en 2005, dans une petite vente privée. S'ensuit une épopée rocambolesque dont chaque étape est rythmée par l'envol de son prix.

Achetée 10 000 dollars par un expert, elle échoue à être cédée 200 millions en 2012, avant d'être lâchée à un intermédiaire suisse pour 83 millions. Lequel la revend immédiatement pour 44 millions de plus à son client russe. Un aller-retour juteux qui n'est pas du goût de l'oligarque, qui porte l'affaire en justice et remet la peinture sur le marché en 2017. C'est paradoxalement lui, le dindon de la farce, qui finalement fera la plus belle affaire.

**« La science de la maison Christie's »**

Mais ce niveau stratosphérique n'aurait pas été atteint sans la science éprouvée de la maison d'enchères Christie's, qui a magistralement mis en scène l'événement. Surtout, ne pas le vendre comme un banal chef-d'œuvre classique, mais comme un mythe fondateur, au milieu de toiles contemporaines de Basquiat et, surtout, de Warhol inspirées, justement, de la fameuse « dernière cène » du même Vinci. Un nom prestigieux, de la rareté, une belle histoire et une mise en scène appropriée. Apple n'aurait pas fait mieux… même si sa destinée aura plus de mal à franchir les siècles.

## MOBILISER DES EXEMPLES

i-manuel

**1** **Pour quelles raisons le journaliste compare-t-il le tableau de Léonard de Vinci aux grandes marques comme Coca-Cola ou Apple ?**

**2** **D'après cet article, qu'est-ce qui pourtant les différencie ?**

**3** **Comment cet article peut-il nourrir votre réflexion à propos du sujet d'écriture personnelle ?**

CORPUS 2

# L'art est-il une marchandise comme une autre ?

## Document 2 — Gilles Lipovetsky et Jean Serroy, *L'Esthétisation du monde : vivre à l'âge du capitalisme artiste*, 2013

***Les auteurs analysent ce qu'ils appellent « le capitalisme artiste ». Selon eux, le capitalisme n'enlaidit pas le monde. Au contraire, les objets de la société de consommation ressemblent de plus en plus à des œuvres d'art.***

Les objets usuels sont pénétrés de style et de look, nombre d'entre eux deviennent des accessoires de mode. Les designers, les artistes plasticiens, les créateurs de mode sont invités à redessiner l'apparence des produits industriels basiques et des temples de la consommation. Les marques de mode grand public copient les codes du luxe. Les magasins, hôtels, bars et restaurants investissent dans un travail d'image, de décoration et de personnalisation de leurs espaces. Le patrimoine est réhabilité et mis en scène à l'instar de décors de cinéma. Les centres urbains sont toilettés, scénographiés, « disneyifiés » en vue de la consommation touristique. La publicité se veut créative et les défilés de mode ressemblent à des performances[1]. Les architectures d'image font florès, valant pour elles-mêmes, pour leur attractivité, leur dimension spectaculaire, et fonctionnant comme vecteur[2] promotionnel sur les marchés concurrentiels du tourisme culturel.

Les termes utilisés pour désigner les professions et les activités économiques portent également la marque de l'ambition esthétique : les jardiniers sont devenus des paysagistes, les coiffeurs des *hair designers*, les fleuristes des artistes floraux, les cuisiniers des créateurs culinaires, les tatoueurs des artistes tatoueurs, les joailliers des artistes joailliers, les couturiers des directeurs artistiques, les constructeurs automobiles des « créateurs d'automobiles ». Franck Gehry est célébré partout comme un architecte artiste. Même certains businessmen sont dépeints comme des « artistes visionnaires » (Steve Jobs). Tandis que se déchaînent les compétitions économiques, le capitalisme travaille à construire et diffuser une image artiste de ses acteurs, à artialiser[3] les activités économiques. L'art est devenu un instrument de légitimation des marques et des entreprises du capitalisme.

**Introduction.**

1. Spectacle que propose un artiste devant un public.
2. Moyen.
3. Rendre artistique.

**Gilles Lipovetsky**
Ce philosophe consacre son travail aux valeurs des sociétés contemporaines. Il a écrit sur l'individualisme, le luxe, la société de consommation et les smartphones.

**Jean Serroy**
Ce spécialiste de littérature française est également critique cinématographique et gastronomique. Il s'intéresse à tout ce qui a trait à la beauté et au plaisir.

## MOBILISER DES EXEMPLES

i-manuel

**1** Comment comprenez-vous le titre de l'essai, *L'Esthétisation du monde* ?

**2** Qu'est-ce qui différencie les objets décrits dans ce texte du tableau de Léonard de Vinci (p. 47) ?

**2** Selon Gilles Lipovetsky et Jean Serroy, peut-on considérer l'art comme une marchandise ? Pour quelles raisons ?

**4** Êtes-vous d'accord avec leur point de vue ? Pourquoi ?

## Document 3 Maurizio Cattelan, *America*, 2016

*Maurizio Cattelan a réalisé ces toilettes en or massif à la suite de l'élection de Donald Trump. Installées au musée Guggenheim de New York, les visiteurs pouvaient librement les utiliser.*

### MOBILISER DES EXEMPLES

i-manuel

5 Pour quelles raisons Maurizio Cattelan a-t-il intitulé son œuvre *America* ? Proposez plusieurs hypothèses.

6 Selon vous, s'agit-il d'une œuvre d'art ? Pour quelles raisons ?

7 Quel rapport peut-on établir entre cette œuvre et le sujet d'écriture personnelle ?

MÉTHODE

# Construire un plan

## Activités

**1** **La lecture du corpus 2 (p. 47-49) a-t-elle modifié ou confirmé vos premières intuitions à propos du sujet d'étude personnelle (p. 46) ? Pourquoi ?**

**2** **Parmi ces plans, lesquels vous semblent pertinents ? Pourquoi ?**

**PLAN 1**

I. L'art est une marchandise comme les autres

II. L'art n'est pas une marchandise comme les autres

**PLAN 2**

I. L'art et les marchandises ont des aspects bien distincts

II. Pourtant, la frontière entre les deux est de plus en plus floue

**PLAN 3**

I. L'art ancien

II. L'art moderne

**PLAN 4**

I. Qu'est-ce que l'art ?

II. Les fonctions de l'art

III. L'art et l'argent

**PLAN 5**

I. Les œuvres d'art sont de plus en plus considérées comme des marchandises

II. Pourtant elles restent des mythes qui continuent de nous toucher et de nous fasciner

III. Au contraire, les marchandises ressemblent de plus en plus à des œuvres d'art

**CONSEIL**

Avant de rédiger, ne négligez pas l'élaboration au brouillon d'un plan clairement structuré. Les documents du corpus peuvent vous aider à construire ce plan et à le nourrir.

**3** **Développez en quelques phrases le lien qui unit chaque argument à son exemple.**

| Arguments et exemples | Justifications |
|---|---|
| On ne parle plus des œuvres d'art que pour évoquer leur prix.<br>Ex. : *Salvator Mundi* de Léonard de Vinci (p. 47) | Peu de personnes connaissaient le tableau avant qu'il ne soit vendu. Ce ne sont pas les qualités de l'œuvre qui intéressent le public, mais seulement les enchères et l'identité de l'acquéreur. |
| Les œuvres d'art nous font voir le monde autrement.<br>Ex. : *Le Cri* d'Edvard Munch (p. 39) | |
| Les œuvres d'art nous interpellent et nous provoquent.<br>Ex. : *America* de Maurizio Cattelan (p. 49) | |
| Les marchandises ressemblent à des œuvres d'art.<br>Ex. : *L'Esthétisation du monde* de Gilles Lipovetsky et Jean Serroy (p. 48) | |

**4** **Choisissez le plan de l'exercice 2 qui vous semble le plus pertinent. Proposez, pour chaque partie, au moins deux arguments. Chaque argument sera illustré par au moins un exemple.**

| | | |
|---|---|---|
| I. | II. | III. |
| A. | A. | A. |
| Exemple(s) : | Exemple(s) : | Exemple(s) : |
| B. | B. | B. |
| Exemple(s) : | Exemple(s) : | Exemple(s) : |
| C. | C. | C. |
| Exemple(s) : | Exemple(s) : | Exemple(s) : |

**5** **Rédigez votre écriture personnelle sur une feuille à l'aide des critères suivants.**

| Critères de réussite | Points positifs | Points à améliorer |
|---|---|---|
| La question est correctement traitée, sans hors sujet. | | |
| L'argumentation est cohérente et recevable. | | |
| Les exemples sont pertinents, bien exploités. | | |
| La forme de la réponse est claire, lisible, structurée. | | |
| La langue est correcte. | | |

PROJET

# Présenter une œuvre d'art polémique

i-manuel

**Vous présenterez, en binôme, une œuvre polémique. Vous expliquerez quelle a été la démarche de l'artiste et quelles valeurs il a voulu mettre en cause. Vous évoquerez les réactions que cette œuvre a pu susciter.**
**Votre exposé durera environ cinq minutes.**

## Étape 1 > Choisir une œuvre

**Recherchez sur Internet une peinture ou une sculpture qui vous inspire. Vous pouvez taper le nom d'un artiste et un mot-clé tel que « scandale », « polémique » ou « controverse ».**

| Exemples d'artistes du XIXe siècle : | Exemples d'artistes du XXe et du XXIe siècles : |
|---|---|
| • Gustave Courbet<br>• Honoré Daumier<br>• Eugène Delacroix<br>• Théodore Géricault<br>• Henri Gervex<br>• Édouard Manet<br>• Claude Monet | • Jean-Michel Basquiat<br>• Banksy<br>• Maurizio Cattelan<br>• Damien Hirst<br>• Jeff Koons<br>• Takashi Murakami<br>• Andy Warhol |

Takashi Murakami, *Flower Matango*, 2001-2006

Édouard Manet, *Olympia*, 1863

## Étape 2 > Recueillir des informations

**Recherchez sur Internet des informations sur l'œuvre que vous avez choisie.**

- Description et explication de l'œuvre
- Réactions du public
- Critiques et reproches éventuels
- Déclarations et explications de l'artiste

**Pour analyser l'œuvre, vous pouvez utiliser les mots suivants :**

| | Réactions négatives | Réactions positives | Réflexion suscitée |
|---|---|---|---|
| Noms | trouble > coup > choc > saisissement > horreur > traumatisme | enthousiasme > admiration > émerveillement > ravissement > délire > trouble | interrogation > questionnement > réflexion > remise en cause > trouble > subversion |
| Verbes | scandaliser > indigner > horrifier > choquer > épouvanter | plaire > enthousiasmer > ravir | interroger > questionner > faire réfléchir > interpeller > remettre en cause > troubler > subvertir |

## Étape 3 > Préparer l'exposé

a. Quel sera le plan de votre exposé ?

b. Comment illustrerez-vous votre propos ?

c. Préparez les notes qui serviront à votre intervention.

## Étape 4 > Répéter l'exposé

a. Répétez une première fois votre exposé en vous filmant. Que pouvez-vous améliorer ?

b. Filmez-vous à nouveau. Qu'avez-vous amélioré ? Que faut-il encore travailler ?

## Étape 5 > Présenter son exposé et écouter celui des autres

**Lorsque vous observerez les exposés des autres étudiants, notez les points positifs dont vous pouvez vous inspirer et les défauts qu'il faudra éviter de reproduire.**

## Évaluez votre exposé

| Critères de réussite | Points positifs | Points à améliorer |
|---|---|---|
| Votre présentation est claire et complète. | | |
| La démarche de l'artiste est expliquée avec pertinence. | | |
| Les critiques sont clairement présentées. | | |
| L'exposé est vivant, la posture est maîtrisée. | | |
| La langue est correcte. | | |

LIRE et VOIR

# À découvrir pour prolonger votre réflexion

## Un film

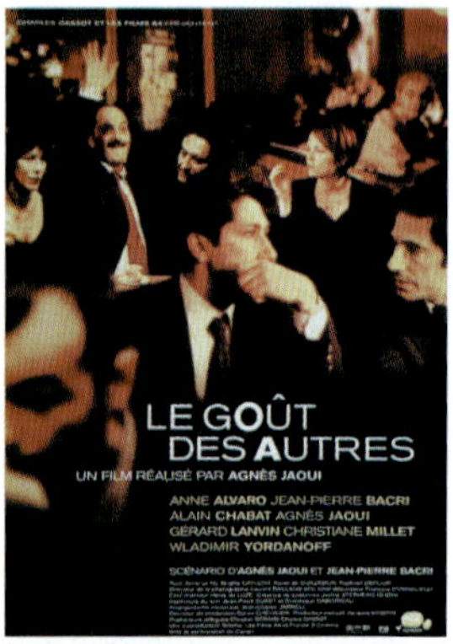


**Agnès Jaoui et Jean-Pierre Bacri, *Le Goût des autres* (2000)**
Castella est un riche entrepreneur qui se soucie bien peu de culture. Mais il rencontre Clara, comédienne jouant dans une pièce de Racine. Pour la séduire, il va peu à peu découvrir le monde de l'art et du théâtre.

## Un roman

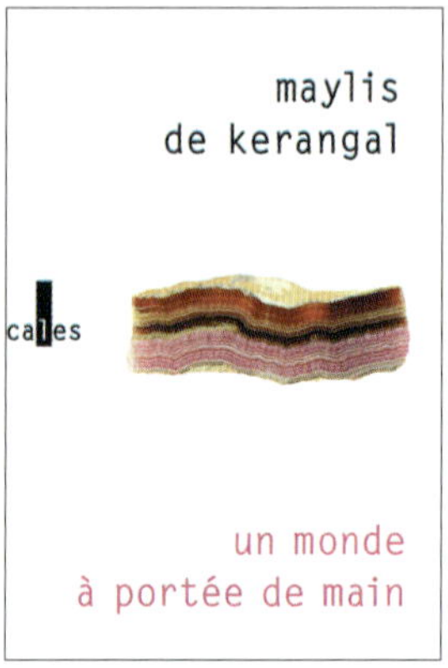


**Maylis de Kerangal, *Un monde à Portée de main* (2018)**
Paula Karst est une artiste spécialisée dans le faux et le trompe-l'œil. De Paris à Moscou et des studios de cinéma italien aux grottes de Lascaux, elle parcourt le monde avec une seule ambition : rivaliser avec l'art lui-même.

## Une bande dessinée

**Florent Chavouet, *L'Île Louvre* (2015)**
Florent Chavouet s'est installé quelques semaines au Louvre, dont il a observé avec attention les employés et les visiteurs. Avec un grand sens du détail et beaucoup d'humour, il croque le quotidien du plus grand musée du monde.

BILAN

i-manuel

## Dans ce chapitre...

- **Quels documents vous ont particulièrement frappé(e) ou intéressé(e) ? Pourquoi ?**
- **Quelles idées importantes avez-vous retenues ?**
- **Votre opinion à propos des thèmes étudiés a-t-elle évolué ?**

## La préparation à l'examen

- **Quels points de méthode maîtrisez-vous mieux à la fin du chapitre ?**
- **Lesquels vous semblent encore difficiles ? Pourquoi ?**
- **Quels sont vos objectifs pour le prochain chapitre ?**

# Chapitre 4
# Miroir, mon beau miroir

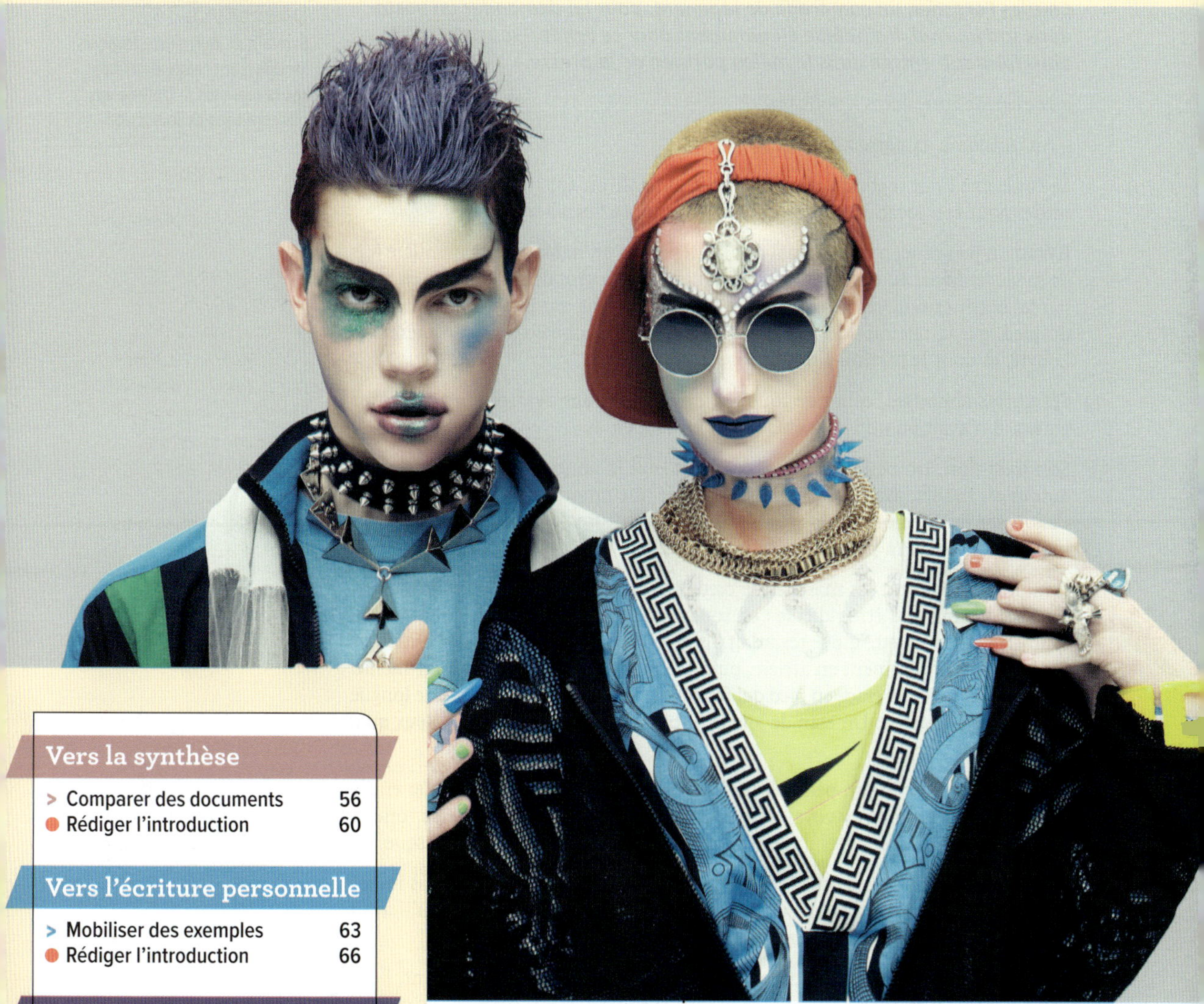

Timur Celikdag, *Seapunks*, 2012

## Vers la synthèse



## Vers l'écriture personnelle



## Le BTS autrement



## Projet



### Pour se lancer !

1. Aimeriez-vous porter ces tenues ? Pourquoi ?
2. Que pensez-vous du titre proposé par le photographe ?
3. Selon vous et d'après ce document, quels seront les thèmes abordés dans ce chapitre ?

CORPUS 1

# Tenue correcte exigée !

## Document 1 Guy de Maupassant, *Bel-Ami*, 1885

***Georges Duroy est un ancien soldat qui n'a plus d'argent. Il se rend chez Charles Forestier, un camarade de régiment, pour lui demander un poste dans son journal. Il s'habille élégamment pour ce rendez-vous et espère ainsi faire son entrée dans le milieu parisien de la presse.***

« Monsieur Forestier, s'il vous plaît ?

– Au troisième, la porte à gauche. »

Le concierge avait répondu cela d'une voix aimable où apparaissait une considération pour son locataire. Et Georges Duroy monta l'escalier.

Il était un peu gêné, intimidé, mal à l'aise. Il portait un habit pour la première fois de sa vie, et l'ensemble de sa toilette l'inquiétait. Il la sentait défectueuse en tout, par les bottines non vernies mais assez fines cependant, car il avait la coquetterie du pied, par la chemise de quatre francs cinquante achetée le matin même au Louvre, et dont le plastron[1] trop mince se cassait déjà.

Ses autres chemises, celles de tous les jours, ayant des avaries plus ou moins graves, il n'avait pu utiliser même la moins abîmée.

Son pantalon, un peu trop large, dessinait mal la jambe, semblait s'enrouler autour du mollet, avait cette apparence fripée que prennent les vêtements d'occasion sur les membres qu'ils recouvrent par aventure. Seul, l'habit n'allait pas mal, s'étant trouvé à peu près juste pour la taille.

Il montait lentement les marches, le cœur battant, l'esprit anxieux, harcelé surtout par la crainte d'être ridicule ; et, soudain, il aperçut en face de lui un monsieur en grande toilette qui le regardait. Ils se trouvaient si près l'un de l'autre que Duroy fit un mouvement en arrière, puis il demeura stupéfait : c'était lui-même, reflété par une haute glace en pied qui formait sur le palier du premier une longue perspective de galerie. Un élan de joie le fit tressaillir, tant il se jugea mieux qu'il n'aurait cru.

N'ayant chez lui que son petit miroir à barbe, il n'avait pu se contempler entièrement, et comme il n'y voyait que fort mal les diverses parties de sa toilette improvisée, il s'exagérait les imperfections, s'affolait à l'idée d'être grotesque.

Mais voilà qu'en s'apercevant brusquement dans la glace, il ne s'était pas même reconnu ; il s'était pris pour un autre, pour un homme du monde, qu'il avait trouvé fort bien, fort chic, au premier coup d'œil.

Et maintenant, en se regardant avec soin, il reconnaissait que, vraiment, l'ensemble était satisfaisant.

**Partie 1, chapitre 2.**

**Guy de Maupassant** (1850-1893)
Écrivain et journaliste français, Maupassant relate dans ses récits réalistes le fruit de ses observations de la société.

1. Élément gainant le torse.

i-manuel

### COMPARER LES DOCUMENTS 1, 2 ET 3

**1** **Quel est le rôle du vêtement dans ces documents ?**

**2** **D'après ces documents, quelle liberté est laissée à ceux qui portent les vêtements ?**

## Document 2 Cécile Daumas et Thomas Lebègue, « Petits et grands conflits de garde-robe », *Libération*, 2001

***Utilisé comme outil de management et de communication, le vêtement de travail malmène les frontières entre le privé et le professionnel. Au quotidien, ce brouillage des repères engendre tiraillements, petits ou grands conflits.***

**Code vestimentaire**

Chez Zara, H&M et les autres, on aime que les vendeurs soient assortis à la ligne de vêtements vendus. Selon les chaînes, les stratégies diffèrent. Chez Gap, les employés s'habillent comme ils veulent en piochant dans la collection. En revanche, chez l'espagnol Mango, le code vestimentaire est réglé comme les saisons : les tenues changent quatre fois par an, identiques dans les 500 boutiques de la planète. Face à cette concurrence étrangère, certaines enseignes françaises tentent de monter en gamme. Mode à « petits prix », Kiabi a revu l'an passé ses collections, le design de ses magasins et souhaitait, à l'occasion, rhabiller son personnel en grenat. Tee-shirt et pantalon devaient remplacer une blouse jugée « décalée ». Ce qui devait être une « démarche positive », selon la direction, a tourné à l'échec. « Ils nous imposaient une tenue mais ne voulaient pas compter le temps d'habillage dans notre temps de travail, explique la déléguée CFDT de l'entreprise Evelyne Ramirez. Or, toutes les vendeuses de chez Kiabi sont à temps partiel. Nous étions obligées de nous habiller dès le matin en tenue de travail même si nous allions accompagner les enfants à l'école. C'était une atteinte à notre liberté individuelle. » Comme la tenue ressemblait à des vêtements de vieille, la direction pensait que le personnel « pouvait la porter aussi bien dans les magasins qu'à l'extérieur ». Mais face à la législation, elle a dû céder et retirer un projet estimé à 4 millions de francs par an. « Nous n'étions pas contre ce nouvel uniforme mais nous trouvions cela cher alors que nous n'avons ni treizième mois, ni ticket restaurant. » Le directeur des ressources humaines de Kiabi, Laurent Deprat, dit comprendre : « Dans le social, on n'impose pas les choses. Il faut expliquer et prendre du temps, surtout quand on touche à l'intime, comme le vêtement de travail. »

## Document 3 Olivier Marty, photographe pour *Dress Code, Le Bon vêtement au bon moment* de Maxime Donzel et Géraldine de Margerie, 2012

## Le BTS autrement — JOUER AVEC LES CODES VESTIMENTAIRES

i-manuel

**3** **Présentez le bon *dress code* de votre univers professionnel, à l'aide de deux photographies que vous réaliserez :**
**« Ne convient pas »/« Convient ». Inspirez-vous pour cela du document 3.**

**Document 4** **Alain Aslan, annonce publicitaire pour Levi's, 1973**

## COMPARER LES DOCUMENTS 4 ET 5

i-manuel

1. Quelles oppositions relevez-vous dans le document 4 ?
2. Quel rôle le vêtement joue-t-il d'après le document 4 ?
3. Quel lien peut-on établir entre les documents 4 et 5 ?

## Le BTS autrement

### PRÉSENTER DES RECHERCHES À L'ORAL

i-manuel

4. Faites une recherche sur le rôle social de la jupe ou du pantalon en France. En groupe, vous chercherez l'époque à laquelle le vêtement choisi a été créé, à qui il était destiné, quelles significations sociales il avait et quelles évolutions il a connues. Vous présenterez ensuite votre travail à l'oral en vous appuyant sur des images et une chronologie précises.
Vous pouvez insérer des témoignages de créateurs, de personnalités ou de témoins pour faire vivre votre exposé.

## Document 5 — France Borel, *Le Vêtement incarné, les métamorphoses du corps*, 1992

***L'auteure étudie les traces culturelles qui marquent le corps, du vêtement aux tatouages.***

Toute action, tout désir contient une intention de changer quelque chose de l'image du corps. Le simple fait de porter tel ou tel vêtement modifie le comportement, cela est familier. Les tissus, les parures, tous les éléments en rapport avec le corps « s'incorporent » à lui. L'homme multiplie les tentatives pour transformer son image par l'artifice ; se tatouer, se graver des motifs dans la peau, c'est changer son image par un moyen objectif. Les marques sont aussi signifiantes que le corps lui-même ; c'est par elles que transite obligatoirement l'identification au groupe.

Tout se passe comme si l'humain se sentait à l'étroit dans son image originelle. Le processus culturel vise à modifier et à élargir cette image donnée par la naissance, vierge de discours. Ce désir de briser les limites se réalise, au moins partiellement, dans un mélange de plaisir et de souffrance, selon le sempiternel adage : « il faut souffrir pour être beau ».

Docile, le corps se prête aux métamorphoses. Nous sommes continuellement en train d'expérimenter. De façon ludique, masques, bijoux, parures, vêtements dilatent, contractent, défigurent, magnifient le corps ou certaines de ses parties.

Ces transformations s'offrent non seulement à nos propres yeux, mais aux yeux des autres. Par essence, l'image du corps est sociale, même dans les recoins les plus intimes de l'érotisme. Des échanges mutuels permanents s'établissent entre les apparences. C'est d'ailleurs pourquoi les critères de beauté et de laideur ne sont jamais ceux d'un individu isolé, mais ceux d'un groupe. L'établissement de ces critères se fait à tâtons, culture par culture, et, au sein de chaque culture, individu par individu. L'appétence pour le miroir prouve que l'humain ne se satisfait jamais d'une connaissance acquise. Régulièrement, il ajuste son image par rapport à un modèle idéal, il la rend conforme à un code, code qui désigne un ensemble de signes conventionnels rendant possible l'usage de certains moyens de transmission de l'information à ceux qui savent : griffe[1], marque ou monogramme[2]. Quant au vocable « code », il est opportun de se souvenir de l'étymologie du bas latin *codex* : support recevant le recueil des lois. Le code est inscription ayant force de loi, ou du moins de convention.

**Partie 1, « Le corps, un produit de l'imaginaire collectif »,**
**« L'organisation des apparences et l'image du corps ».**

1. Ici, marque caractéristique du style.
2. Sigle composé des lettres initiales d'un nom entrelacées.

**France Borel**
(née en 1952)
**Historienne de l'art et docteure en philosophie et lettres, elle a dirigé l'École nationale supérieure des arts visuels de La Cambre à Bruxelles. Ses réflexions portent sur la représentation du corps humain dans l'art et dans la vie quotidienne.**

## Le BTS autrement — DÉBATTRE

i-manuel

**5 Peut-on être libre de s'habiller comme on le souhaite ? Vous débattrez de cette question.**

→ **Pour se préparer**

Préparez vos arguments et exemples au brouillon, en menant si besoin des recherches sur l'histoire du vêtement ou sur son rôle dans d'autres sociétés, avant de vous engager dans la discussion. N'oubliez pas de vous appuyer sur les documents du corpus pour illustrer votre propos.

MÉTHODE

# Rédiger l'introduction

## Activités

**CONSEIL**

Pour réussir les exercices, relisez les documents du corpus 1 (p. 56-59) et la méthode de l'introduction de la synthèse (p. 218).

**1 Quels sont les qualités et défauts de ces accroches d'introduction ?**

| Accroches | Qualités | Défauts |
|---|---|---|
| De tout temps, et plus encore aujourd'hui, l'Homme s'est habillé dans une société qui accorde une grande importance aux apparences, comme le montre ce corpus, qui traite du thème des apparences en société. | | |
| Qu'il s'agisse de tenues professionnelles ou à la mode, les vêtements sont des signes qui disent quelque chose de notre identité. Les documents de ce corpus traitent ainsi de l'image qu'ils donnent de nous. | | |
| « Tenue correcte exigée ! » Voici l'injonction que l'on peut entendre lorsque l'on se présente pour un emploi ou même lorsque l'on s'assoit à une terrasse en bord de mer. La société cherche-t-elle à restreindre notre liberté ? Je pense que ce corpus veut défendre la liberté d'expression car nous sommes dans un pays démocratique. | | |

**2 Quelle problématique rend le mieux compte du corpus 1 ? Justifiez votre choix.**

**a.** En quoi le vêtement métamorphose-t-il le corps ?
**b.** Comment comprendre la relation qu'entretient l'Homme aux vêtements ?
**c.** Peut-on être libre de s'habiller comme on le souhaite ?
**d.** Il s'agira de comprendre en quoi la tenue vestimentaire constitue un moyen de métamorphoser son corps par rapport à l'image que l'on souhaite lui donner.

**CONSEIL**

La problématique de la synthèse est une question soulevée par la comparaison des documents et dont la réponse ne peut être tranchée qu'en les étudiant.

**3 Quelles règles faut-il respecter pour présenter des documents ? Indiquez pour chacune des affirmations du tableau, si elle est correcte ou non. Corrigez-les si besoin.**

| Affirmations | Vrai/Faux | Correction |
|---|---|---|
| Le titre d'un article se souligne dans une copie. | | |
| Le nom de l'auteur est précédé d'un titre « M. » ou « Mme ». | | |
| Il faut mentionner la nature du document, l'auteur, le titre, la date et le numéro du document sous forme de liste. | | |
| Il faut, dans la présentation des documents, respecter l'ordre d'apparition de ces derniers. | | |

**CONSEIL**

La présentation de la première page du sujet d'examen vous permet de disposer de toutes les informations relatives aux documents du corpus pour les présenter correctement (auteur, titre, date).

**4** **Voici deux introductions de synthèse portant sur le thème du corps naturel et du corps artificiel. Identifiez dans la marge leurs points forts et leurs points faibles.**

**a.** Qu'il s'agisse de *Frankenstein* ou plus récemment de *I-Robot*, les exemples ne manquent pas pour attester les rêves des hommes, de créer par l'artifice de la science et de la technique, un « corps-machine » puissant. Le corpus invite à nous interroger sur les rapports toujours plus complexes entre corps naturels et corps artificiels. Il est composé d'un extrait de *L'Ève future* de Villiers de L'Isle-Adam, qui met en scène une femme machine, d'un photogramme de la série *Real Humans*, où les robots semblent prendre la place des humains, d'un article de *Paris Match* sur James Young, qui porte un bras bionique, et un article du *Figaro* sur le souhait du transhumanisme de créer un homme immortel grâce à la technologie,

Nous étudierons cette problématique selon deux axes : d'une part la définition d'un corps artificiel ; d'autre part les risques de l'artifice et les conséquences de l'introduction de machines humanoïdes dans notre société.

**b.** Les récentes avancées technologiques ont permis de proposer à des patients amputés de disposer de prothèses qui s'adaptent parfaitement à leur corps, pour mener une vie plus ordinaire : l'artifice technologique répond désormais aux besoins des corps humains défectueux. La technologie peut également amplifier les potentialités corporelles, voire remplacer des membres sains, grâce à la chirurgie robotique. Faut-il pour autant s'inquiéter de l'importance accordée aux « hommes-robots » ou aux « humanoïdes » ? Le corpus invite ainsi à réfléchir au rapport ambivalent qu'entretient l'être humain à l'artifice.

Nous montrerons tout d'abord en quoi il s'agit d'un rapport de complémentarité, dont le risque serait la suppression du corps naturel, ce qui nous conduira ensuite à affirmer la nécessité d'une éthique et d'une déontologie partagées.

CORPUS 2

# L'image que l'on donne de soi est-elle conforme à la réalité ?

## SUJET

L'image que l'on donne de soi est-elle conforme à la réalité ?

**Vous répondrez à cette question d'une façon argumentée en vous appuyant sur les documents du corpus 2 (p. 63-65), vos lectures et vos connaissances personnelles.**

## Premières intuitions

**1 Spontanément, que répondriez-vous à cette question ?**

**2 Dans le cadre ci-dessous, notez librement toutes les idées qui vous viennent à l'esprit en rapport avec la question d'écriture personnelle.**

## Analyse du sujet

**3 Entourez dans le sujet, les mots-clés permettant de construire votre réflexion.**

L'image que l'on donne de soi est-elle conforme à la réalité ?

**4 Donnez pour chacun de ces mots-clés des synonymes et des antonymes.**

**5 Reformulez le sujet avec vos propres mots.**

## CONSTRUIRE SA RÉFLEXION

**Lisez les documents du corpus 2 (p. 63-65) pour nourrir votre réflexion et réaliser les activités de la Méthode (p. 66-67).**

### Document 1 Elsa Godart, *Je selfie donc je suis*, 2016

***L'auteure s'interroge sur le moment où l'être humain a, par la révolution numérique, changé de rapport à lui-même. Elle prend pour exemple les selfies de la vedette Kim Kardashian.***

Se contenter d'exister ne suffit plus : il faut se vendre ! Ainsi, l'icône selfique s'érige en une nouvelle divinité qu'il s'agit d'adorer à tout prix au nom de la société de consommation, à l'exemple de toutes ces publicités « photoshopées » où la beauté d'un visage féminin est à ce point lissée qu'on en vient à douter de son humanité. L'une des reines de ce selfbranding[1] selfique est la starlette Kim Kardashian, connue entre autres pour sa croupe hors normes et pour la mise en scène permanente de sa vie qu'elle exhibe dans une téléréalité. Déesse incontestée du selfie, elle a publié en avril 2015 *Selfish*, recueil qui rassemble ses selfies les plus célèbres. Kim Kardashian s'est en effet imposée précisément grâce à ses selfies postés quotidiennement sur le Web. *Selfish* n'a pas été un grand succès en librairie (32 000 exemplaires auraient été vendus aux États-Unis les trois premiers mois, environ 125 000 au niveau international), mais, comme le constate Pam Sommers, responsable de la publicité de sa maison d'édition, l'important n'est pas là : « Le livre est en fait une réussite significative, comme point de repère du phénomène de l'autoportrait dans l'ère numérique. »
Certes, mais si Kim Kardashian a fait du selfie sa marque de fabrique et surtout un véritable business, tout le monde ne se trouve pas dans la même démarche. Et l'autopromotion, dans un registre plus anonyme, peut prendre une autre forme que celle de la pure publicité : celle de l'estime de soi.
S'autoproclamer vedette, transformer son image en la faisant coïncider avec un idéal de soi, un peu comme si un magicien nos offrait la possibilité de nous transformer d'un clic de baguette magique, a certes de quoi regonfler l'estime de soi. Cette transposition où la pose choisie vient célébrer l'ego peut aider à combler un vide narcissique, le temps de se trouver « beau » ou « belle » sur l'image. À l'estime de soi fait écho la confiance en soi : plus quelqu'un s'estime, plus grande est la confiance qu'il a en lui-même.
L'acte selfique peut ainsi être envisagé sous cet angle : une personne qui réalise beaucoup de selfies manquerait de confiance en elle et chercherait à se rassurer en se renvoyant à elle-même une meilleure image – sur laquelle, parce qu'elle est photographiée, elle pourra revenir régulièrement, histoire de reprendre un petit coup d'estime de soi.

**Elsa Godart**
(née en 1978)
**Professeure de philosophie, psychanalyste et essayiste, Elsa Godart est enseignante-chercheuse spécialisée dans la question du virtuel.**

1. Démarche consistant à faire d'une personne une marque commerciale.

### MOBILISER DES EXEMPLES

i-manuel

**1 Y a-t-il une différence entre soi et l'image de soi diffusée par le selfie ?**

**2 Pour une célébrité ou une personne ordinaire , quel est le but du selfie ?**

**3 Dans quelle mesure ce texte enrichit-il votre réflexion à propos du sujet d'écriture personnelle ?**

# L'image que l'on donne de soi est-elle conforme à la réalité ?

**Catherine Lejealle**
Professeure associée à l'ESG Management School et sociologue, spécialiste des comportements des consommateurs en ligne, elle a publié des ouvrages sur notre rapport au téléphone portable.

## Document 2 — Catherine Lejealle, « Facebook et la mise en scène de soi : contrôler son image est euphorisant », *Le Nouvel Obs*, 2013

***L'auteure analyse les modes de mises en scène de soi à travers les réseaux sociaux ainsi que leurs conséquences pour l'ego.***

**Chacun devient son propre RP[1]**

Notre présence au monde a totalement changé avec les réseaux sociaux. Le terrain de jeu est aujourd'hui le monde et l'instantané. On peut être ici et ailleurs en même temps, de même qu'on peut savoir ce qui se passe juste à côté mais aussi à l'autre bout du monde.
Le rapport au temps et à l'espace est complètement bouleversé dans le sens d'une contraction des durées, d'une superposition ubiquitaire[2] et d'une porosité des univers. On est ici et là, entrelaçant sphère privée, publique et professionnelle.
Cela créé une euphorie d'être présent et d'exister. Cette existence passe par la participation, si possible permanente ou presque.
Avant de s'endormir et dès leur réveil, les jeunes allument leur mobile et regardent les nouvelles notifications sur le média social. Notre valeur devient l'image que les autres peuvent trouver de nous en tapant notre nom dans un moteur de recherche. Et s'ils ne trouvent rien, c'est que l'on n'existe pas. On a changé de paradigme[3] : aujourd'hui, si on ne vous voit ou ne vous entend pas, vous n'existez plus. Les usagers disent qu'ils sont morts. Pire, ils ont le sentiment que leur existence est amoindrie.
Chacun devient donc son propre « responsable des relations publiques ». Ceci crée une exigence permanente d'être connecté. Être relié, être actif sur la toile, la tapisser de traces numériques revient à vivre plus intensivement.

**Sur Facebook, se faire une vie forcément fabuleuse**

Chez les plus jeunes, c'est Facebook qui est principalement le réceptacle de cette construction virtuelle de soi. Chez les plus âgés, ce sont les réseaux sociaux professionnels comme LinkedIn qui sont prisés.
Dans les deux cas, on se regarde faire et on le fait savoir. C'est comme si on roulait en voiture tout en montant les pneus. Se pose alors la question de savoir si cette mise en scène de nos propres vies se fait au détriment de l'existence réelle. Certains passent presque plus de temps à construire leur vitrine digitale qu'à vivre vraiment... On veut donner la meilleure image possible de soi, quitte à enjoliver les choses.
Le sociologue et linguiste Erving Goffman, auteur de l'ouvrage majeur « La Mise en scène de la vie quotidienne », a expliqué qu'en parallèle de la mise en scène de soi – qui existait bien sûr avant les réseaux sociaux – existent des coulisses, c'est-à-dire des espaces où l'on peut échanger sur autre chose, de manière plus libre puisque le public est absent. Or le problème de Facebook, c'est qu'il ne contient qu'une zone très limitée de coulisses, régies en outre par une charte dont les modalités changent très souvent. Cette opacité du système incite à rester en permanence sur la scène, et à ne pas exploiter les zones de coulisses.

1. Personne chargée des Relations Publiques.
2. Qui peut être à différents endroits à la fois.
3. Contexte.

## MOBILISER DES EXEMPLES

i-manuel

1. D'après les documents 2 et 3, que recherchent les internautes en diffusant leurs selfies ?
2. Quels sont les risques que soulignent les documents par rapport à l'image réelle de soi ?
3. Que répondraient Catherine Lejealle (doc. 2) et Chompoo Baritone (doc. 3) au sujet d'écriture personnelle ?

## Document 3 Chompoo Baritone, Instagram, 2015

## Document 4 Vivian Maier, *Self-Portrait*, 1956

### MOBILISER DES EXEMPLES

i-manuel

**4** Quel effet produisent ces selfies (documents 3 et 4) ?

**5** Quels liens peut-on établir avec les documents 1 et 2 ?

**6** Formulez un argument répondant au sujet d'écriture personnelle, que le travail de Viviane Maier pourrait illustrer.

# Rédiger l'introduction

## Activités

**1** **La lecture du corpus 2 (p. 63-65) a-t-elle modifié ou confirmé vos premières intuitions à propos du sujet d'écriture personnelle (p. 62) ? Pourquoi ?**

**2** a. **Recopiez ci-dessous le sujet d'écriture personnelle (p. 62) et identifiez les deux notions qui semblent s'opposer. Expliquez cette opposition.**

b. **Complétez la phrase ci-dessous pour vous aider à construire la problématique.**

*On remarque souvent que les selfies postés sur les réseaux sociaux donnent une image modifiée, améliorée ou partielle de la réalité de celui ou celle qui la diffuse. Pourtant…*

**3 Parmi ces problématiques, lesquelles vous semblent justes par rapport au sujet (p. 62) ? Lesquelles vous semblent peu pertinentes ? Justifiez vos réponses.**

a. Nous pouvons donc nous demander quel est le rapport entre le sujet et l'image qu'il cherche à diffuser de lui-même.

b. Pourquoi diffuser une image de soi ?

c. Dans quelle mesure notre image est-elle conforme à la réalité ?

d. Comment envisager le lien entre soi, l'image de soi en société et celle diffusée par les réseaux sociaux ? Y a-t-il identité entre les trois ?

e. En quoi l'image diffusée de soi est-elle fidèle à la réalité ?

**CONSEIL**

La problématique part généralement d'une idée reçue qui semble évidente au premier abord, mais qu'on nuancera et dont on montrera la complexité. Définir avec précision les mots-clés permet souvent de trouver une bonne problématique.

**4 Parmi les annonces de plan suivantes, lesquelles vous semblent bien formulées ? Justifiez vos réponses.**

a. Nous étudierons dans un premier temps l'image de soi réelle et dans un second temps, l'image de soi virtuelle.

b. Nous suivrons le plan suivant :
– Partie I : l'image de soi réelle
– Partie II : l'image de soi virtuelle

c. Nous étudierons la mise en scène de soi à travers les selfies, qui tantôt cherchent à se distinguer du soi réel, tantôt à l'exposer tel qu'il est brutalement, pour chercher à raconter quelque chose de soi.

**5 a. Rédigez une introduction complète qui réponde au sujet d'écriture personnelle (p. 62), en vous aidant des critères ci-dessous.**
**b. Échangez votre copie avec celle d'un autre étudiant en remplissant la grille ci-dessous.**

| Critères de réussite | Points positifs | Points à améliorer |
|---|---|---|
| L'accroche est brève et pertinente. Elle annonce le thème. | | |
| Les documents sont correctement présentés. | | |
| La problématique est pertinente et clairement formulée. | | |
| La forme de la réponse est claire, lisible, structurée. | | |

PROJET

# Organiser une exposition virtuelle de selfies

i-manuel

**Vous organiserez une exposition virtuelle de selfies, qui révèleront différentes facettes de votre personnalité. Pour cela, vous vous inspirerez du travail du photographe Juan Pablo Echeverri.**

## Document 1 Juan Pablo Echeverri, *Miss fotojapón*, de 1998 à aujourd'hui

*Juan Pablo Echeverri (né en 1968), artiste colombien, réalise ses autoportraits tantôt dans des photomatons, tantôt avec un smartphone.*

## Étape 1 Analyser des selfies

a. Qu'est-ce qui vous semble le plus frappant dans ces autoportraits ? Pourquoi ?

b. Selon vous, qu'a voulu montrer l'artiste en réalisant ces différentes photographies et en les réunissant ?

c. Dans quelle mesure son travail pourra-t-il inspirer la réalisation de votre exposition ?

## Étape 2 Choisir ce que vous montrerez de vous

**a.** Choisissez quatre facettes de votre personnalité, que vous souhaitez représenter avec vos selfies.
Vous pouvez penser aux différents moments de votre journée (chez vous, en stage, en cours, à l'extérieur...), à vos loisirs ou passions qui vous occupent, à des traits de caractère, etc. Vous pouvez aussi penser à des réseaux sociaux sur lesquels vous les diffuseriez (Instagram, Facebook, LinkedIn, etc.).

**b.** Pour chacune des facettes, trouvez un vêtement, un accessoire, une posture et éventuellement un décor, qui en rendraient compte dans votre selfie. Vous pouvez remplir le tableau ci-dessous.

| | Selfie 1 | Selfie 2 | Selfie 3 | Selfie 4 |
|---|---|---|---|---|
| Facette de ma personnalité représentée | | | | |
| Vêtement | | | | |
| Accessoire | | | | |
| Décor | | | | |
| Réseaux sociaux adaptés | | | | |

## Étape 3 Réaliser les selfies

**a.** Prenez les quatre selfies, en recommençant jusqu'à ce que vous soyez content du résultat.

**b.** Sur un espace collaboratif (comme Padlet), déposez vos selfies avec ceux des autres étudiants.

**c.** Vous pouvez, pour chaque selfie, rédiger un titre et une courte légende le présentant.

## Évaluez vos selfies

| Critères de réussite | Points positifs | Points à améliorer |
|---|---|---|
| Les selfies présentés sont cohérents par rapport aux facettes choisies. | | |
| La mise en scène des selfies est réussie. | | |
| Les titres et les légendes sont pertinents. | | |

LIRE et VOIR

# À découvrir pour prolonger votre réflexion

## Un témoignage

**Loïc Prigent, *J'adore la mode mais c'est tout ce que je déteste* (2017)**
Loïc Prigent, journaliste spécialiste de la mode, a recueilli des propos entendus dans le monde cruel de la mode. Aux côtés des mannequins, des attachés de presse ou encore des créateurs, on ne se lasse pas de ces pépiements qui donnent accès à l'envers du podium.

## Une bande dessinée

**Pascale Frey et Bernard Ciccolini, *Coco Chanel* (2013)**
Découvrez comment la femme qui a donné son nom au célèbre parfum a connu la gloire grâce à sa maison de couture et révolutionné la mode féminine du XX^e^ siècle.

## Un roman

**Sylvie Weil, *Selfies* (2015)**
Dans cet ouvrage, Sylvie Weil renouvelle le genre de l'autoportrait en se racontant à la manière d'un selfie, dans des situations aussi bien heureuses que malheureuses, ridicules ou incongrues.

BILAN

i-manuel

## Dans ce chapitre…

- Quels documents vous ont particulièrement frappé(e) ou intéressé(e) ? Pourquoi ?
- Quelles idées importantes avez-vous retenues ?
- Votre opinion à propos des thèmes étudiés a-t-elle évolué ?

## La préparation à l'examen

- Quels points de méthode maîtrisez-vous mieux à la fin du chapitre ?
- Lesquels vous semblent encore difficiles ? Pourquoi ?
- Quels sont vos objectifs pour le prochain chapitre ?

Chapitre 5

# À vos marques !

**Robert Doisneau, *Foule stade*, 1949**



## Pour se lancer !

1. Quelles émotions lit-on sur les visages de cette photographie ?
2. Quel genre de spectacle ces hommes peuvent-ils observer ?
3. Selon vous et d'après ce document, quels seront les thèmes abordés dans ce chapitre ?

# Toujours plus fort

## Document 1 Olivier Adam, *Poids léger*, 2002

***Ce roman raconte l'histoire d'Antoine, croque-mort qui oublie ses difficultés et angoisses en s'investissant dans la boxe.***

J'ai vu Chef[1] dans les tribunes et puis, cette fille, Su[2], qui avait promis. Elle m'a fait signe, je n'ai rien répondu. J'ai essayé de me concentrer et de détendre mes muscles, les épaules, les bras, le cou. Garder de la souplesse sous le nerf. Pareil pour les jambes. Se vider la tête aussi, oublier les corps les cadavres les boîtes et tous ces gens et mon père, oublier que ma sœur n'était pas là, dans les tribunes, du moins je ne l'avais pas vue, elle n'était pas sûre de pouvoir venir, elle avait dit, pas certaine, mais elle essaierait, oui elle essaierait mais non, elle n'était pas là ma sœur, mieux valait ne pas s'emporter, la rage la tristesse tout ça c'est de l'énergie qui s'en va, du nerf qui fout le camp, qui claque et lâche, tout ça c'est de la petite chimie, faut maintenir à niveau, respirer tranquille et tout vider, sentir chaque muscle et la peau par-dessus, tous les rouages, n'être que ça, une machine bien huilée, si c'est grippé c'est foutu, être des membres déliés, du sang et des muscles être un corps et rien d'autre. Le commentateur s'est mis à débiter ses conneries, ça allait commencer, fallait plus penser à rien, être entier projeté dans les poings et les bras et les jambes, concentré.

Je suis monté, l'arbitre a sifflé et dans ces moments on ne pense plus, on est dans le mouvement et la précision des gestes, l'impact des poings et des coups reçus, dans ces moments il me semble que j'échappe à quelque chose, à quoi je l'ignore.

Voilà, je suis un corps en mouvement, je suis un corps qui frappe et qui encaisse, j'entends des voix, je n'essaie pas de les distinguer ni de comprendre ce qu'elles disent. J'entends prononcer mon nom, j'entends Chef, la fille, de toute façon, ça y est je n'entends plus rien ça y est je suis en mouvement, j'exécute des foulées minuscules, des pas de danseur, mes coups sont précis, tout est réduit au nerf, en face le type me touche de temps en temps mais ce sont juste des impacts et les miens sont plus secs et plus nerveux et j'ai chaud je suis bien je sens tous mes nerfs je suis bien il me touche au visage et du sang coule sur mes yeux mais ce n'est rien, c'est du sang, rien d'autre, je suis bien je suis un corps en été un corps nerveux, il fait chaud je suis bien je sens chaque grain de ma peau chaque fibre de mes muscles, je frappe et je l'use, je suis bien je frappe et il s'effrite et je le sens flancher, en déséquilibre, je le sens qui encaisse moins bien et tout s'accélère.

Partie I, « Un coup de latte, un baiser ».

**Olivier Adam**
(né en 1974)
Cet écrivain et scénariste français est connu pour ses romans, souvent adaptés au cinéma. Il est notamment l'auteur de *Je vais bien, ne t'en fais pas*, *Vents contraires* et *Les Lisières*.

1. Entraîneur d'Antoine.
2. Jeune femme qu'Antoine a rencontrée dans un restaurant quelque temps auparavant.

## COMPARER LES DOCUMENTS 1 ET 2

i-manuel

**1** **Dans le texte d'Olivier Adam, comment le narrateur se prépare-t-il au combat qui l'attend ? Qu'en pensez-vous ?**

**2** **Dans le document 2, pourquoi Aya Cissoko réfute-t-elle l'idée que la boxe serait un moyen de « s'en sortir » (l. 8-9) ?**

**3** **Comparez l'image de la boxe que donnent ces deux textes.**

## Document 2 Aya Cissoko et Marie Desplechin, *Danbé*, 2011

Ce n'est pas que la boxe soit ma vie, une « vraie vie » en opposition à l'autre, la fausse. Elle fait plutôt office de refuge, de retraite même. Il n'y a pas de place, au club, pour faire des bêtises, ni pour ressasser. Ce qui s'y passe est un autre ordre. Boxer me prouve, à longueur d'entraînement, que j'existe. Chaque coup reçu, chaque impact, la douleur même, me rappellent que je suis vivante. J'ai mal, et je résiste. C'est un peu comme s'écorcher les genoux sur le banc de la cour de récréation. Sauf que là c'est permis. Mais jamais, durant toutes ces années d'entraînements et de combats, je ne conçois la boxe comme un moyen de « m'en sortir », comme une bonne manière, pour une enfant de pauvres, de s'élever socialement. Boxer n'est pas un accès au monde des autres. C'est une aventure intime. Une histoire de moi à moi.

Je commence la compétition très tôt. Je suis encore chez les poussins. À douze ans, je gagne mon premier championnat de France, dans la catégorie benjamins. Je devrais être grisée. Je suis saisie de panique. Qu'est-ce que je suis censée faire ? Sauter sur place, lever les bras, rire, pleurer, crier ? Comment font les autres ? Je ne sais pas. Rien ne vient. Si j'éprouve quelque chose, c'est plutôt de la déception. Tous ces efforts pour en arriver là ? Je ne sais pas ce que j'espérais au juste, mais certainement pas ça. Je ne m'habituerai jamais à la déconvenue de la victoire, la même au long des années. Je n'arriverai pas à me réjouir. Je suis toujours allée au combat sans haine ni rage. Je n'ai jamais eu spécialement envie de dominer mon adversaire, et certainement aucune de le détruire ou de l'humilier. J'ai des scrupules à voir l'autre saigner, souffrir. Je n'aime pas faire mal.

Ce n'est pas de la grandeur d'âme. Ces victoires-là me sont indifférentes. Celle à laquelle j'aspire, c'est la victoire que j'emporte sur moi, et qui me consacre plus forte que je suis capable de l'être. Elle récompense les sacrifices, les efforts, les douleurs. Dans ce cas, alors, oui, il y a de la volupté. Elle est parfaitement égoïste.

**Aya Cissoko (née en 1978)**
Championne du monde de boxe française en 1999 et 2006, puis de boxe anglaise en 2006, elle coécrit, avec Marie Desplechin, *Danbé*, où elle raconte son histoire personnelle.

**Marie Desplechin (née en 1959)**
Cette journaliste et écrivaine française s'illustre aussi bien dans la littérature jeunesse que dans la littérature pour adultes. Elle écrit également pour le théâtre et le cinéma.

## Le BTS autrement

**DÉBATTRE**

i-manuel

**4 Le sport doit-il être associé à la souffrance physique ? Vous débattrez de cette question.**

**→ Pour se préparer**

**a.** Répartissez-vous par groupes de trois. Chaque groupe doit trouver le plus d'arguments possible, soit pour l'idée que le sport doit être associé à la douleur, soit contre.

**b.** Chaque groupe est confronté à un autre groupe présentant des arguments adverses. La parole se distribue de la manière suivante :
– groupe A : un orateur développe un premier argument.
– groupe B : un orateur réfute l'argument du groupe A et développe un autre argument.
– groupe A : un autre orateur réfute l'argument opposé par le groupe B et développe un nouvel argument.
L'échange continue ainsi jusqu'à ce qu'un groupe soit à court d'arguments.

**c.** Chaque groupe peut être évalué par les auditeurs, selon les critères ci-dessous.

| Critères de réussite | Points positifs | Points à améliorer |
|---|---|---|
| Les arguments sont solides, clairs et pertinents. | | |
| La réfutation est intéressante. | | |
| Le ton est courtois même lors de la réfutation. | | |

## Document 3 Joyce Carol Oates, *De la Boxe*, 1987

Chaque combat de boxe est une histoire – un drame sans paroles, unique et condensé. Même lorsque rien de sensationnel ne se produit : dans ce cas, le drame « n'est que » psychologique. Les boxeurs sont là pour délivrer une expérience absolue, pour rendre compte publiquement des ultimes limites de leurs êtres ; ils savent, comme peu d'entre nous peuvent le savoir d'eux-mêmes, quelle puissance physique et psychique ils possèdent – de quoi, beaucoup ou peu, ils sont capables. Monter sur un ring quasiment nu et risquer sa vie revient plus ou moins à faire des spectateurs des voyeurs : la boxe est chose très intime. Il s'agit de se glisser hors de la conscience de la bonne santé mentale pour en pénétrer une autre, qu'il serait difficile de nommer. Cela revient à risquer, et parfois à atteindre, l'agonie dont *agon* (mot grec qui signifie le « combat ») est l'étymologie.

Sur le ring se trouvent deux acteurs principaux, surveillés par un tiers moins important. La sonnerie rituelle de la cloche appelle à un éveil total des boxeurs comme des spectateurs. Elle met en marche le pouvoir du temps.

Les boxeurs vont mettre dans le combat tout ce qui les constitue, et tout sera dévoilé – y compris des secrets sur leur compte dont ils ne peuvent être totalement conscients. L'être physique, la masculinité, pourrait-on dire, qui sous-tend leur « être ». Certains boxeurs possèdent une intuition si remarquable, une prescience si exceptionnelle, que l'on pourrait penser que d'une certaine façon ils sont en train de se remémorer leurs combats, plutôt que de les livrer, sous nos yeux. Il y a des boxeurs qui luttent avec habileté, mais de manière mécanique, qui ne savent pas improviser en réaction à un changement de stratégie chez l'autre ; il y a des boxeurs qui, alors qu'ils luttent au sommet de leur talent, en viennent à se rendre compte, en plein combat, que cela ne suffira pas ; il y a des boxeurs – et parmi eux de grands champions – dont les carrières s'arrêtent brusquement, et irrévocablement, sous nos yeux.

**Joyce Carol Oates (née en 1938)**
Cette écrivaine américaine a obtenu de nombreux prix littéraires, notamment le prix Femina étranger pour son roman *Les Chutes*. Dans son essai *De la Boxe*, elle analyse les enjeux de ce sport.

## COMPARER LES DOCUMENTS 1 À 3

i-manuel

**1** **a.** **Entre les documents 1 à 3, lequel traite le thème de la façon la plus large ?**
**b.** **Relevez dans ce document les mots-clés les plus importants. Les retrouve-t-on dans les deux autres documents ?**
**c.** **Quel lien établissez-vous entre ce document et les deux autres ?**

**2** **Quelle image de la boxe et du boxeur ces documents présentent-ils ? Reformulez en quelques phrases les idées principales de ces textes.**

Document 4 **Martin Scorsese, *Raging Bull*, 1980**

***Ce film retrace le parcours du boxeur Jake La Motta (interprété par Robert de Niro), surnommé « Raging Bull » (taureau enragé). Au cours du film, alors qu'il est champion du monde, il affronte Sugar Ray Robinson, qui prend l'avantage sur Jake, épuisé.***

### Images 1 et 2

JAKE LA MOTTA, contre les cordes. *Viens, viens !*
Sugar Ray Robinson s'avance après un long moment d'hésitation.

### Image 3

JAKE LA MOTTA. *Hey, Ray, tu ne m'as jamais mis au tapis, jamais !*

i-manuel

## COMPARER LES DOCUMENTS 3 ET 4

**3** Qu'éprouvez-vous en regardant ces images ? Pourquoi ?

**4** Sur quels aspects du combat le réalisateur a-t-il voulu insister ? À quoi le voit-on ?

**5** Ces images de *Raging Bull* vous semblent-elles illustrer avec pertinence le document 3 ? Pourquoi ?

## Le BTS autrement

**RÉDIGER UN RÉCIT**

i-manuel

**6** En vous inspirant du texte d'Olivier Adam, écrivez la scène de combat entre Jake La Motta et Sugar Ray Robinson, du point de vue d'un spectateur ou d'une spectatrice. Vous pourrez reprendre les idées principales dégagées à la lecture du corpus.

# Trouver et formuler une problématique

## Activités

**1** **a. Relisez attentivement les documents 1 à 4 du corpus 1 (p. 72 à 75).**

**b. Répondez brièvement à ce questionnaire pour vérifier votre compréhension et justifiez vos réponses par des références aux documents.**

– Ces documents présentent tous la boxe comme un sport violent. ☐ VRAI ☐ FAUX
– Ces documents montrent que ce sport implique le corps et l'esprit. ☐ VRAI ☐ FAUX
– Ces documents montrent que la boxe est un spectacle divertissant. ☐ VRAI ☐ FAUX
– Ces documents disent que la boxe est un sport comme un autre. ☐ VRAI ☐ FAUX
– Ces documents montrent que la boxe permet de dépasser ses limites. ☐ VRAI ☐ FAUX

**c. À partir du questionnaire précédent, notez les mots-clés qui doivent apparaître dans votre problématique.**

**2** **Parmi les problématiques suivantes, laquelle vous semble la plus pertinente pour une synthèse ? Pourquoi ? Justifiez votre choix en argumentant, pour chacune des propositions.**

**a.** La boxe est-elle un sport comme un autre ?

**b.** En quoi la boxe est-elle un sport original ?

**c.** Pourquoi la boxe est-elle un sport violent ?

**d.** La boxe est-elle un moyen d'éprouver ses limites ?

**e.** Quelle est l'image de la boxe dans la société ?

**3** **Identifiez les défauts et les qualités de cette introduction de synthèse.**

Dans ce corpus (Adam Olivier, Aya Cissoko et Marie Desplechin, Joyce Carol Oates, Martin Scorsese), le thème principal est la boxe. Nous allons étudier trois textes et des images extraites de *Raging Bull*. Ces documents montrent tous que la boxe est avant tout un combat intime contre soi-même, avant d'être un combat contre l'autre.

# Rédiger la conclusion

i-manuel

## Activités

**1 À partir de la problématique et du plan suivants, identifiez les qualités et les défauts des conclusions ci-dessous.**

**CONSEIL**

Dans une conclusion, vous ne devez pas vous impliquer personnellement ou donner votre avis. Une conclusion constitue le bilan de la synthèse et s'efforce de répondre à la problématique. Il est judicieux, comme pour l'introduction, de la rédiger au brouillon avant de la recopier au propre.

**Problématique :** La boxe, un sport comme un autre ?

**I. La boxe : un sport risqué qui met en jeu une violence maîtrisée et ritualisée**

**A.** Le rituel du combat : cloche, ring, arbitre, reprise, etc.
**B.** La place des spectateurs
**C.** Un sport qui permet de maîtriser la violence ?

**II. Mais l'expérience est avant tout individuelle et intime pour le boxeur**

**A.** Le combat est le résultat de sacrifices et d'une lutte contre soi-même
**B.** Il s'agit pour le boxeur de dominer la douleur et de faire le vide
**C.** Dépasser les limites de son corps

**Conclusion 1**

Selon moi, la boxe n'est pas un sport comme un autre. Les auteurs de ce corpus ont tous bien montré que ce sport est une « expérience intime ». Si l'on prend l'exemple de Jake La Motta dans le film *Raging Bull*, on voit bien qu'il s'agit d'un sport risqué. De plus, ce sport est avant tout une expérience intime et individuelle, il nécessite des sacrifices et un dépassement personnel de la douleur. Sport complet par excellence, la boxe peut ainsi rivaliser avec les autres sports.

**Conclusion 2**

La boxe apparaît donc comme un sport à part dans notre société. Le risque que comporte ce sport pour le boxeur, dont le but est de mettre son adversaire K.O., démontre que ce sport participe d'une violence maîtrisée et ritualisée. Mais la boxe est aussi un moyen de dépasser la douleur. Faut-il alors considérer ce sport comme dangereux ou bénéfique pour l'homme ?

**2 En vous inspirant du plan et des conclusions que vous avez corrigées dans l'exercice 1, rédigez une conclusion de synthèse portant sur les documents du corpus 1 (p. 72 à 75).**

CORPUS 2

# Le sport véhicule-t-il des valeurs positives ?

## SUJET

Le sport véhicule-t-il des valeurs positives ?

**Vous répondrez à cette question d'une façon argumentée en vous appuyant sur les documents du corpus 2 (p. 79-81), vos lectures et vos connaissances personnelles.**

## Premières intuitions

**1** Spontanément, que répondriez-vous à cette question ?

**2** Dans le cadre ci-dessous, notez librement toutes les idées qui vous viennent à l'esprit, en rapport avec le sujet.

## Analyse du sujet

**3** Entourez dans le sujet les mots-clés permettant de construire votre réflexion.

Le sport véhicule-t-il des valeurs positives ?

**4** Donnez pour chacun de ces mots-clés des synonymes et des antonymes.

**5** Reformulez le sujet avec vos propres mots.

## CONSTRUIRE SA RÉFLEXION

**Lisez les documents du corpus 2 (p. 79 à 81), pour nourrir votre réflexion et réaliser les activités de la Méthode (p. 82-83).**

### Document 1 — Pierre de Coubertin, *La Gloire du football*, 1933

Le parfait footballeur doit à tout instant de la partie être prêt à recevoir le ballon, à le passer, à courir, à se décider, à se taire et à obéir. Comptez, je vous prie, sans parler des qualités physiques, comptez combien de qualités morales sont ainsi mises à contribution : l'initiative, la persévérance, le jugement, le courage, la possession de soi-même, et avouez que le jeune homme devant lequel un tel programme est placé a de quoi faire dans la voie des perfectionnements. Il faut réfléchir à ces choses pour comprendre les paroles que m'adressait une fois un professeur du collège Harrow : « J'aimerais mieux faire manquer deux classes à mes élèves qu'une seule de ces parties. » J'ai déjà cité ces mots caractéristiques : ils ont été taxés d'exagération et peut-être, en effet, dépassaient-ils la pensée du professeur lui-même : mais comment ne pas s'avouer qu'ils contiennent une grande part de vérité ! L'instruction se refait, le caractère ne se refait pas.

À tout instant se présentent des occasions de s'emparer du ballon, de gagner du terrain : mais la moindre hésitation les fait échapper et déplace les chances. Un bon joueur saura toujours comment sont disposées les forces de son équipe et celles de l'équipe ennemie. Il jugera où est l'endroit faible de ses adversaires et s'il est lui-même suffisamment soutenu ; il calculera en un instant les conséquences d'un arrêt ; sitôt pris, un coup d'œil lui montrera auquel de ses partenaires il convient de passer le ballon pour qu'il file, comme le Furet-du-Bois-Joli[1].

Ses efforts n'ont pas réussi : son équipe a déjà perdu plusieurs points. Va-t-il laisser le découragement l'envahir ? Le découragement est comme la lumière : sa rapidité de transmission est foudroyante. Un peu de lassitude chez un joueur d'élite, un ralentissement dans ses mouvements, une parole qui lui échappe suffisent pour amener la déroute. Eh bien non ! Il va redoubler d'ardeur et les camarades reprendront confiance en le voyant. Une faute vient d'être commise sous ses yeux et il a été sur le point de réclamer, mais le capitaine n'a rien dit, l'arbitre n'a pas sifflé : c'était un coup franc ou un penalty pour son camp. Quel dommage ! La pensée que l'arbitre est injuste lui traverse l'esprit : il la chasse et continue de faire son devoir jusqu'au moment où la partie cesse. Alors, s'il peut se rendre cette justice que pas une fois il n'a eu peur, que pas une fois il n'a sacrifié l'intérêt de son camp au désir d'accomplir quelque prouesse individuelle, il sera content de lui… Nul ne m'ôtera de l'idée que le jeune homme qui a passé par là ne soit mieux préparé qu'un autre au football de la vie.

1. Référence à une chanson populaire associée au jeu du furet, « Il court, il court, le furet ».

**Pierre de Coubertin (1863-1937)**

Cet historien et pédagogue français a milité pour l'introduction du sport dans les établissements scolaires. Il fonde le Comité International Olympique (CIO) et contribue à développer les Jeux olympiques de l'ère moderne dès 1894.

## MOBILISER DES EXEMPLES

i-manuel

**1** Selon Pierre de Coubertin, le football véhicule-t-il des valeurs positives ? Pourquoi ?

**2** Comment comprenez-vous la citation du professeur de Harrow sur laquelle s'appuie Pierre de Coubertin (l. 8-9) ? Êtes-vous d'accord avec ce propos ? Pourquoi ?

CORPUS 2

# Le sport véhicule-t-il des valeurs positives ?

Document 2

## Euro 2016 : « Les hooligans russes ont mené un raid comme un commando paramilitaire », *Le Monde*, 2016

***Lors de l'Euro 2016, en marge d'un match de football entre l'Angleterre et la Russie, des violences entre hooligans russes et anglais ont éclaté à Marseille. Sébastien Louis, historien spécialisé dans l'étude des supporteurs radicaux, présent ce jour-là, donne son interprétation de l'événement.***

**Qu'est-ce qui a fait basculer cette ambiance tendue en violents affrontements ?**

L'arrivée des hooligans russes. Vendredi après-midi, un groupe d'une vingtaine de personnes est arrivé vers les bars et pubs qui longent le Vieux-Port. J'ai vu derrière moi 20 « golgoths[1] ». Je les ai de suite identifiés comme des spécialistes de l'ultraviolence. Ils avaient tous le même tee-shirt, certains portant des bandanas tête de mort, ils ont montré leurs muscles. Un comportement typique des hooligans venus des pays de l'Est. La police est arrivée et a bien agi en s'interposant entre les différents protagonistes. Il y a eu quelques jets de bouteille mais ça s'est arrêté là. Ils sont ensuite repartis. L'erreur est de ne pas les avoir interpellés dans la foulée. Je les ai retrouvés à 1 kilomètre de là, attablés à une terrasse. Les affrontements ont repris samedi vers 17 heures et la bataille la plus violente a eu lieu place Estienne-d'Orves. C'était un raid, on avait affaire à un commando paramilitaire dans l'organisation : ils repèrent les lieux, désignent une cible, puis passent à l'attaque. Ils connaissaient parfaitement la géographie du quartier et prenaient des voies perpendiculaires ou parallèle pour éviter les contrôles de police.

**Comment expliquer ces comportements ?**

Les hooligans russes veulent être dans le top 3 du hooliganisme européen. La meilleure chose à faire pour cela ? Se montrer lors d'une compétition internationale et s'attaquer aux « maîtres » en la matière, les Anglais. Même si dans les faits ils ne le sont plus depuis une quinzaine d'années. Mais ils restent une référence dans l'imaginaire et la mythologie des supporteurs radicaux en Europe.

**Une façon de marquer leur territoire ?**

Tout à fait. On est à Marseille, une cité sensible et emblématique du football français. S'attaquer aux supporteurs anglais est une façon de placer la barre très haut. Ils étaient complètement reconnaissables avec leurs tee-shirts revendiquant leur appartenance à leurs clubs respectifs : CSKA Moscou, Spartak Moscou, Lokomotiv, Zénith Saint-Pétersbourg. En temps normal, ils se battent entre eux. Mais là, il y avait une sorte de concorde. Ensuite, chacun est reparti avec son groupe pour bien montrer que leur club est le plus important, pas les couleurs de la Russie.

**Comment décririez-vous ces hooligans ?**

Nous avons affaire à une nouvelle génération de hooligans depuis la fin des années 90, venus des pays de l'Est, Russie et Pologne principalement : ce sont des gens qui font des sports de combat, qui s'entraînent quotidiennement. Ils ne prennent pas de drogue, pas d'alcool, ils ont un mode de vie ascétique pour se dédier à ces affrontements. Ils organisent même des tournois en parallèle dans les bois, sur les parkings, des « fights » organisés à 15 contre 15. L'image du hooligan bedonnant qui buvait plus que de raison est dépassée. C'est aussi un problème géopolitique. Ces supporteurs radicaux ont une certaine liberté en Russie, ils sont parfois manipulés par les services secrets qui les encouragent à mener certaines actions violentes.

**Propos recueillis par Maxime Goldbaum.**

1. Terme argotique désignant une personne ayant une musculature très impressionnante.

## MOBILISER DES EXEMPLES

i-manuel

1. Recherchez le sens et l'origine du mot « hooligan ». Quel synonyme est employé dans l'article ?
2. Quel est le but des hooligans ? Comment Sébastien Louis l'explique-t-il ?
3. En quoi le hooliganisme s'oppose-t-il aux valeurs positives traditionnellement véhiculées par le sport ?
4. Connaissez-vous d'autres phénomènes liés au sport qui véhiculent une image négative ?

## Document 3 Craig Gillespie, *Moi, Tonya*, 2018

***Faux documentaire au ton satirique,* Moi, Tonya *retrace l'itinéraire de la patineuse artistique américaine Tonya Harding (jouée par Margot Robbie), première femme à avoir réussi un triple axel en compétition. En 1994, elle est soupçonnée d'avoir planifié avec ses proches l'agression d'une concurrente, Nancy Kerrigan.***

### Extrait 1

*Dans cet extrait, Tonya, déçue par ses notes après une prestation réussie, suit un des juges jusqu'à sa voiture pour tenter d'avoir une explication.*

TONYA. – Est-ce que je peux vous parler de mes notes ?

LE JUGE, *sur un ton ironique*. – Oui, avec joie.

TONYA. – J'ai conscience que les juges m'aiment pas. Mais je réceptionne mes sauts nickel.

LE JUGE. – Tonya.... Cela n'a jamais été uniquement qu'une question de patinage. Je nierai toujours avoir dit ça, mais vous n'êtes pas conforme à l'image qu'on veut donner. Vous représentez notre pays, nom de Dieu. Il faut qu'on voit une famille américaine équilibrée, vous... vous ne voulez pas jouer le jeu.

TONYA. – J'ai pas une famille américaine équilibrée. Pourquoi on s'occupe pas que de patinage ?

### Extrait 2

*Dans ce deuxième extrait, Tonya Harding découvre à la télévision les images de l'agression de sa rivale, Nancy Kerrigan.*

## MOBILISER DES EXEMPLES

i-manuel

**5** Faites une recherche sur Tonya Harding. Que pensez-vous de son parcours ?

**6** Dans l'extrait 1, quelle image du sportif le juge défend-il ? Que pensez-vous de son attitude à l'égard de Tonya ?

**7** Dans l'extrait 2, quelle est la réaction de Tonya ? Comment l'interprétez-vous ? Aidez-vous des recherches que vous avez faites pour la question 1.

**LIRE et VOIR**

# À découvrir pour prolonger votre réflexion

## Un film

**Clint Eastwood, *Invictus* (2009)**
Après son élection et la fin de l'Apartheid, Nelson Mandela voit dans l'organisation de la coupe du monde de rugby l'occasion d'unir son pays et de faire vivre la nation arc-en-ciel. Ce film interroge la place du sport dans la société et met en avant la nécessité du pardon dans une nation déchirée.

## Des nouvelles

**Paul Fournel, *Les athlètes dans leur tête* (1988)**
Que se passe-t-il dans la tête des athlètes ? Ces nouvelles à chute ont obtenu le Grand Prix de la littérature sportive en 1988 et le Goncourt de la nouvelle en 1989.

## Une bande dessinée

**Jacques Goldstein et Alex. W. Inker, *Panama Al Brown* (2017)**
L'enquête d'un journaliste à la dérive qui cherche un bon sujet est l'occasion de retracer la descente aux enfers de Panama Al Brown, ancien champion du monde de boxe en 1935.

**BILAN**

i-manuel

## Dans ce chapitre...

- **Quels documents vous ont particulièrement frappé(e) ou intéressé(e) ? Pourquoi ?**
- **Quelles idées importantes avez-vous retenues ?**
- **Votre opinion à propos des thèmes étudiés a-t-elle évolué ?**

## La préparation à l'examen

- **Quels points de méthode maîtrisez-vous mieux à la fin du chapitre ?**
- **Lesquels vous semblent encore difficiles ? Pourquoi ?**
- **Quels sont vos objectifs pour le prochain chapitre ?**

# Chapitre 6
# Questions en tous genres

**Laverne Cox, actrice de la série *Orange is the New Black*, 2018**



## Pour se lancer !

1. Quels adjectifs emploieriez-vous pour décrire cette actrice ?
2. Faites une recherche sur Laverne Cox : quel est son parcours personnel et professionnel ?
3. Selon vous et d'après ce document, quels seront les thèmes abordés dans ce chapitre ?

MÉTHODE

# Rédiger le développement

## Activités

**1 a. Remettez dans l'ordre les phrases de ce paragraphe argumenté en les numérotant de 1 à 7.**

| | |
|---|---|
| Le médecin danois qui a reçu Christine Jorgensen a reconnu son appartenance au genre féminin, lui permettant de s'autodéterminer comme femme. | ........ |
| C'est-à-dire que les individus doivent pouvoir faire valoir la connaissance intime qu'ils ont d'eux-mêmes, et être les seuls garants de leur appartenance à un sexe ou à l'autre. | ........ |
| En somme, le corps médical pourrait aborder autrement les questions de genre que par l'assignation d'un genre fondée sur des éléments physiques ou physiologiques. | ........ |
| L'idée que seul le corps médical peut attester l'appartenance d'un individu à un genre est aujourd'hui remise en cause. | ........ |
| Ce principe n'est pas encore respecté par beaucoup de pays, dont la France, ce qui place certaines personnes transgenres dans l'impossibilité d'être reconnues en tant que telles. | ........ |
| A contrario, l'extrait de la bande dessinée de Pénélope Bagieu consacrée à Christine Jorgensen nous présente une attitude ouverte de la part du corps médical. | ........ |
| Dans son article publié dans Libération, Catherine Mallaval rappelle que la Cour européenne des droits de l'homme prône des « procédures [...] fondées sur l'autodétermination. ». | ........ |

**b. Qu'est-ce qui vous a aidé à mettre ces phrases dans l'ordre ?**

..........................................................................................

..........................................................................................

**c. Quelles conclusions en tirez-vous sur ce que doit être un paragraphe argumenté ?**

..........................................................................................

..........................................................................................

**2 Les verbes suivants peuvent introduire des exemples. Classez-les dans le tableau. Dans chaque colonne, rédigez une phrase en utilisant un des verbes de la liste.**

dénoncer – refuser – s'indigner – protester – rejeter – affirmer – constater – exprimer – évoquer – expliquer – décrire – souligner – mettre en lumière – revendiquer – insister – rappeler – condamner

| Verbes servant à présenter une idée | Verbes servant à présenter un désaccord | Verbes servant à insister sur quelque chose |
|---|---|---|
| | | |
| Phrase rédigée : | Phrase rédigée : | Phrase rédigée : |

# Chapitre 6 Questions en tous genres

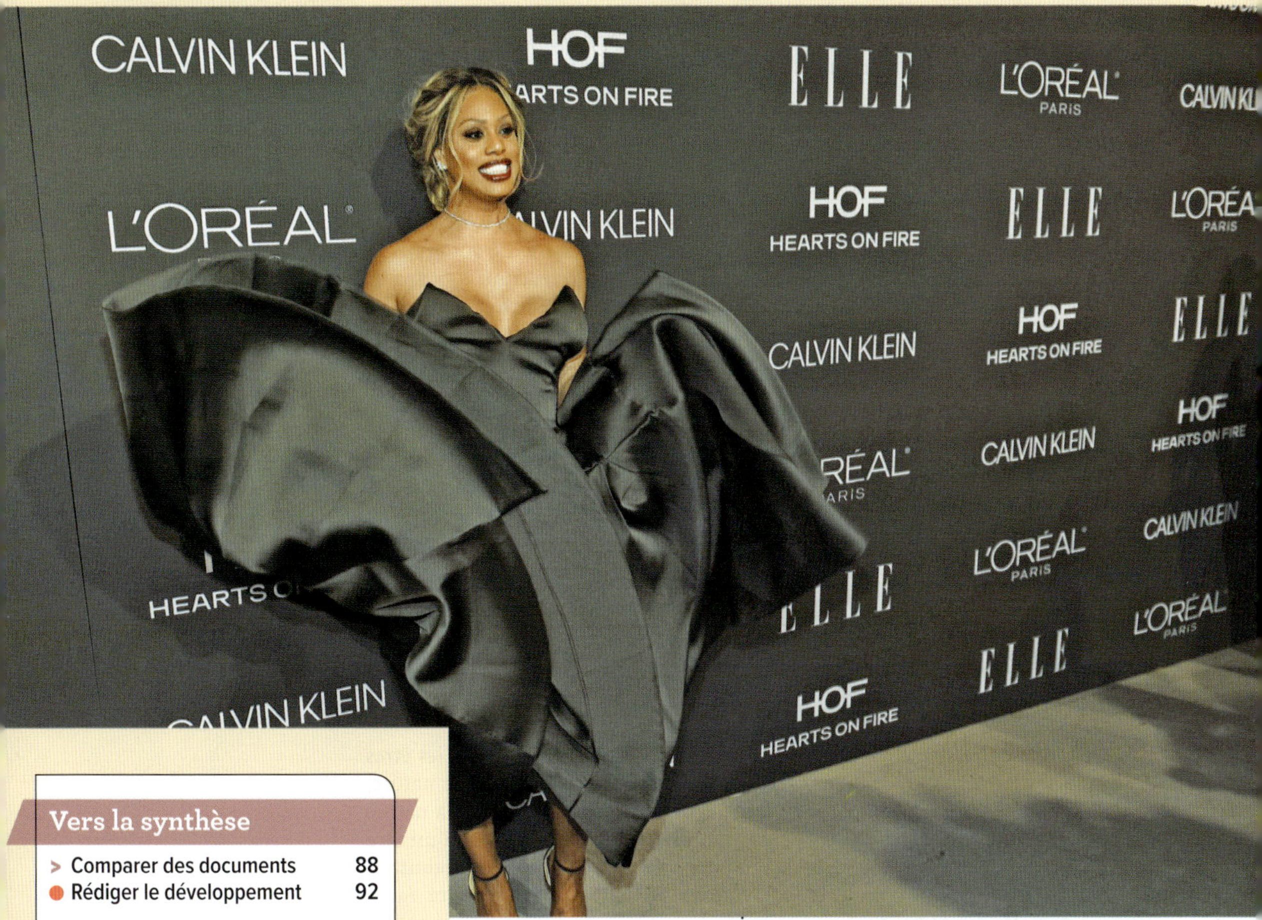


Laverne Cox, actrice de la série *Orange is the New Black*, 2018



## Pour se lancer !

1. Quels adjectifs emploieriez-vous pour décrire cette actrice ?
2. Faites une recherche sur Laverne Cox : quel est son parcours personnel et professionnel ?
3. Selon vous et d'après ce document, quels seront les thèmes abordés dans ce chapitre ?

# CORPUS 1 Chacun son genre

## Document 1 Platon, *Le Banquet* (vers 380 av. J.-C.)

***Selon un mythe, il existait trois sexes et non deux : masculin, féminin et androgyne. Les humains avaient alors une forme sphérique et possédaient quatre bras, quatre jambes, deux visages et deux appareils génitaux. Voulant les punir de leur orgueil, Zeus les divisa en deux.***

Quand donc l'être humain primitif eut été dédoublé par cette coupure, chaque morceau, regrettant sa moitié, tentait de s'unir de nouveau à elle. Et, passant leurs bras autour l'un de l'autre, ils s'enlaçaient mutuellement, parce qu'ils désiraient se confondre en un même être, et ils finissaient par mourir de faim et de l'inaction causée par leur refus de rien faire l'un sans l'autre. Et, quand il arrivait que l'une des moitiés était morte tandis que l'autre survivait, la moitié qui survivait cherchait une autre moitié, et elle s'enlaçait à elle, qu'elle rencontrât la moitié d'une femme entière, ladite moitié étant bien sûr ce que maintenant nous appelons une « femme », ou qu'elle trouvât la moitié d'un « homme ». Ainsi l'espèce s'éteignait.

Mais, pris de pitié, Zeus s'avise d'un autre expédient[1] : il transporte les organes sexuels sur le devant du corps de ces êtres humains. Jusqu'alors en effet, ils avaient ces organes eux aussi sur la face extérieure de leur corps ; aussi ce n'est pas en s'unissant les uns les autres, qu'ils s'engendraient et se reproduisaient mais, à la façon des cigales en surgissant de la terre. Il transporta donc leurs organes sexuels à la place où nous les voyons, sur le devant, et ce faisant il rendit possible un engendrement mutuel, l'organe mâle pouvant pénétrer dans l'organe femelle. Le but de Zeus était le suivant. Si, dans l'accouplement, un homme rencontrait une femme, il y aurait génération et l'espèce se perpétuerait ; en revanche, si un homme tombait sur un homme, les deux êtres trouveraient de toute façon la satiété dans leur rapport, ils se calmeraient, ils se tourneraient vers l'action et ils se préoccuperaient d'autre chose dans l'existence.

C'est donc d'une époque aussi lointaine que date l'implantation dans les êtres humains de cet amour, celui qui rassemble les parties de notre antique nature, celui qui de deux êtres tente de n'en faire qu'un seul pour ainsi guérir la nature humaine. Chacun d'entre nous est donc la moitié complémentaire d'un être humain, puisqu'il a été coupé, à la façon des soles, un seul être en produisant deux ; sans cesse donc chacun est en quête de sa moitié complémentaire. Aussi tous ceux des mâles qui sont une coupure de ce composé qui était alors appelé « androgyne » recherchent-ils l'amour des femmes et c'est de cette espèce que proviennent la plupart des maris qui trompent leur femme, et pareillement toutes les femmes qui recherchent l'amour des hommes et qui trompent leur mari. En revanche, toutes les femmes qui sont une coupure de femme ne prêtent pas la moindre attention aux hommes ; au contraire, c'est plutôt vers les femmes qu'elles sont tournées, et c'est de cette espèce que proviennent les lesbiennes. Tous ceux enfin qui sont une coupure de mâle recherchent aussi l'amour des mâles.

**Platon**
(V$^{e}$-IV$^{e}$ siècle av. J.-C.)
**L'œuvre de ce philosophe grec est essentiellement composée de dialogues qui analysent les valeurs et les actions des hommes.**

1. Moyen.

## COMPARER LES DOCUMENTS 1 ET 2

i-manuel

1. **Qu'est-ce que le mythe de l'androgyne nous permet de comprendre sur la nature humaine ?**
2. **Quelles réactions peuvent provoquer les choix des *genderless danshi* ? Pourquoi ?**
3. **Selon vous, dans quelle mesure peut-on comparer le sujet des documents 1 et 2 ?**

## Document 2 — Philippe Pons, « La dérobade des jeunes Japonais "sans genre" », *Le Monde*, 2017

***Cet article décrit les* genderless danshi*, jeunes Japonais travestis jouant avec les codes de la féminité sans vouloir pour autant devenir des femmes.***

### Transgresser la structure binaire homme/femme

Takashi Marutomo est l'agent d'une quarantaine de modèles *genderless danshi*, dont le plus célèbre, Toman Sasaki (24 ans). Il a épinglé le phénomène apparu d'abord en Corée du Sud avec les vedettes de la K Pop et il a forgé l'expression japonaise.

« *Les premiers sont apparus en 2014 sur les réseaux sociaux*, explique-t-il. *Le genre, très normé au Japon, est devenu secondaire pour ces jeunes garçons : ils cherchent ce qui leur plaît sans se soucier de ce qui est masculin ou féminin. Ils ne veulent pas devenir fille mais être beau. Une aspiration qu'ils partagent avec les filles qui, elles aussi, cherchent à plaire et se disent si tel* genderless danshi *réussit à s'embellir, je le peux aussi. C'est pourquoi ils suscitent un tel engouement chez elles.* »

Les *genderless danshi* cherchent à transgresser la structure binaire homme/femme. Leur look et leur préférence sexuelle ne se recoupent pas. Ils se construisent une apparence en fonction de leurs goûts ; et, sur le plan sexuel, ils peuvent être hétéro, homo, bi… ou indifférents.

Frêle silhouette toute de noire vêtue, portant des chaussures à plateforme, tour à tour rieur ou romantique, Toman Sasaki se prépare dans sa loge à un spectacle qu'il donnera avec son groupe pop XOX (« kiss hug kiss », « bisou câlin bisou ») pour la Saint-Valentin, la fête des amoureux, très populaire au Japon.

Il se dit hétérosexuel sans exclure qu'un jour il puisse tomber amoureux d'un homme… « *Ce que je recherche, c'est la beauté et plaire aux femmes comme aux hommes*, poursuit-il. *Adolescent, je ne m'aimais pas mais, plutôt que de rester complexé, j'ai décidé de m'embellir en me maquillant. Je ne vois pas pourquoi le maquillage et les parures seraient réservés aux filles.* » Pourquoi la vogue des *genderless danshi* ? Toman Sasaki rit et reconnaît que lui-même ne comprend pas. Il ne conteste pas l'appellation mais n'en fait pas un étendard.

### « Les Japonaises se détournent du macho »

Les *genderless danshi* ne sont ni des « drag-queens » échevelées, ni des éphèbes androgynes ; ils refusent d'ailleurs d'être qualifiés d'« efféminés ». « *Ils introduisent une fluidité dans le genre en refusant de se conformer à l'image de l'homme et de la femme normée par la société* », estime Junko Mitsuhashi, professeure assistante à l'université Meiji, spécialiste des questions de genre et elle-même transgenre.

« *Depuis les années 1980, les jeunes Japonais sont en quête d'une identité indépendante du monde du travail où se forgeait la personnalité de leur père. Mes étudiants me disent qu'ils envient les filles pour leur façon libre d'exprimer leur individualité, par le biais de leur apparence* », explique Junki Mitsuhashi.

Embryonnaire déplacement du marqueur de la masculinité ? « *Le phénomène des* genderless danshi *reste marginal mais, ce qui est sûr, c'est que les Japonaises se détournent du macho* », poursuit Junko Mitsuhashi.

« *Dans le* genderless danshi, *la masculinité ne se renie pas : porter des atours féminins ne signifie pas qu'on veut forcément attirer les hommes. Le cross-dressing bénéficie au Japon d'une certaine tolérance et s'inscrit dans une longue tradition*, rappelle Junko Mitsuhashi. *Du kabuki, où des hommes interprètent des rôles de femmes, à la troupe théâtrale moderne Takarazuka où c'est le contraire : des femmes jouent des hommes.* »

## Le BTS autrement — RÉDIGER UN DIALOGUE

i-manuel

**4** **Au Japon, un touriste rencontre un *genderless danshi* et l'invite à expliquer qui il est. Écrivez le dialogue entre ces deux personnages : le touriste manifeste d'abord son incompréhension et cherche à en savoir plus, tandis que le jeune homme japonais lui explique le sens de sa démarche.**

**→ Pour se préparer**

- Au brouillon, faites un plan du dialogue, avant de le rédiger.

**CONSEIL**

Inutile de consacrer trop de répliques à des salutations anodines ou à la mise en contexte : introduisez rapidement la dimension explicative de l'échange.

## Document 3 Catherine Mallaval, « Transsexuels : le droit à changer de sexe à l'état civil repart en arrière », *Libération*, 2016

On avance. Et on... recule. Alors que les députés avaient voté en juillet un amendement au projet de loi sur la modernisation de la justice du XXIe siècle facilitant le changement d'état civil pour les transsexuels et les transgenres plus globalement, le texte qui arrive mardi matin au Sénat repart en arrière. Réunie mercredi dernier, sous la présidence de Philippe Bas (Les Républicains), la commission des lois, favorable à *« une procédure mieux encadrée »* souhaite que le juge chargé de statuer sur le changement d'état civil puisse se prononcer sur des *« critères objectifs, y compris de nature médicale »*, cela *« sans exiger une intervention chirurgicale irréversible »* mais *« pas uniquement au vu de la volonté exprimée par la personne »*.

Concrètement s'il vous plaît ? Voilà tout simplement le retour du *« critère médical »*, éjecté du texte voté par les députés et tant honni par les trans qui, depuis des années, veulent simplement avoir la possibilité de se déclarer homme ou femme. Comme ils se sentent. En accord avec leur genre. Après avoir subi une opération ou pas. Après avoir suivi un traitement hormonal ou non.

Pour Amnesty International France, le fait qu'on puisse de nouveau exiger d'un.e. trans qu'il apporte la preuve qu'il *« ne possède plus tous les caractères de son sexe d'origine »* est un recul *« très inquiétant sur un sujet qui touche au respect des droits fondamentaux des personnes »*. *« Être une femme se résume-t-il à l'apparence physique ? Non. Selon moi, c'est avant tout notre rôle social qui nous donne la reconnaissance d'autrui »*, affirme Émilie Dumont, femme transgenre qui a confié son témoignage à Amnesty International. *« Je suis la seule à savoir qui je suis vraiment et quelle est mon identité de genre »*...

### La France traîne des pieds

Comme Émilie, les 10 000 à 15 000 trans français avaient été nombreux à se réjouir cet été de l'avancée offerte par l'Assemblée. Même si le texte maintenait la nécessité (le verrou) d'en passer par un tribunal de grande instance pour changer d'état civil, toute personne majeure (ou mineure émancipée) n'avait plus (entre guillemets) qu'à démontrer par une *« réunion suffisante de faits que la mention relative à son sexe à l'état civil ne correspond pas à celui dans lequel elle se présente et dans lequel elle est connue peut en obtenir la modification »*. Ces faits peuvent être par exemple *« de se présenter publiquement comme appartenant au sexe revendiqué »* ou *« d'être connue sous le sexe revendiqué de son entourage »*.

Le bel élan progressiste qui avait porté le texte adopté en juillet va-t-il être réduit à néant ? Voilà vingt-cinq ans que le droit à pouvoir changer d'état civil est – normalement – assuré par la Cour européenne des droits de l'homme, et que la France s'obstine à traîner les pieds. Plusieurs pays dont l'Irlande, la Norvège, Malte, le Danemark ou l'Argentine ont supprimé l'obligation de produire des certificats médicaux pour obtenir la modification de son sexe à l'état civil au profit du principe de l'autodétermination des personnes. Et le Conseil de l'Europe a récemment souligné, la nécessité d'instaurer des *« procédures rapides, transparentes et accessibles, fondées sur l'autodétermination. »*

## Le BTS autrement — EMPLOYER DES MOTS PRÉCIS

i-manuel

1. **Que signifient les mots « transgenre » et « transsexuel » ?**
2. **Quelle est la différence entre sexe et genre ? Entre travestissement et transsexualité ?**
3. **Que signifient les termes suivants : « identité de genre », « cisgenre », « dysphorie de genre » ?**

**Document 4** **Pénélope Bagieu, *Culottées*, « Christine Jorgensen », 2016**

*Cette bande dessinée dresse le portrait de femmes hors du commun. Christine Jorgensen, née en 1926, aux États-Unis, dans un corps de garçon, souhaite être opérée pour avoir un corps de femme, qui correspond à son identité. Elle se rend au Danemark pour rencontrer un médecin qui pourrait l'aider.*

## COMPARER LES DOCUMENTS 3 ET 4

i-manuel

**4** **Pourquoi le « critère médical » (doc. 3) est-il dénoncé par de nombreuses personnes transgenres ?**

**5** **Comparez l'histoire de Christine Jorgensen à ce qui est raconté dans l'article : quelles différences remarquez-vous ?**

**6** **Selon vous, comment la société pourrait-elle améliorer la situation des personnes transgenres ?**

## Le BTS autrement

### MENER UNE RECHERCHE

i-manuel

**7** **Voici une liste de pays qui œuvrent, dans une certaine mesure, à la reconnaissance et à l'inclusion des personnes transgenres : Irlande, Pologne, Espagne, Argentine, Colombie, Bolivie, Canada, Malte...**

- Par groupe de deux ou trois élèves, choisissez un pays et recherchez :

– quelles mesures ont été prises pour faciliter la vie des personnes transgenres ;

– si des personnes transgenres ont accédé à la notoriété, dans le domaine politique, artistique, etc

# Rédiger le développement

## Activités

**1 a. Remettez dans l'ordre les phrases de ce paragraphe argumenté en les numérotant de 1 à 7.**

| | |
|---|---|
| Le médecin danois qui a reçu Christine Jorgensen a reconnu son appartenance au genre féminin, lui permettant de s'autodéterminer comme femme. | ........ |
| C'est-à-dire que les individus doivent pouvoir faire valoir la connaissance intime qu'ils ont d'eux-mêmes, et être les seuls garants de leur appartenance à un sexe ou à l'autre. | ........ |
| En somme, le corps médical pourrait aborder autrement les questions de genre que par l'assignation d'un genre fondée sur des éléments physiques ou physiologiques. | ........ |
| L'idée que seul le corps médical peut attester l'appartenance d'un individu à un genre est aujourd'hui remise en cause. | ........ |
| Ce principe n'est pas encore respecté par beaucoup de pays, dont la France, ce qui place certaines personnes transgenres dans l'impossibilité d'être reconnues en tant que telles. | ........ |
| A contrario, l'extrait de la bande dessinée de Pénélope Bagieu consacrée à Christine Jorgensen nous présente une attitude ouverte de la part du corps médical. | ........ |
| Dans son article publié dans Libération, Catherine Mallaval rappelle que la Cour européenne des droits de l'homme prône des « procédures [...] fondées sur l'autodétermination. ». | ........ |

**b. Qu'est-ce qui vous a aidé à mettre ces phrases dans l'ordre ?**

..........

..........

**c. Quelles conclusions en tirez-vous sur ce que doit être un paragraphe argumenté ?**

..........

..........

**2 Les verbes suivants peuvent introduire des exemples. Classez-les dans le tableau. Dans chaque colonne, rédigez une phrase en utilisant un des verbes de la liste.**

dénoncer – refuser – s'indigner – protester – rejeter – affirmer – constater – exprimer – évoquer – expliquer – décrire – souligner – mettre en lumière – revendiquer – insister – rappeler – condamner

| Verbes servant à présenter une idée | Verbes servant à présenter un désaccord | Verbes servant à insister sur quelque chose |
|---|---|---|
| | | |
| Phrase rédigée : | Phrase rédigée : | Phrase rédigée : |

**3 Voici trois exemples qui pourraient prendre place dans un paragraphe de synthèse. L'un des trois est convenable, un autre a besoin d'être corrigé, le troisième a besoin d'être réécrit. Identifiez-les et faites les changements nécessaires.**

**a.** Toute personne qui veut officialiser son changement de sexe auprès de l'état civil doit prouver qu'elle ne possède plus tous les caractères de son sexe d'origine alors que c'est avant tout notre rôle social qui nous donne la reconnaissance d'autrui (document 3).

**b.** Au Japon, on rencontre ainsi des jeunes hommes qui se maquillent, s'habillent de façon féminine, sans pour autant vouloir devenir des femmes. Comme le pense Junko Mitsuhashi, interviewée dans le document 2, ils introduisent une fluidité dans le genre en refusant de se conformer à l'image de l'homme et de la femme normée par la société. Ce comportement montre que l'on peut se définir soi-même librement, au-delà des critères traditionnels de virilité et de féminité.

**c.** Pour Platon, l'amour trouve sa source dans une recherche de « totalité », d'absolu, qui est indépendante de la différence des sexes. Le mythe de l'androgyne développé dans *Le Banquet* cherche à montrer que, en tant que femme ou en tant qu'homme, nous sommes incomplets, et peu importe que nous soyons attirés par une personne d'un autre sexe ou du même sexe.

**4 a. D'après les documents du corpus 1 (p. 88 à 91), rédigez un paragraphe de synthèse montrant que le lien entre genre et sexualité est dépassé.**
**b. Échangez votre copie avec celle d'un autre étudiant et remplissez la grille de critères ci-dessous.**

| | Points positifs | Points à améliorer |
|---|---|---|
| Le paragraphe est clairement construit. | | |
| Les documents sont comparés. | | |
| Les références aux documents sont synthétiques. | | |
| La langue est correcte. | | |

CORPUS 2

# La virilité est-elle un cadeau ou un fardeau ?

## SUJET

La virilité est-elle un cadeau ou un fardeau ?

**Vous répondrez à cette question d'une façon argumentée en vous appuyant sur les documents du corpus 2 (p. 95-97), vos lectures et vos connaissances personnelles.**

### Premières intuitions

**1** Spontanément, que répondriez-vous à cette question ?

**2** Dans le cadre ci-dessous, notez librement toutes les idées qui vous viennent à l'esprit, en rapport avec le sujet.

### Analyse du sujet

**3** Entourez dans le sujet les mots-clés permettant de construire votre réflexion.

La virilité est-elle un cadeau ou un fardeau ?

**4** Donnez pour chacun de ces mots-clés des synonymes et des antonymes.

**5** Reformulez le sujet avec vos propres mots.

## CONSTRUIRE SA RÉFLEXION

**Lisez les documents du corpus 2 (p. 95 à 97) pour nourrir votre réflexion et réaliser les activités de la Méthode (p. 98-99).**

**Document 1** **Publicité de la marque Éric Bompard, 2017**

### MOBILISER DES EXEMPLES

i-manuel

1. **Traduisez en français le message publicitaire. Pourquoi retient-il notre attention ?**
2. **Quelle image de la virilité renvoie cette affiche ?**
3. **Comment cette affiche peut-elle aider à répondre au sujet d'écriture personnelle ?**

## Le BTS autrement — DÉBATTRE

i-manuel

4. **La publicité est-elle à l'origine des clichés sexistes ou se fonde-t-elle sur ceux qui existent déjà pour vendre davantage ? Vous débattrez de cette question.**

→ **Pour se préparer**

- Cherchez sur Internet des publicités qui vous semblent véhiculer des clichés de genre et qui vous serviront d'exemples.

CORPUS 2

# La virilité est-elle un cadeau ou un fardeau ?

## Document 2 Édouard Louis, *Qui a tué mon père*, 2018

***Édouard Louis s'adresse à son père et tente d'en faire le portrait.***

Tu n'as pas étudié. Abandonner l'école le plus vite possible était une question de masculinité pour toi, c'était la règle dans le monde où tu vivais : *être masculin, ne pas se comporter comme une fille, ne pas être un pédé*. Il n'y avait que les filles et les autres, ceux qui étaient suspectés d'avoir une sexualité déviante, pas normale, qui acceptaient de se soumettre aux règles de l'école, à la discipline, à ce que les professeurs demandaient ou exigeaient.

Pour toi, construire un corps masculin, cela voulait dire résister au système scolaire, ne pas te soumettre aux ordres, à l'Ordre, et même affronter l'école et l'autorité qu'elle incarnait. Au collège, un de mes cousins avait giflé un professeur devant toute sa classe. On parlait toujours de lui comme d'un héros. La masculinité – *ne pas se comporter comme une fille, ne pas être un pédé* –, ce que ça voulait dire, c'était sortir de l'école le plus vite possible pour prouver sa force aux autres, le plus tôt possible pour montrer son insoumission, et donc, c'est ce que j'en déduis, construire sa masculinité, c'était se priver d'une autre vie, d'un autre futur, d'un autre destin social que les études auraient pu permettre. La masculinité t'a condamné à la pauvreté, à l'absence d'argent. Haine de l'homosexualité = pauvreté.

Je voudrais essayer de formuler quelque chose : Quand j'y pense aujourd'hui, j'ai le sentiment que ton existence a été, malgré toi, et justement contre toi, une *existence négative*. Tu n'as *pas* eu d'argent, tu n'as *pas* pu étudier, tu n'as *pas* pu voyager, tu n'as *pas* pu réaliser tes rêves. Il n'y a dans le langage presque que des négations pour exprimer ta vie.

Première partie.

**Édouard Louis (né en 1992)**
Ce sociologue et écrivain français a notamment raconté son enfance et son changement de nom dans *En finir avec Eddy Bellegueule*.

## MOBILISER DES EXEMPLES

i-manuel

**1** Avez-vous déjà été le témoin d'une situation qui mettait en évidence le rapport entre le refus de l'autorité et la virilité ?

**2** Selon Édouard Louis, quelle a été la conséquence du désir de « masculinité » (l. 2) de son père ? En imaginez-vous d'autres ?

**3** Comment comprenez-vous l'expression « *existence négative* » (l. 20) ?

## Le BTS autrement — MENER UNE RECHERCHE

i-manuel

**4** **a.** Faites une recherche sur le taux de réussite au baccalauréat des garçons et des filles. Comment peut-on expliquer ces résultats ?
**b.** Comment ces statistiques peuvent-elles nourrir votre travail d'écriture personnelle (p. 94) ?

## Document 3 Élisabeth Badinter, *XY, de l'identité masculine*, 1992

***Élisabeth Badinter analyse la notion de virilité et la construction de l'identité masculine. Dans ce chapitre, elle s'interroge sur ce que signifie « être un homme », en s'appuyant sur les travaux du psychologue Sidney M. Jourard.***

Jourard postule que les hommes ont fondamentalement les mêmes besoins psychologiques que les femmes (d'aimer et d'être aimé, de communiquer émotions et sentiments, d'être actif et passif). Or, l'idéal masculin interdit aux hommes de satisfaire ces besoins « humains ». D'autres ont insisté sur les dangers physiques qui guettent l'homme dur : les garçons sont contraints de prendre des risques qui finissent par des accidents (baseball...) ; ils fument, boivent, et utilisent motos et voitures comme des symboles de virilité. D'autres ne trouvent confirmation de celle-ci que dans la violence, personnelle ou collective. En outre, la compétition et le stress qui s'ensuit dans la vie professionnelle, l'obsession de la performance, ajoutent à la fragilité du mâle. Les efforts exigés des hommes pour être conformes à l'idéal masculin engendrent de l'angoisse, des difficultés affectives, la peur de l'échec, et des comportements compensatoires potentiellement dangereux et destructeurs. Quand on prend la mesure de l'unité psychosomatique de l'être humain, de l'influence de la détresse psychique sur la maladie physique, et quand on sait que les hommes consultent moins facilement et moins souvent que les femmes, médecins et psychologues, alors le raccourcissement de la vie des hommes s'explique mieux. Si l'on ajoute que dans notre société la vie d'un homme vaut moins cher que celle d'une femme (les femmes et les enfants d'abord !), qu'il sert de chair à canon en temps de guerre et que la représentation de sa mort (au cinéma et à la télévision) est devenue simple routine, cliché de la virilité, on a de bonnes raisons de regarder la masculinité traditionnelle comme une menace pour la vie.

Beaucoup en ont tiré les leçons. Il est temps, disent-ils, que les hommes comprennent que l'idéal viril se paie au prix fort et que la masculinité ne deviendra moins dangereuse pour notre santé que lorsqu'on cessera de la définir par opposition à la féminité. Il est urgent d'enseigner aux garçons un autre modèle viril qui fasse place à la reconnaissance de la vulnérabilité. « Les garçons doivent apprendre à exprimer leurs émotions, à demander de l'aide, à être maternels, coopératifs et résoudre les conflits de façon non violente ; à accepter attitudes et comportements traditionnellement étiquetés féminins comme nécessaires au développement de tout être humain - donc à réduire homophobie et misogynie. Ce qui revient à dire qu'il faut apprendre à aimer d'autres garçons et les filles. »

« L'homme mutilé ».

**Élisabeth Badinter**
(née en 1944)
Cette philosophe féministe française a notamment développé l'idée qu'il n'existe pas d'instinct maternel.

### MOBILISER DES EXEMPLES

i-manuel

**5** **Résumez en une phrase le premier paragraphe de ce texte.**

**6** **Quelles mesures pourrait-on instituer pour réduire la mortalité masculine ?**

**7** **Ce texte fait-il évoluer votre point de vue sur le sujet d'écriture personnelle (p. 94) ?**

MÉTHODE

# Rédiger le développement

## Activités

**1 La lecture du corpus a-t-elle modifié ou confirmé vos premières intuitions (p. 94) ? Pourquoi ?**

**CONSEIL**

Un paragraphe argumenté développe une idée de façon ordonnée, en s'appuyant sur des exemples précis. Vous devez expliquer pourquoi vous les mobilisez. Chaque exemple doit être développé afin d'apporter une preuve à votre argument. Vous devez convaincre que ce que vous écrivez est pertinent et fondé.

**2 a. Les phrases de ce paragraphe argumenté sont dans le désordre. Recomposez le paragraphe argumenté en numérotant les phrases de 1 à 8.**

| | |
|---|---|
| La valorisation de la virilité est aussi un ressort de la domination masculine. | ........ |
| À mesure qu'il devient l'homme qu'il ne voulait pas devenir, à savoir le chef du clan mafieux, le personnage incarné par Al Pacino durcit et change de comportement à l'égard de sa femme : il devient distant, ne l'écoute plus, lui laisse la charge des enfants et finit par la gifler. | ........ |
| En cela, la virilité apparaît aussi comme un fardeau pour la société et les femmes en particulier. | ........ |
| En effet, l'idée que les hommes doivent être forts renforce celle que les femmes sont dépendantes ou doivent être cantonnées à des rôles subalternes. | ........ |
| Les deux premiers épisodes du *Parrain* illustrent cet effet pervers de la montée en puissance d'un homme dans un monde d'hommes. | ........ |
| De même, les plaisanteries misogynes allient souvent le cliché de la puissance virile à celui la sottise féminine : « Frappe ta femme : si tu ne sais pas pourquoi, elle, elle sait. » | ........ |
| Cette gifle donnée à son épouse est le point culminant tragique d'une progressive acceptation des codes de la masculinité, que le personnage mettait à distance auparavant. | ........ |
| On est censé rire du fait que la violence masculine se présente ici comme un outil de justice, un moyen légitime de corriger un défaut de moralité inhérent au sexe faible. | ........ |

**b. Quels éléments vous ont aidé à retrouver l'ordre des phrases ?**

........................................................................................................................

**c. Qu'en déduisez-vous sur la construction du paragraphe argumenté ?**

........................................................................................................................

**3 Voici deux paragraphes argumentés incomplets. Écrivez pour chacun d'eux une phrase d'introduction et une phrase de conclusion qui rattachent explicitement le paragraphe au sujet.**

a. ........................................

En valorisant ceux qui se rebellent plutôt que ceux qui se soumettent à l'autorité, on a moins de chance de réussir son parcours éducatif et son insertion professionnelle. C'est pourquoi Édouard Louis établit l'équation « haine de l'homosexualité = pauvreté ».

........................................

b. ........................................

Un garçon s'interdira par exemple de se déguiser en femme ou refoulera son attirance homosexuelle s'il a entendu que ce n'était pas un comportement digne d'un homme. Ce phénomène d'autocensure peut déboucher sur de violentes névroses. Dans *American Beauty*, Sam Mendes met en scène un père de famille autoritaire, homophobe et violent, qui finit malgré tout par tenter d'embrasser son voisin. Le spectateur se demande alors si sa virulente haine des homosexuels n'était pas la projection d'une haine de soi, le refoulement de sa propre homosexualité. Si l'on aidait les individus à s'accepter et à accepter la diversité des façons de vivre, le destin violent de ce genre de personnage aurait été positivement différent.

........................................

**4 Dans chaque groupe, quelle phrase vous semble la plus adaptée à l'écriture personnelle ? Pourquoi ?**

a. La virilité est un fardeau. / La virilité peut parfois apparaître comme un fardeau. / La virilité semble être un fardeau.

........................................

b. Les hommes ne doivent pas montrer de signe de faiblesse. / La société impose aux hommes de ne pas montrer de signe de faiblesse. / Il est préférable que les hommes ne montrent pas de signe de faiblesse.

........................................

**5 a. Rédigez votre écriture personnelle sur une feuille, à l'aide des critères ci-dessous.**
**b. Échangez votre copie avec celle d'un autre étudiant et remplissez la grille.**

| | Points positifs | Points à améliorer |
|---|---|---|
| La question est correctement traitée, sans hors sujet. | | |
| L'argumentation est cohérente et efficace. | | |
| Les exemples sont pertinents, bien exploités. | | |
| La forme de la réponse est claire, lisible, structurée. | | |
| La langue est correcte. | | |

# PROJET Parodier des Unes de magazines

i-manuel

**Par groupe, vous comparerez des Unes de magazines, en étudiant la façon dont elles représentent les clichés de genre. Vous chercherez et confronterez d'autres Unes puis vous inventerez vous-même une couverture de magazine afin de proposer un détournement humoristique des représentations des hommes et des femmes.**

Document 1 *Elle*, 20 avril 2018

Document 2 *Muscle & Fitness*, septembre 2018

Document 3 *Causette*, mars 2018

## Étape 1 > Analyser des Unes

a. À première vue, qu'est-ce qui vous permet de distinguer un magazine dit féminin d'un magazine dit masculin ? Justifiez votre réponse.

b. Comparez la façon dont ces Unes évoquent le rapport au corps.

c. Quel usage propose *Causette* des clichés liés au genre ?

## Étape 2 > Trouver des couvertures intéressantes et variées

a. Rendez-vous au CDI, à la médiathèque ou en kiosque afin d'observer les Unes des magazines parus ce mois-ci. Vous pouvez choisir, par exemple, les magazines dits féminins ou masculins, mais vous pouvez aussi examiner les magazines liés à une activité (cuisine, chasse, tricot...) ou encore à l'actualité (culturelle, politique, économique...), afin de voir s'ils utilisent ou non les clichés de genre.

b. Faites une sélection de trois couvertures qui proposent des visions différentes du rapport au genre. Prenez en compte les messages véhiculés (titre du magazine, rubriques annoncées...), les choix graphiques (couleurs, caractères...) et les illustrations.

## Étape 3 > Réaliser une couverture parodique

En vous inspirant des couvertures étudiées aux étapes 1 et 2, réalisez une Une parodique. Vous utiliserez les clichés de genre de façon ironique. Le magazine pourra s'adresser uniquement aux femmes ou aux hommes, ou bien s'adresser aux deux pour dépasser le clivage traditionnel.

Trouvez un titre, une illustration (vous pouvez réaliser vous-même une photographie), plusieurs rubriques et phrases d'accroche. Ce travail peut être réalisé sur un logiciel de traitement de texte.

## Évaluez votre création

| Critères de réussite | Points positifs | Points à améliorer |
| --- | --- | --- |
| Notre Une détourne clairement des clichés de genre. | | |
| Le ton général est humoristique. | | |
| Le titre et les rubriques sont parodiques. | | |
| L'illustration est pertinente. | | |
| La réalisation est soignée. | | |

## LIRE et VOIR

# À découvrir pour prolonger votre réflexion

### Un essai

**Laure Bereni, Sébastien Chauvin, Alexandre Jaunait et Anne Revillard, *Introduction aux études sur le genre* (2012)**
Comment se construisent les identités féminines et masculines ? Pourquoi associe-t-on le rose aux filles et le bleu aux garçons ? Cet ouvrage propose une découverte des études de genre qui cherchent à répondre à ces questions.

### Une bande dessinée

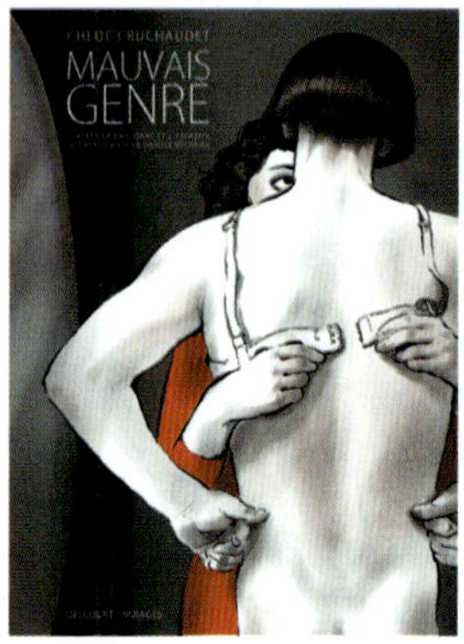


**Chloé Cruchaudet, *Mauvais Genre* (2013)**
Pour échapper à la clandestinité, Paul, déserteur de la Première Guerre mondiale, décide de se travestir. Son épouse lui apprend à s'habiller et à parler comme une femme : pour tout le monde, il sera Suzanne. Mais le goût du travestissement l'emporte bientôt sur le besoin de dissimuler son identité...

### Un film

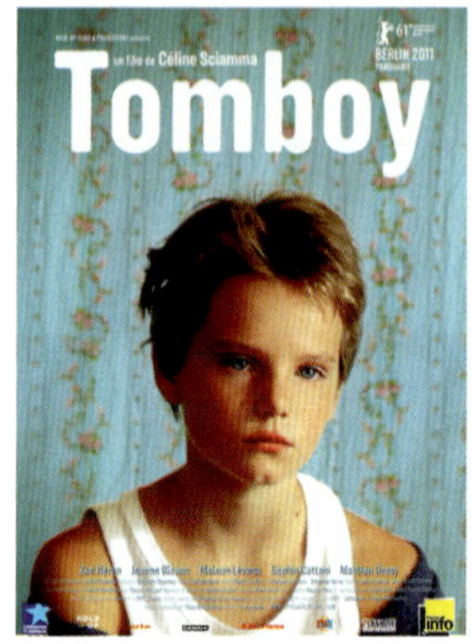


**Céline Sciamma, *Tomboy* (2011)**
Laure, onze ans, vient de s'installer dans un nouveau quartier avec ses parents. Lorsque ses nouveaux amis la prennent pour un garçon, elle ne dément pas et prétend s'appeler Michaël...

## BILAN

i-manuel

### Dans ce chapitre...

- **Quels documents vous ont particulièrement frappé(e) ou intéressé(e) ? Pourquoi ?**
- **Quelles idées importantes avez-vous retenues ?**
- **Votre opinion à propos des thèmes étudiés a-t-elle évolué ?**

### La préparation à l'examen

- **Quels points de méthode maîtrisez-vous mieux à la fin du chapitre ?**
- **Lesquels vous semblent encore difficiles ? Pourquoi ?**
- **Quels sont vos objectifs pour le prochain chapitre ?**

# Chapitre 7 Information et quête de vérité

**Dan Gilroy, *Night Call*, 2014**
*Dans ce film, Jake Gyllenhaal incarne Lou Bloom, chasseur d'images pour les journaux télévisés.*



## Pour se lancer !

1. Qu'est en train de filmer le personnage ? Émettez une hypothèse.
2. Les images spectaculaires ou choquantes sont-elles nécessaires à l'information, selon vous ?
3. Selon vous et d'après ce document, quels seront les thèmes abordés dans ce chapitre ?

# CORPUS 1 Je crois ce que je vois

## Document 1 Victor Jorgensen, *Le Baiser du marin*, 1945

*Cette photographie, publiée dans le magazine américain* Life, *a été prise à New York, après la victoire des États-Unis sur le Japon en 1945.*

## Document 2 « Le monde a admiré cette photo. Nous aurions dû nous en inquiéter », *Slate*, 2012

Dans la série photo-ultra-connue-qui-n'est-pas-ce-qu'on-pensait, une blogueuse de *Crates and Ribbons* attire notre attention sur cette image iconique d'un marin embrassant fougueusement une infirmière le 14 août 1945, jour de la capitulation du Japon aux États-Unis surnommé le « V-J Day », ou « Victory over Japan Day ».

La photo a été prise par Alfred Eisenstaedt, du magazine *Life*, et l'identité des deux protagonistes a longtemps été un mystère ; plusieurs personnes ont affirmé être le marin et l'infirmière. Dans un livre sorti en mai dernier[1], *The Kissing Sailor*, les auteurs affirment qu'il s'agit de George Mendonsa et Greta Zimmer Friedman et que, contrairement à ce que l'on peut penser à force d'avoir vu cette photo dans les classements des « images les plus romantiques de tous les temps », ils n'étaient pas en couple. Plus que ça, ils ne se connaissaient absolument pas, et on n'assiste en fait pas là à la capture photographique d'un enthousiasme spontané de deux jeunes gens heureux que la guerre soit finie, mais à ce que *Crates and Ribbons* qualifie d'agression sexuelle.

La blogueuse revient en effet sur les articles publiés au moment de la sortie du livre, avec des interviews des protagonistes, en se concentrant sur ce que nous dit Greta Zimmer Friedman de ce jour-là :

– « *Je ne l'ai pas vu approcher, et avant que je comprenne ce qui se passe, je me suis retrouvée enserrée comme dans un étau* » – Le *Daily Mail*

– « *Je n'ai pas choisi d'être embrassée... Le mec est juste arrivé et m'a attrapée !* » – *Veterans History Project*

– « *On m'a attrapée. Cet homme était très fort. Je ne l'embrassais pas, c'est lui qui m'embrassait.* » – Le *New York Post*

George Mendonsa, présent ce jour là avec sa petite amie, avait bu pour célébrer la bonne nouvelle, avant de voir une jeune femme en blanc dans Times Square. Pour *Crates and Ribbons*, ce baiser forcé d'un inconnu ivre sur une femme non consentante n'est rien d'autre qu'une agression sexuelle, qu'on continue de glorifier et de rendre romantique, comme si « *Greta n'avait rien dit* ».

1. En mai 2012.

## Document 3 — Une du *Daily Mirror*, 2014

DAILY Mirror

55P WEDNESDAY APRIL 16, 2014

DLT SHOCK
He's charged with 'sex attack on The Mrs Merton Show'

SHAME OF CONDEM CUTS

in, 2014. We're the sixth largest economy in the d. We have more millionaires than ever before...

why have we handed out
E MILLION food parcels?

NEW FIGURES REVEAL 330,000 WENT TO HUNGRY CHILDREN...SHOCK REPORT PAGES 4&5

## Document 4 — Alain Korkos, « Le Daily Mirror et le ver de terre », *Arrêt sur images*, 2014

### Le Daily Mirror et le ver de terre

À la Une du *Daily Mirror* du mercredi 16 avril, la photo d'une gamine en pleurs illustrant un article intitulé en rouge : « Allocations réduites, la honte de la coalition gouvernementale ».

Et en blanc sur fond gris : « Grande-Bretagne 2014. Nous sommes la 6$^{e}$ économie mondiale. Nous comptons plus de millionnaires que jamais... Alors pourquoi avons-nous distribué un million de repas gratuits ? Et de nouveaux chiffres montrent que 330 000 d'entre eux sont allés à des enfants affamés. »

La *BBC*, dans son émission du 15 avril au soir intitulée *BBC NewsPapers*, a interrogé à propos de cette Une Elizabeth Orcutt du *Times* et Oliver Wright de l'*Independent* :

Elizabeth Orcutt, du *Times* : C'est vrai que c'est une photo très puissante, mais qui ne reflète pas vraiment le contenu de l'article.

Clive Myrie, de la *BBC* : Surtout si cet enfant n'a pas été photographié dans le cadre de l'enquête effectuée par le journaliste.

E.O. : En effet, il s'avère que c'est une photo d'illustration provenant d'une agence.

C.M. : Tous les journaux font ça, non ?

E.O. : En effet mais nous essayons de ne pas le faire en Une, ni pour des articles graves. Donc oui, nous utilisons des images d'illustration, mais d'une façon éthique.

C.M. : D'une façon éthique ! *(rires)*.

E.O. : Nous mettons une légende « photo d'agence », de manière évidente. C'est notre politique.

C.M. : OK, je surveillerai ça, en une du *Times*. [...]

Elizabeth Orcutt, du *Times*, a raison : il s'agit bien, en effet, d'une photo achetée dans une agence. L'agence Getty, ainsi que le précise le blog d'un certain Dan Barker. [...]

Cette image a été achetée à une certaine Lauren Rosenbaum (de la région de San Francisco) qui possède un compte Flickr, sur lequel figure cette photo. Elle y raconte (sous un autre cliché très similaire) les circonstances dans lesquelles furent prises ces images. C'était le 7 novembre 2009 :

« *Nous sommes allées au parc et Anne a trouvé un ver de terre. Elle l'a aussitôt baptisé Flower, le plus beau nom du monde. Je l'ai convaincue de garder Flower, pendant qu'elle jouait. Puis nous décidâmes de déposer Flower dans l'herbe pour qu'il fasse une sieste et que, quand il serait temps de rentrer, nous l'emmènerions vivre chez nous dans notre jardin. Mais Flower n'a pas fait la sieste. Il s'était barré, et Anne a pleuré pendant vingt-cinq minutes.* »

Une petite Américaine amoureuse d'un ver de terre. On est loin, très loin d'une petite Anglaise affamée attendant l'aide alimentaire...

i-manuel

## COMPARER LES DOCUMENTS 1 À 4

**1** **Que représente chacune des images de cette double page ? Quelle interprétation en ont donnée les médias qui les ont employées ?**

**2** **Selon vous, pourquoi ces deux images ont-elles été choisies pour faire la Une d'un journal ?**

**3** **Pourquoi est-il facile pour les lecteurs de ces magazines de se tromper à propos de ces images ?**

**4** **Quelle démarche les journalistes des deux articles ont-ils suivie pour révéler la vérité ?**

## Document 5 Laurent Abadjian, « La Japonaise qui a fait le tour du monde », site de *Télérama*, 2011

**Laurent Abadjian** (né en 1958)
Ce journaliste a travaillé au service photo de l'Agence France-Presse puis de *Libération*, avant de diriger celui de *Télérama*.

***En 2011, un tsunami dévaste une partie du Japon. De nombreux journaux ont illustré cette catastrophe avec la photographie d'une femme enveloppée d'une couverture. Le journaliste explique les raisons de ce choix.***

La première raison du « succès » de cette image du Japon est son accessibilité à l'ensemble de la presse. Elle a été réalisée par un photographe de la rédaction du plus grand journal nippon, le *Yomiuri Shimbun*, qui a décidé de la mettre à la disposition de l'AFP, AP et Reuters, trois agences télégraphiques qui offrent aux journaux, via leurs sites internet, un accès à leurs images en haute définition. Ainsi, cette photo est devenue accessible à l'ensemble de la presse mondiale. De fait, donc, pour le *Yomiuri Shimbun*, elle ne pouvait faire l'objet d'aucune exclusivité ni susciter aucune enchère, alors que c'est parfois le cas dans une telle situation.

Les agences magazines (Sipa, Gamma ou Sygma), qui ont longtemps pratiqué cette mise aux enchères des images de leurs photographes, sont aujourd'hui en perte de vitesse, et ont laissé le terrain de l'actualité aux agences de presse (AFP, Reuters et AP). Leur légitimité affaiblie et la réduction des budgets des services photo des magazines ont fini de marginaliser cette pratique sur les images de news, pratique qui existe encore dans le registre du *people*.

La deuxième raison d'une telle unanimité dans le choix tient au manque d'images fortes sur le Japon disponibles à l'heure du bouclage des magazines. Parmi la masse de photos disponibles à ce moment-là, peu mettent en regard un individu et l'incroyable ampleur de la catastrophe. Or, c'est ce type de cliché que les rédactions vont chercher en priorité. Une image qui rende la représentation d'un tel cataclysme possible. Aujourd'hui, face à un tel drame, on doit rester dans la limite de ce qu'il est convenu de montrer pour ne pas risquer d'être accusé de sensationnalisme, de voyeurisme ou d'indécence. D'autant qu'il n'y a rien ici à dénoncer, ni guerre, ni dictature, qui pourrait justifier de privilégier une image plus difficilement soutenable dans le but d'influencer l'opinion publique.

Devant une telle catastrophe, une couverture doit faire appel à la compassion, et laisser à celui qui la regarde la possibilité de s'identifier aux acteurs du drame. Sa fonction est d'informer, bien sûr, mais aussi de séduire. L'image de Tadashi Okubo remplit pleinement ces deux fonctions. La jeune fille est jolie, son attitude est d'une grande quiétude, son regard dit son désarroi avec pudeur. On y retrouve la dualité qui fait la force des images de news : sa fragilité, sa vulnérabilité cohabitant avec la catastrophe.

Le bilan provisoire aujourd'hui est de près de 20 000 morts au Japon. Cette jeune fille est vivante, elle nous rassure, elle porte un espoir dans lequel on a envie de croire.

## Le BTS autrement

**DÉBATTRE** i-manuel

**1 L'image est-elle plus forte que les mots pour informer le public ? Vous débattrez de cette question.**

**→ Pour se préparer**

Préparez vos arguments et exemples au brouillon, en menant si besoin des recherches, avant de vous engager dans la discussion.

## Document 6 Emmanuel Guibert, Frédéric Lemercier et Didier Lefèvre, *Le Photographe*, tome 2, 2004

***Didier (surnommé Ahmadjan) et la mission de* Médecins sans frontières *qu'il accompagne, dirigée par Juliette (surnommée Jamila), se trouvent dans un village bombardé par l'armée soviétique.***

**Didier Lefèvre (1957-2007)**
Pharmacien de formation, il devient photojournaliste au service de *Médecins sans frontières* qui, en 1986, l'envoie en Afghanistan alors en guerre contre l'URSS. En 2003, il raconte cette histoire en bande dessinée.

### COMPARER LES DOCUMENTS 5 ET 6

i-manuel

**2** Quel lien unit les deux documents ?

**3** Quel est le but de l'image de la Japonaise et de celles filmées par Juliette ?

**4** D'après les documents 1 à 6, les images permettent-elles de s'informer avec fiabilité ? Justifiez votre réponse.

# MÉTHODE Identifier la nature des documents

## Activités

> **CONSEIL**
> Reportez-vous aux pages 212-213 pour approfondir la question des types de documents dans un corpus de synthèse.

**1 a. Relisez les documents du corpus 1 (p. 104 à 107) et remplissez le tableau suivant.**

| | Type du document | Justification |
|---|---|---|
| Doc. 1 | | |
| Doc. 2 | | |
| Doc. 3 | | |
| Doc. 4 | | |
| Doc. 5 | | |
| Doc. 6 | | |

**b. Quels documents expriment explicitement des idées qui peuvent vous aider à construire un plan de synthèse ?**
**c. Quels documents s'imposent comme des exemples pour illustrer les arguments développés dans les autres documents ?**

**2 a. Cherchez dans ce manuel un exemple de chacun des types de documents suivants.**

> **CONSEIL**
> Dans un corpus, certains documents sont plus riches que d'autres : ils permettent de trouver davantage d'idées pour construire le plan de la synthèse. D'autres ont plutôt un rôle illustratif : ils offrent des exemples pouvant illustrer une idée développée dans un des textes du corpus. Tous ne nécessitent pas qu'on y consacre la même place au sein de la synthèse, même si aucun ne doit être oublié.

Article de presse : ..........

Essai : ..........

Roman : ..........

Autobiographie : ..........

Film : ..........

Bande dessinée : ..........

Peinture : ..........

Sculpture : ..........

Photographie : ..........

Article scientifique : ..........

Graphique : ..........

Affiche : ..........

Une : ..........

Documentaire : ..........

**CONSEIL**
Le paratexte (titre du document et chapeau) et la présentation typographique (disposition du texte) peuvent vous aider à déterminer le type d'un texte.

**b. Classez les types de documents ci-dessus dans le tableau suivant.**

| | | Types des documents |
|---|---|---|
| Textes | Textes à valeur d'exemple ou d'illustration | |
| | Textes informatifs ou explicatifs | |
| Images | Documents audiovisuels | |
| | Arts plastiques | |
| | Images utilitaires | |

CORPUS 2

# Le journalisme est-il au service de la vérité ?

## SUJET

Le journalisme est-il au service de la vérité ?

**Vous répondrez à cette question d'une façon argumentée en vous appuyant sur les documents du corpus 2 (p. 111-113), vos lectures et vos connaissances personnelles.**

## Premières intuitions

1 Spontanément, que répondriez-vous à cette question ?

2 Dans le cadre ci-dessous, notez librement toutes les idées qui vous viennent à l'esprit, en rapport avec le sujet.

## Analyse du sujet

3 Entourez dans le sujet les mots-clés permettant de construire votre réflexion.

Le journalisme est-il au service de la vérité ?

4 Donnez pour chacun de ces mots-clés des synonymes et des antonymes.

5 Reformulez le sujet avec vos propres mots.

## CONSTRUIRE SA RÉFLEXION

**Lisez les documents du corpus 2 (p. 111-113) pour nourrir votre réflexion et réaliser les activités de la Méthode (p. 114-115).**

### Document 1 Christian Salmon, *Storytelling*, 2007

***Cet essai est sous-titré « La machine à fabriquer des histoires et à formater des esprits ». Dans l'extrait suivant, l'auteur étudie le succès de la chaîne d'information américaine Fox News, fondée en 1996 par Roger Ailes.***

Le gourou du marketing Seth Godin a une idée bien précise sur les raisons d'un tel succès : « Sachant que son travail consiste à raconter une histoire, Roger Ailes s'est servi de cette idée pour créer un empire de plusieurs milliards de dollars. » Selon lui, « les nouvelles télévisées ne sont pas "vraies". Comment pourraient-elles l'être ? Il y a trop de choses à dire, trop de points de vue à analyser, trop de sujets à traiter… Tout ce que peut espérer un journaliste de télévision, c'est de combiner les reportages sensationnalistes sur les meurtres et les incendies (nouvelles qui font vendre de la publicité, puisque chacun en raffole) aux reportages plus substantiels, mais moins prisés, sur l'actualité internationale… Idéalement, ce journaliste devrait également exercer son métier sans faire preuve de partialité ».

Fox News a choisi une approche différente. « Sachant qu'il n'existe pas d'organe d'informations entièrement dépourvu de parti pris, explique Seth Godin, elle a décidé d'en finir une fois pour toutes avec ce problème inévitable en cadrant ses nouvelles en fonction de la vision du monde de son auditoire cible… » Cette vision du monde, Godin la définit à partir de trois critères : 1) le désir d'écouter une histoire cohérente ; 2) un point de vue qui privilégie la responsabilité personnelle, les valeurs conservatrices et la politique républicaine ; 3) une apparente impartialité par opposition à une évidente démagogie… « Chaque jour, la direction de Fox envoie une note de service à ses rédacteurs, producteurs et annonceurs. On y dresse la liste des sujets à traiter, décidant ainsi de l'histoire qui sera contée ce jour-là. En collant les nouvelles à l'histoire (et non le contraire), Fox établit un point de vue ; elle raconte une histoire à laquelle les téléspectateurs sont heureux de souscrire. Elle leur fournit le mensonge dont ils se convaincront et, fait tout aussi important, qu'ils propageront. »

« Nous avons déboursé 3 milliards de dollars pour ces chaînes de télévision, affirme David Boylan, patron de Fox Tampa Bay. Nous déciderons ce que sont les informations. Les nouvelles sont ce que nous vous disons qu'elles sont. »

Chapitre 7, « L'empire de la propagande »,
« Fox News, une mutation dans l'histoire des médias ».

**Christian Salmon (né en 1951)**
Cet écrivain et chercheur a fondé le Parlement international des écrivains et la revue *Autodafé* pour soutenir les auteurs victimes de la censure dans le monde. Ses travaux portent notamment sur la manipulation de l'opinion par les outils de communication.

## MOBILISER DES EXEMPLES

i-manuel

**1** **Quel est le but des dirigeants de Fox News ? Comment y parviennent-ils ?**

**2** **Quelle est la responsabilité des spectateurs de Fox News par rapport aux choix de cette chaîne ?**

**3** **Que répondrait Christian Salmon concernant le sujet d'écriture personnelle (p. 110) ?**

# Le journalisme est-il au service de la vérité ?

## Document 2 — Florence Aubenas et Miguel Benasayag, *La Fabrication de l'information*, 1999

***Dans cet essai, les auteurs analysent le rapport entre les journalistes, le public et la recherche de la vérité et de la transparence.***

Loin d'éliminer l'opacité, cette quête de la transparence absolue la potentialise, créant des zones entières d'ombre et d'incompréhension. La presse révèle des affaires comme elle ne l'a sans doute jamais fait dans le passé. Tant mieux. Les lecteurs sont certainement informés sur leurs dirigeants mieux que jamais. Le paradoxe reste qu'ils semblent n'en ressentir aucune satisfaction. Loin d'être repus lorsque de nouvelles révélations sont servies, ils font la moue et crient encore plus fort qu'on leur cache tout. Il s'est enclenché là une spirale d'impuissance et de frustration. Plus la presse brandit sa lumière, plus le reste du monde se plaint de l'obscurité.

Dans les rédactions, le scandale dans les scandales éclate généralement lorsqu'un responsable « met son nez » dans les dossiers. Dans toutes les rédactions du monde, il y a eu un jour l'« ami » d'un directeur qui a appelé, pour lui demander comme un service d'être épargné dans le cadre d'une enquête. Cela arrive, mais sans doute bien plus rarement que ne l'imaginent les lecteurs. Ce qu'ils ne peuvent en revanche mesurer est l'indignation absolue que ces pressions déclenchent à l'intérieur d'une rédaction : hurlements contre la censure, menaces de grèves diverses ou de démission. Le climat autour de ces dossiers est devenu si volatil que le secteur « affaires » est désormais un casse-tête pour beaucoup de chefs de service. Si ceux-ci jugent un article incompréhensible, un dossier mineur ou une enquête mal ficelée, ils auront beaucoup de mal à convaincre leurs journalistes de leur sincérité. Ils seront généralement soupçonnés (avec plus ou moins de bonne foi) de vouloir étouffer l'enquête.

Pour leur malheur, les grincheux sont faciles à éconduire. Face aux accusations, les journalistes peuvent le front haut protester de leur bonne volonté. Ils publient généralement ce qu'ils savent, enquêtent comme ils peuvent. Ils brandissent les documents, les dates. Tant qu'ils galoperont dans la même course à la transparence, les râleurs et les sceptiques se condamneront eux aussi à s'épuiser derrière un leurre, un fantasme.

Ils ne croient pourtant pas si bien dire, en parlant de ténèbres. L'intolérance à l'obscurité, loin de l'éliminer, produit ce monde d'opacité et de violence croissante, cette division entre le visible et l'invisible. Elle braque sur des hommes ou des régions un éclairage maximum, et les transforme dès lors en un spectacle tandis que la réalité reste dans l'ombre.

**Florence Aubenas** (née en 1961)
**Cette reporter française est connue pour son enquête sur les femmes de ménage, *Le Quai de Ouistreham*, et celle sur les régions défavorisées. Lors d'un reportage en Irak, elle a été retenue en otage pendant plusieurs mois.**

**Miguel Benasayag** (né en 1953)
**Ce philosophe et psychanalyste franco-argentin est engagé dans de nombreux combats humanistes, comme le droit au logement ou la lutte contre la torture.**

## MOBILISER DES EXEMPLES

i-manuel

**1** **D'après ce texte, que recherchent les lecteurs de la presse d'information ? Partagent-ils le même but que les journalistes ?**

**2** **D'après Florence Aubenas et Miguel Benasayag , quels sont les soupçons visant la presse ? Sont-ils justifiés ?**

**3** **Quelles limites les auteurs soulignent-ils à propos de la recherche de la transparence ?**

**4** **Que répondraient les auteurs au sujet d'écriture personnelle (p. 110) ?**

## Document 3 Denis Robert et Laurent Astier, *L'Affaire des affaires*, tome 1, 2009

***Denis Robert, journaliste d'investigation, a enquêté pendant dix ans sur l'affaire Clearstream, dont les enjeux ont impliqué Nicolas Sarkozy et Dominique de Villepin. Il raconte cette histoire dans L'Affaire des affaires. Au début de cette bande dessinée, il raconte son expérience de journaliste d'investigation à*** **Libération.**

### MOBILISER DES EXEMPLES

i-manuel

**5** Que reproche le rédacteur en chef à Denis Robert ?

**6** Que pensez-vous de la déontologie du rédacteur en chef ? Justifiez votre réponse.

**7** Quel lien peut-on établir avec le document 2 ?

# Trouver des arguments

## Activités

**1 Ces arguments prétendent prouver que le journalisme est au service de la vérité. Lesquels vous semblent justes ? Lesquels vous semblent irrecevables ? Justifiez vos réponses.**

a. Le journalisme est au service de la vérité car il permet des investigations révélant des faits inconnus du public.

b. Le journalisme est au service de la vérité car les médias sont dignes de confiance.

c. Le journalisme est au service de la vérité, car les journalistes s'autorégulent au sein des rédactions pour se protéger des pressions extérieures.

d. Le journalisme est au service de la vérité car la pluralité de la presse et des médias permet d'éviter la propagande et de confronter les idées.

**2 Ces arguments prétendent prouver que le journalisme n'est pas toujours au service de la vérité. Lesquels vous semblent justes ? Lesquels vous semblent irrecevables ? Justifiez vos réponses.**

a. Le journalisme n'est pas toujours au service de la vérité car on ne croit pas toujours la presse.

b. Le journalisme n'est pas toujours au service de la vérité car de nombreux médias dépendent de la publicité.

c. Le journalisme n'est pas toujours au service de la vérité car de nombreux médias appartiennent à de grands groupes qui peuvent réduire la liberté des journalistes.

**3 Pour chacun des arguments suivants, formulez un contre-argument.**

a. Le journalisme est au service de la vérité, car il offre un contre-discours aux discours officiels.

b. Le journalisme est au service de la vérité, car les journalistes sont soumis à une charte déontologique.

**4 Identifiez pour chaque document des corpus 1 et 2 (p. 104-107 et 111-113) un argument ou un contre-argument répondant au sujet d'écriture personnelle (p. 110).**

**CORPUS 1**

**Documents 1 et 2**

– Argument ou contre-argument :

**Documents 3 et 4**

– Argument ou contre-argument :

**Document 5**

– Argument ou contre-argument :

**Document 6**

– Argument ou contre-argument :

**CORPUS 2**

**Document 1**

– Argument ou contre-argument :

**Document 2**

– Argument ou contre-argument :

**Document 3**

– Argument ou contre-argument :

**5 a. Rédigez votre écriture personnelle sur une feuille, à l'aide des critères ci-dessous.**
**b. Échangez votre copie avec celle d'un autre étudiant et remplissez la grille.**

| Critères de réussite | Points positifs | Points à améliorer |
|---|---|---|
| La question est correctement traitée, sans hors sujet. | | |
| L'argumentation est cohérente et efficace. | | |
| Les exemples sont pertinents, bien exploités. | | |
| La forme de la réponse est claire, lisible, structurée. | | |
| La langue est correcte. | | |

PROJET

# Présenter à l'oral une revue de presse

i-manuel

**Vous présenterez à la classe, en binôme, une revue de presse sur une actualité de votre choix. Vous devrez analyser les différents points de vue défendus dans les médias en vous demandant quelle est leur fiabilité. Votre oral durera entre cinq et dix minutes.**

## Étape 1 > Choisir un fait d'actualité

**Choisissez un événement ou un fait dont on a parlé dans les médias ces derniers jours et qui peut prêter à discussion. Vous pouvez vous intéresser à l'actualité politique, économique, sociale, artistique, sportive, régionale, nationale ou internationale.**

## Étape 2 > Collecter des articles

**Au CDI, en bibliothèque ou sur Internet, cherchez dans des médias différents (journaux, magazines, blogs…) entre trois et cinq articles récents présentant la même actualité. Gardez-en une copie et notez bien le nom du média, le titre de l'article et la date de parution.**

## Étape 3 > Étudier la ligne des médias

**Faites une recherche sur les médias dont sont extraits les articles que vous avez retenus :**

– qui en sont les propriétaires ?

Ex. : *Le Figaro* appartient au groupe Dassault.

– affichent-ils explicitement ou implicitement une orientation politique ?

Ex. : *L'Humanité* revendique explicitement des valeurs de gauche.

– qui sont ses lecteurs ?

Ex. : *20 Minutes* est un journal gratuit qui s'adresse à un lectorat plutôt populaire, qui n'achète pas la presse.

## Étape 4 > Confronter les articles

**a. Comparez les articles que vous avez retenus :**

– donnent-ils les mêmes informations à propos de l'actualité choisie ?

– semblent-ils fiables ?

– se prétendent-ils objectifs ou subjectifs ?

– peut-on deviner l'orientation politique ou idéologique des journalistes ?

**b. L'analyse de ces articles confirme-t-elle les informations que vous avez trouvées à propos de la ligne éditoriale de ces médias (étape 3) ?**

## Étape 5 > Préparer l'oral

**a. Déterminez le plan de votre oral. Vous pouvez par exemple opter pour un plan :**

– qui présente les articles les uns après les autres, en commençant par les plus neutres pour finir par les plus engagés.

– articulé autour de trois ou quatre grandes idées, qui compare leur traitement dans les articles.

**b. Préparez des fiches de notes, non rédigées, pour soutenir votre prise de parole (voir fiche méthode p. 232). Entourez ou surlignez dans les articles les phrases que vous souhaiteriez citer à l'oral, pour les repérer plus facilement.**

**c. Entraînez-vous à présenter l'exposé. Pour cela, vous pouvez vous chronométrer et vous filmer avec un téléphone, afin de vous observer et corriger certains défauts (posture, élocution, rythme).**

**CONSEIL**

Répartissez-vous la parole de manière équilibrée, en fonction du plan retenu. Chacun doit connaître la partie de son binôme pour pouvoir intervenir, l'aider, voire le remplacer si besoin pendant l'exposé.

## Étape 6 > Présenter sa revue et écouter celles des autres

**Lors du passage des autres binômes, observez les qualités et les défauts de chaque prestation. Tenez-en compte pour votre propre passage. Vous pouvez vous aider de la grille de critères ci-dessous.**

## Évaluez votre prestation

| Critères de réussite | Points positifs | Points à améliorer |
| --- | --- | --- |
| Le choix des articles est pertinent. | | |
| L'analyse du parti pris des articles est précise et rigoureuse. | | |
| Le plan de l'exposé est clair et cohérent. | | |
| La prestation orale est bien menée, convaincante. | | |

LIRE et VOIR

# À découvrir pour prolonger votre réflexion

## Une bande dessinée

**Brooke Gladstone et Josh Neufeld, *La machine à influencer* (2014)**
Brooke Gladstone, journaliste américaine, retrace l'évolution des médias et des pratiques journalistiques, de l'Antiquité à nos jours, et se demande dans quelle mesure ils influent sur nos choix politiques.

## Un témoignage

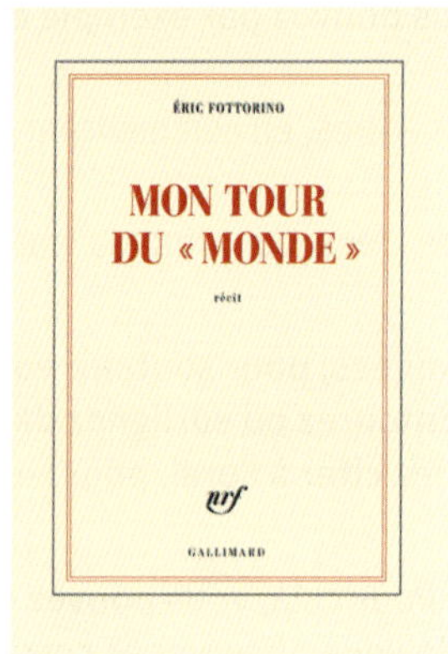


**Éric Fottorino, *Mon Tour du « Monde »* (2012)**
De son premier article publié alors qu'il n'était qu'étudiant, jusqu'à son départ du journal dont il était devenu le directeur, Éric Fottorino raconte son expérience au *Monde*, quotidien français le plus prestigieux.

## Un film

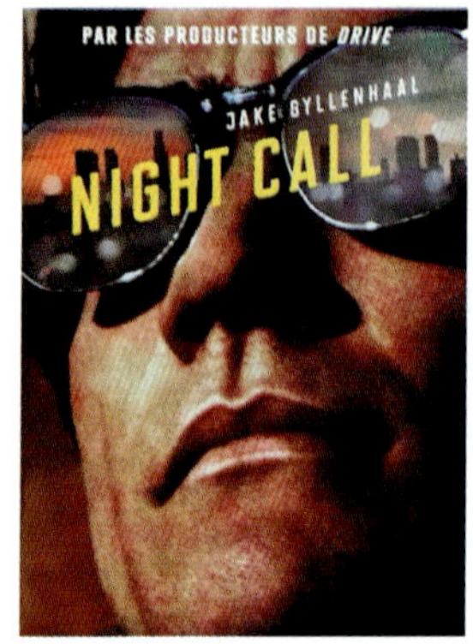


**Dan Gilroy, *Night Call* (2014)**
Lou Bloom a réussi à pirater la fréquence radio de la police de Los Angeles. Il peut ainsi se rendre rapidement sur des scènes de crime afin de filmer des images, qu'il revend à prix d'or aux chaînes d'information locales…

# BILAN

i-manuel

## Dans ce chapitre…

- Quels documents vous ont particulièrement frappé(e) ou intéressé(e) ? Pourquoi ?
- Quelles idées importantes avez-vous retenues ?
- Votre opinion à propos des thèmes étudiés a-t-elle évolué ?

## La préparation à l'examen

- Quels points de méthode maîtrisez-vous mieux à la fin du chapitre ?
- Lesquels vous semblent encore difficiles ? Pourquoi ?
- Quels sont vos objectifs pour le prochain chapitre ?

# Chapitre 8
# Happés par la Toile

Boris Séméniako, illustration pour *Le Monde*, 2018



## Pour se lancer !

1. À votre avis, que peuvent symboliser les papillons du dessin ?
2. Que peut représenter le filet ?
3. Selon vous et d'après ce document, quels seront les thèmes abordés dans ce chapitre ?

# De la méfiance à la confiance…

## Document 1 Camille Laurens, *Celle que vous croyez*, 2016

***Pour séduire à distance Chris, un homme plus jeune qu'elle, la narratrice de ce roman crée un faux profil sur les réseaux sociaux : Claire Antunès.***

Je n'ai jamais été si vivante que pendant ces quelques mois de liaison virtuelle avec lui. Je ne feignais pas d'avoir vingt-quatre ans, j'*avais* vingt-quatre ans. Un reste de mon expérience d'actrice, sans doute. Et de la mémoire. Et du désir. Je me suis coulée dans mon personnage avec l'aisance des comédiens. Comme il n'y avait pas de texte préétabli, j'ai improvisé à partir de ce que mon partenaire me proposait, j'ai renvoyé la balle. Chaque fois qu'on se parlait sur Facebook, Chris et moi, j'entendais en lui ce que je devais jouer, je décryptais ma partition en miroir de la sienne, je devenais son idéal, son alter ego, son rêve de femme, celui que font les hommes les yeux ouverts. Je donnais la réplique, littéralement. Mais ce n'était pas un simple rôle, c'était mon être qui se modelait peu à peu, qui se recomposait par amour - oui, je crois que le mot est juste, l'amour, est-ce que ce n'est pas s'aliéner à quelqu'un, tomber en l'autre, ne plus s'appartenir ?

Et puis ce personnage n'était pas si éloigné de moi, vous savez. Par exemple, Claire Antunès n'était vraiment pas douée en informatique - comme moi. Plus de vingt années la séparaient de moi - une génération (j'aurais pu être sa mère, ah ah) -, mais nous avions beaucoup en commun : la timidité, le rêve, la recherche de l'amour liée à un vrai désir de liberté, au moins d'autonomie (elle gagnait sa vie, ne dépendait pas d'un homme ni de ses parents), le goût pour l'art (la photo). Et malgré son âge, elle n'avait rien d'une geek, donc. Ainsi, je n'ai pas eu à forcer mon talent pour jouer les idiotes quand Chris m'a proposé de skyper : « C'est quoi, Skype ? » Il n'a jamais insisté. Je lui plaisais comme ça, un peu *out*, un peu *space*. Fleur bleue. Un petit être pur qui attendait l'amour. Lui aussi était un inadapté, à sa façon. Je le pressentais. Mais je l'ignorais encore.

C'est resté longtemps amical, oui. Il est parti à Goa en mars, fin mars je crois, il m'écrivait de là-bas qu'il avait envie de mieux me connaître, on tchattait depuis trois mois. Comme il était loin, c'était plus facile pour moi, je me sentais plus libre de lui parler puisque ça n'avait aucune chance de déboucher sur un rendez-vous. Il m'a quand même invitée à venir le voir là-bas, - ils venaient de louer un appartement près de la plage, Jo et lui. « Ça ne gênerait pas ton copain de me voir débarquer ? » demandais-je. « Non, il est très cool, et puis il invite des gens aussi. » Cette dernière phrase m'a fait beaucoup moins mal que je ne le craignais - du moins si elle m'a blessée, ce n'était pas par rapport à Jo mais à cause de la généralisation dans laquelle je me trouvais englobée - des gens. Je ne savais pas si Chris poursuivait la même conversation avec sa petite amie ou avec d'autres filles sur Facebook, je pouvais le penser si j'en croyais ce que Jo m'avait dit de lui. Mais je ne le pensais pas. Au contraire, j'étais certaine d'être la seule à entretenir avec lui cette relation à la fois paisible et passionnée. Je le sentais harponné, ferré - non, je n'aime pas ces métaphores animales qui supposent un chasseur et une proie - je le sentais pris, épris, et je l'étais aussi. J'étais déjà unique à ses yeux, déjà sortie du lot, des gens. L'amour est une élection, pas une sélection. Nous nous étions élus mutuellement.

**Partie I, chapitre 1, « Entretiens avec le docteur Marc B. ».**

**Camille Laurens**
(née en 1957)
**Cette romancière française, auteure de nombreuses autofictions, a remporté en 2000 le prix Femina pour *Dans ces bras-là*.**

## Document 2 Salomé Garganne, « Usurpation d'identité : Facebook condamné à aider un boulanger auvergnat », *Le Figaro*, 28 février 2018

***Facebook a été condamné ce mardi par la justice à livrer toutes les données d'un utilisateur du réseau social qui usurpait depuis plusieurs mois l'identité d'un boulanger du Puy-de-Dôme.***

Entre le boulanger de Bourg-Lastic, dans le Puy-de-Dôme, et le géant américain de la Silicon Valley, la justice française a tranché. Le tribunal de Clermont-Ferrand a condamné ce mardi Facebook à apporter son aide à Philippe Seramy, boulanger, afin de retrouver l'utilisateur du réseau social qui usurpait son identité depuis plusieurs mois.

À la suite de la notification de la décision, Facebook s'est vu accorder 72 heures pour fournir « toutes les données de nature à identifier l'auteur de la page » frauduleuse. Passé ce délai, la firme américaine devra payer 500 euros par jour de retard. Le délibéré du président du tribunal a également reconnu « un trouble manifestement illicite subi par M. Seramy », obligeant Facebook à « verser 2000 euros pour les dommages et intérêts et 2500 euros pour les frais de procédure », a indiqué Me Léna Borie-Belcour, conseil de l'artisan boulanger.

**Une plainte déposée pour « usurpation d'identité »**

Si la condamnation par le tribunal de Clermont-Ferrand est une bonne nouvelle, le gagne-pain de Philippe Seramy n'est pas totalement sauvé. En effet, la fausse page créée par l'usurpateur existe toujours, elle est seulement inaccessible au grand public depuis fin novembre. « Ça veut dire que la page peut être réactivée demain ou qu'elle est encore accessible à une communauté d'abonnés de cette page. La décision du tribunal aujourd'hui va permettre d'empêcher tout cela en demandant en outre la suppression effective et définitive de ce compte », a précisé Me Borie-Belcour.

Au printemps dernier, une fausse page de son commerce avait été repérée par des amis et clients du boulanger sur le réseau social alors que celui-ci n'était même pas utilisateur à titre personnel. « Cette page présentait des photos ignobles d'insalubrité, prétendument des locaux de la boulangerie. Son auteur s'amusait en plus à y mettre de petits commentaires sarcastiques. Bourg-Lastic a deux boulangeries, 800 habitants : c'était en plus potentiellement un préjudice commercial conséquent », a précisé le conseil du boulanger du Puy-de-Dôme.

Sa demande de suppression auprès de Facebook France en juin dernier étant restée sans réponse, Philippe Seramy avait envoyé une assignation en référé en Irlande, au siège européen de l'entreprise. En s'attaquant au géant américain, le boulanger cherchait avant tout à retrouver la personne qui avait créé la page en vue de la poursuivre en justice. La décision rendue ce mardi par le tribunal de Clermont devrait venir agrémenter la plainte déposée au mois de juin pour « usurpation d'identité ».

### COMPARER LES DOCUMENTS 1 ET 2

i-manuel

1 **Comment peut-on dissimuler son identité, d'après les textes ?**

2 **Pourquoi se dissimuler, d'après les textes ?**

3 **Quels sont les risques liés à cette dissimulation ?**

## Le BTS autrement

### VÉRIFIER LA FIABILITÉ DES RÉSEAUX SOCIAUX

i-manuel

4 **Quels moyens permettent de s'assurer de la fiabilité d'un profil sur un réseau social ? Les mettez-vous en œuvre ?**

5 **a. Jean-Pierre Balpe est un artiste numérique, qui crée des profils fictifs sur Facebook, formant un réseau qu'il a appelé « Un monde incertain ». L'un de ces profils est celui de Rachel Charlus : rendez-vous sur sa page Facebook.**
**b. Parmi les amis de Rachel Charlus, trouvez cinq personnages créés par Jean-Pierre Balpe et cinq personnes qui se présentent avec leur identité réelle. Quels indices vous permettent de les distinguer ?**

## Document 3 Antonio Casilli, *Les Liaisons numériques*, 2010

**Antonio Casilli**
**(né en 1972)**
**Ce sociologue français, chercheur à l'École des hautes études en sciences sociales, est spécialiste des médias sociaux et d'Internet.**

Comment savoir si un inconnu avec qui l'on chatte pour la première fois est fiable ? Le parcours de chaque couple d'internautes est parsemé de moments de vérité : se rencontrer « en vrai » après avoir échangé des messages instantanés, enquêter sur la fidélité de son partenaire, savoir si l'on peut envisager un rapport stable. Évidemment, même avant l'essor des rencontres en ligne, les individus étaient exposés à la déception et au mensonge. Mais, dans ce contexte façonné par les échanges informatiques, la question de la confiance – et cela vaut pour tous les types de relations et pas seulement pour les histoires d'amour – se résume désormais à savoir si le lien existant entre deux internautes pourra être effectivement activable, le moment venu. Les éléments à disposition de chaque internaute sont très peu nombreux. Les profils d'Orkut[1] se composent de textes, de quelques photos, des témoignages d'amis et des « points loyauté » qui s'affichent en haut de la page. Après tout – j'ai déjà suggéré cette idée –, les usagers savent qu'ils doivent développer leurs relations dans des contextes d'information raréfiée. Une énorme circonspection devrait s'imposer. Et pourtant les adeptes des médias sociaux, qu'ils cherchent l'amour sur un site de rencontres ou qu'ils essaient de vendre leur vieux canapé sur eBay, montrent une confiance formidable vis-à-vis de leurs interlocuteurs. Il semblerait d'ailleurs qu'Internet encourage une forme de *thick trust*, de « confiance épaisse » – voire, dans un français plus soigné, une confiance substantielle qui peut naître entre deux individus dans le contexte d'un réseau plus vaste. C'est en 1978 que le psychologue Swen Lindskold a proposé cette notion, mais elle semble bien s'appliquer aux usages informatiques d'aujourd'hui.

Construire un environnement dans lequel les usagers se sentent libres d'échanger entre eux, c'est le but de tout concepteur de services de loisirs, mais aussi de cabinets de conseil, des entreprises commerciales, des gouvernements et des institutions qui montent leurs sites officiels. Les échanges, parfois banals, parfois significatifs, qui ont lieu dans ces services en ligne se nourrissent de révélations de détails intimes, d'expressions d'opinions parfois délicates, de solidarités affichées et de prises de position qui permettent à des individus initialement étrangers les uns aux autres de pénétrer mutuellement dans leurs espaces de confiance. Cette confiance est une notion originale, où l'envie de convivialité entre internautes rejoint les exigences de sécurité des données. Les mots de passe, les renseignements contenus dans les profils personnels, et tous les échanges entre particuliers doivent être protégés. Mais s'il ne s'agissait que de cela, la question de la confiance pourrait être réduite à celle de la protection de la vie privée. Or justement, il y a davantage d'éléments à prendre en compte. Un site sécurisé n'est pas forcément un site auquel on fait confiance et *vice versa*. Des centaines de milliers de personnes n'hésitent pas à mettre en ligne leurs prouesses intimes sur les sites de rencontres sexuelles dont le Web pullule – bien que ces services n'offrent souvent aucune protection spécifique contre la capture des données privées. Inversement, la mise en place de protocoles de cryptage extrêmement solides est loin de venir systématiquement à bout du manque de confiance auquel se heurtent certains sites qui stockent des données bancaires, des fiches médicales personnelles, ou d'autres types de renseignements sensibles.

**Troisième partie, « La force des liens numériques ».**

1. Réseau social ouvert de 2004 à 2014.

## Document 4 Danah Boyd, *Culture participative*, 2017

Beaucoup de parents que j'ai rencontrés sont authentiquement convaincus que les jeunes d'aujourd'hui sont plus en danger que les générations précédentes à cause de la technologie. Ils ont une vision distordue de la prédation sexuelle et estiment qu'Internet présente des risques de victimisation sans précédent, même si les crimes contre les enfants sont en baisse depuis son arrivée et même si l'immense majorité des enfants abusés sont victimes de proches ou de personnes rencontrées ailleurs que sur Internet. Évidemment, la simple pensée qu'un inconnu puisse faire du mal à leur enfant fait frissonner n'importe quel parent.

Autre exemple, peut-être un peu plus parlant, du fait que les adultes traitent la technologie en bouc émissaire : la panique morale autour du cyberharcèlement et d'autres formes de méchanceté et de cruauté dans les environnements médiés. Pour le meilleur ou pour le pire, les études montrent régulièrement qu'il n'y a aucune augmentation ou diminution des cas de harcèlement en lien avec Internet. Les jeunes interrogés indiquent de manière constante que le harcèlement est plus fréquent à l'école, avec une intensité et des coûts sociaux et émotionnels supérieurs. Les parents, en revanche, se focalisent sur le numérique. Cela nous amène à la question de la visibilité. Si un enfant rentre à la maison avec un œil au beurre noir, ses parents savent qu'il s'est battu à l'école, mais un enfant bougon ne veut pas nécessairement dire qu'il est victime de harcèlement. Sur Internet, où les innombrables interactions laissent des traces, les parents tirent souvent des conclusions hâtives de leurs observations. Malheureusement, notre société ne se montre pas très efficace dans la lutte contre le harcèlement – que ce soit en ligne ou hors-ligne. Aussi, les parents cherchent souvent à « résoudre » le problème en le rendant moins visible : en limitant l'accès des enfants aux médias sociaux ou en poussant les opérateurs à filtrer le contenu négatif. Mais rien de tout cela ne fait vraiment chuter le harcèlement. On ne guérit pas la peur avec d'aussi légers remèdes.

Chapitre II, « Cultures et pratiques de la jeunesse ».

**Danah Boyd (née en 1977)**
Cette chercheuse américaine est spécialiste du comportement des adolescents face aux médias sociaux.

### COMPARER LES DOCUMENTS 3 ET 4

i-manuel

**1** D'après les textes, quels usages d'Internet sont redoutés par certaines personnes ?

**2** Cette méfiance est-elle justifiée ou non ? Pourquoi ?

**3** Quels seraient les avantages d'une attitude confiante face à Internet ?

## Le BTS autrement

### SOIGNER SON IMAGE NUMÉRIQUE

i-manuel

**4** Si vous cherchez votre prénom et votre nom dans un moteur de recherche, que trouvez-vous ? Faites le tri entre les éléments valorisants et ceux qui vous semblent indésirables.

**5** Comment modifier ces traces et vous valoriser ? Effacez les traces qui portent atteinte à votre image ou créez de nouvelles traces qui mettent en valeur vos compétences, en mettant à jour vos profils sur les réseaux sociaux.

# Identifier les idées du corpus

## Activités

**1** **a. Les documents du corpus 1 (p. 120-123) défendent deux opinions opposées : lesquelles ? Notez dans le tableau ci-dessous le titre que vous donneriez à chacune de ces deux thèses.**
**b. Cochez la ou les colonne(s) du tableau correspondant à la thèse qui pourra être illustrée par chacun des documents. Attention, un même document peut vous servir à illustrer les deux thèses.**

**CONSEIL**

Reportez-vous aux pages 214-215 pour apprendre à identifier efficacement les idées d'un corpus.

| | Thèse (opinion) n°1 ............ | Thèse (opinion) n°2 ............ |
|---|---|---|
| **Document 1** Camille Laurens, *Celle que vous croyez* | | |
| **Document 2** Salomé Garganne, article du *Figaro* | | |
| **Document 3** Antonio Casilli, *Les Liaisons numériques* | | |
| **Document 4** Danah Boyd, *Culture participative* | | |

**2** **a. Relevez dans les documents qui illustrent la thèse n°1, les idées en lien avec elle, puis complétez le tableau ci-dessous. Attention, plusieurs documents peuvent illustrer la même idée.**

| Idées soutenant la thèse n° 1 | Éléments des documents qui appuient ces idées |
|---|---|
| Les différents moyens de dissimuler son identité | |
| | Doc. 1 : un moyen de séduire en se faisant passer pour ce qu'on n'est pas : « un reste de mon expérience d'actrice, sans doute. » |
| La naïveté des gens face aux sites non sécurisés | |

**b. Relevez, dans les documents qui illustrent la thèse n° 2, les idées en lien avec elle, puis complétez le tableau ci-dessous. Attention, plusieurs documents peuvent illustrer la même idée.**

| Idées illustrant la thèse n° 2 | Éléments des documents qui appuient cette idée |
|---|---|
| La panique des parents à l'idée du harcèlement de leurs enfants sur Internet n'est pas justifiée. | |
| | Doc. 4 : « Les protocoles de cryptage » ne viennent pas à bout de la méfiance à l'égard de certains sites pourtant sécurisés (« Données bancaires », « fiches médicales personnelles »). |
| C'est Internet tout entier qui repose sur un principe de « confiance épaisse ». | |

**3 En fonction des idées que vous avez trouvées dans l'exercice 1, quel plan de synthèse vous semble le plus pertinent ? Justifiez votre réponse.**

PLAN 1

**I. Le comportement des adultes sur Internet**
A. Les sites de rencontres
B. Les sites sécurisés qui exploitent des données sensibles
C. Le comportement des adultes vis-à-vis des plus jeunes

**II. Le comportement des jeunes sur Internet**
A. Les dangers face aux pédophiles
B. Leurs relations avec leurs parents

PLAN 2

**I. Pourquoi se méfier d'Internet ?**
A. Les faux profils
B. Les motivations des prédateurs du Web
C. L'excès de confiance des usagers

**II. Internet ne doit pas être diabolisé**
A. L'inutilité des interdictions
B. On a peur de sites pourtant de mieux en mieux sécurisés
C. La confiance des internautes est un fondement du net

PLAN 3

**I. La culture du net**
A. L'utilisation des réseaux sociaux
B. L'attitude des jeunes et des plus vieux sur Internet
C. Les identités numériques

**II. Les problèmes d'Internet**
A. Les réseaux pédophiles
B. Les sites pornographiques
C. Le vol des données bancaires

# CORPUS 2 La révolution numérique représente-t-elle un progrès ?

## SUJET

La révolution numérique représente-t-elle un progrès ?

**Vous répondrez à cette question d'une façon argumentée en vous appuyant sur les documents du corpus 2 (p. 127-129), vos lectures et vos connaissances personnelles.**

### Premières intuitions

**1** Spontanément, que répondriez-vous à cette question ?

**2** Dans le cadre ci-dessous, notez librement toutes les idées qui vous viennent à l'esprit en rapport avec le sujet.

### Analyse du sujet

**3** Entourez dans le sujet les mots-clés permettant de construire votre réflexion.

La révolution numérique représente-t-elle un progrès ?

**4** Donnez pour chacun de ces mots-clés des synonymes et des antonymes.

**5** Reformulez le sujet avec vos propres mots.

## CONSTRUIRE SA RÉFLEXION

**Lisez les documents du corpus 2 (p. 127-129) pour nourrir votre réflexion et réaliser les activités de la Méthode (p. 130-131).**

### Document 1 — Dominique Cardon, *À quoi rêvent les algorithmes ?*, 2015

À très grande vitesse, un nombre croissant de domaines – la culture, le savoir et l'information, mais aussi la santé, la ville, les transports, le travail, la finance et même l'amour et le sexe – sont désormais outillés par des algorithmes[1]. Ils organisent et structurent les informations, aident à prendre des décisions ou automatisent des processus que nous avions l'habitude de contrôler nous-mêmes. Deux dynamiques s'avancent pour nous faire entrer dans cette nouvelle *société des calculs*.

La première est l'accélération du processus de numérisation de nos sociétés, qui nourrit de gigantesques bases de données d'informations, lesquelles n'avaient jamais été enregistrées, rendues accessibles et facilement manipulables.

Un torrent de données se déverse aujourd'hui sur Internet. Chaque jour, 3,3 milliards de requêtes sont effectuées sur les 30 000 milliards de pages indexées par Google ; plus de 350 millions de photos et 4,5 milliards de *likes* sont distribués sur Facebook ; 144 milliards d'e-mails sont échangés par 3 milliards d'internautes. Si l'on numérisait toutes les communications et les écrits depuis l'aube de l'humanité jusqu'en 2003, il faudrait 5 milliards de gigabits pour les mettre en mémoire. Aujourd'hui, nous générons ce volume d'informations numériques en deux jours !

À l'instar[2] des grandes révolutions industrielles, toutes initiées par l'exploitation d'un nouveau type d'énergie, le « nouvel or » des données numériques constitue, pour les promoteurs des *big data*[3], un gisement de valeur susceptible de relancer l'innovation, la productivité et la croissance. Aussi invitent-ils les institutions et les entreprises à conduire des politiques d'ouverture des données (*open data*), les citoyens à s'emparer des données pour surveiller les puissants (*sousveillance*) et les médias à pratiquer le « journalisme de données » (*data journalism*).

Si le discours public se concentre aujourd'hui sur le volume extravagant des données numérisées et les menaces que leur extraction fait peser sur la vie privée des individus, le principal défi que doivent affronter les *big data* est de donner du sens à ce magma de données brutes.

Aussi la deuxième dynamique qui nourrit la société des calculs est-elle le développement de procédés, les algorithmes, donnant aux ordinateurs des instructions mathématiques pour trier, traiter, agréger et représenter les informations. Venues de mondes différents, ceux du marketing, des marchés financiers ou de l'actuariat, de puissantes techniques statistiques (notamment celles que l'on qualifie de « prédictives ») se déploient à grande échelle en profitant de l'exceptionnelle augmentation des capacités de calcul des ordinateurs.

Greffés à nos écrans, les classements, palmarès, compteurs, cartes, recommandations et notes de toutes sortes figurent les pointes émergées de la calculabilité des traces de nos activités. À partir de données toujours plus inattendues (déplacements, tickets de caisse, clics sur Internet, consommation électronique, temps de lecture d'un livre sur les tablettes électroniques, nombre de pas enregistrés par un podomètre), les algorithmes chiffrent le monde, le classent et prédisent notre avenir.

**Dominique Cardon (né en 1965)**
Ce sociologue français, professeur à l'Université, a notamment publié *La Démocratie internet* (2010).

1. Suite d'opérations qui permet de traiter un problème ou d'obtenir un résultat, notamment en informatique.
2. Selon le modèle.
3. Ensembles de données devenus si grands qu'ils dépassent nos capacités humaines d'analyse et celles des outils informatiques traditionnels.

### MOBILISER DES EXEMPLES

i-manuel

**1** **Relevez dans le texte les usages possibles des *big data*.**

**2** **D'après ce texte, peut-on dire que la révolution numérique est un progrès ?**

## Document 2 Raquel Kogan, *Reflexão #2*, 2005-2016

*Raquel Kogan (née en 1955) est une artiste brésilienne travaillant à partir des technologies numériques, qui lui permettent de créer des œuvres interactives.* Reflexão #2 *est constituée d'une pièce vide et obscure, parcourue de lignes lumineuses composées de chiffres numériques qui se reflètent dans des miroirs et se projettent sur les spectateurs pénétrant dans cet espace.*

### MOBILISER DES EXEMPLES

i-manuel

1. Quelle atmosphère se dégage de cette œuvre ?
2. Que peuvent symboliser ces séries de chiffres ?
3. Selon vous, que nous dit cette œuvre sur le rapport entre l'humanité et les technologies numériques ?
4. Si vous deviez citer cette œuvre dans votre écriture personnelle (p. 126), quel(s) argument(s) pourrait-elle illustrer ?

## Document 3 Grégoire Allix, « Le projet de "ville Google" prend forme à Toronto », *Le Monde*, 2018

***L'article décrit Quayside, quartier que Google souhaite fonder à Toronto. Des capteurs seraient utilisés pour enregistrer les habitudes des habitants et ainsi améliorer le fonctionnement de la ville.***

« *Malgré les changements intervenus dans la société et dans la technologie ces soixante dernières années, la vie urbaine n'a pas été améliorée. C'est sur le point de changer*, analysait Rit Aggarwala, l'un des dirigeants de Sidewalk Labs[1], lors d'une présentation au Consumer Electronic Show de Las Vegas (Nevada) en janvier. *Cela demande de fusionner le monde physique et le monde numérique. La connectivité, les capteurs, les réseaux sociaux, mis ensemble, ont le pouvoir de transformer la vie dans les villes. Certains pensent que ce sera pour le seul bénéfice de grandes entreprises, ou d'une manière qui dégradera la société. Nous ne sommes pas d'accord.* »

Parmi les idées maîtresses de la filiale d'Alphabet, la volonté d'inventer une ville très flexible, évolutive, capable de s'adapter rapidement aux changements de situation et aux nouveaux usages. Des infrastructures et des bâtiments souples et légers comme des applications mobiles, en somme... Une gageure. À la clé : un intense maillage de capteurs pour agréger mille données collectives et personnelles – chaque habitant se voyant attribuer un numéro individuel lui permettant d'accéder à l'ensemble des services de la ville.

Cet aspect suscite nombre de craintes quant au respect de la vie privée et à l'usage qui pourrait être fait de ces informations. Beaucoup, parmi les curieux venus assister aux réunions publiques organisées par Sidewalk Labs depuis mars, ressortent avec le sentiment qu'on leur propose de devenir cobayes dans une ville-témoin largement privatisée. Le but est uniquement de « *créer des vies plus saines, plus sûres, plus pratiques et plus amusantes* », assure benoîtement Dan Doctoroff, le patron de Sidewalk Labs. La société assure que seules les informations utiles à la gestion de la ville et à l'amélioration de la vie seront conservées et qu'aucune donnée ni information personnelle ne sera vendue à des annonceurs ou monétisée...

Reste que la question de savoir si les données seront la propriété de la collectivité publique ou de la filiale d'Alphabet fait toujours l'objet d'une négociation entre Waterfront Toronto et Sidewalk Labs. Et que les multiples usages qui pourraient être tirés de cette observation massive des comportements individuels restent en grande partie obscurs. L'accord préliminaire entre les deux parties, en octobre 2017, a été tenu secret, déclenchant la colère de conseillers municipaux. Et l'accord contractualisant un plan de développement pour Quayside, qui devait être conclu en avril, n'est toujours pas signé : les discussions patinent.

Début juin, la présidente de Waterfront Toronto, Helen Burstyn, a créé la surprise en prévenant que si aucune entente n'était trouvée cet été avec Sidewalk Labs, « *cela nous laissera libres d'étudier d'autres options et partenaires* », avant de rétropédaler le lendemain et d'assurer que « *c'est un énorme boulot de parvenir à un accord légal, mais les négociations se passent bien, je nous vois vraiment arriver à un accord* ».

La métropole a-t-elle encore le choix ? Google a promis de déménager son siège canadien à Quayside. Et Sidewalk Labs a déjà déboursé 50 millions de dollars canadiens (32 millions d'euros) pour cette première année d'information, de concertation et d'expérimentations. Un investissement à la hauteur de l'enjeu. Au-delà des cinq hectares à l'étude, la firme vise les 325 hectares de friches industrielles à transformer en quartiers urbains dans cette zone. Et projette de vendre à d'autres métropoles les services et solutions testés et développés à Toronto. Sauf dénonciation de l'accord, les travaux devraient démarrer en 2020, et les premiers habitants s'installer dès 2022.

1. Entreprise consacrée à l'innovation urbaine possédée par Alphabet, structure créée par Google.

### MOBILISER DES EXEMPLES

i-manuel

**5** **Aimeriez-vous vivre dans le futur quartier de Quayside ? Pourquoi ?**

**6** **D'après cet article, quels sont les avantages et les inconvénients de recueillir des données numériques ?**

**7** **Quel lien pouvez-vous établir avec le sujet d'écriture personnelle (p. 126) ?**

MÉTHODE

# Développer des exemples

**CONSEIL**

Reportez-vous à la page 223 du manuel pour apprendre à utiliser des exemples de façon pertinente.

## Activités

**1 Reliez chaque argument à l'exemple adéquat.**

| | |
|---|---|
| Les données numériques peuvent faciliter l'organisation et la prise de décision. • | • Raquel Kogan crée des œuvres participatives fascinantes grâce aux technologies numériques. |
| Les données numériques peuvent améliorer le fonctionnement de nos villes. • | • Les algorithmes permettent d'être plus efficace dans des domaines comme la finance ou les transports. |
| Les technologies numériques peuvent être mises au service de la création artistique. • | • Le quartier Quayside à Toronto sera plus écologique grâce à une gestion facilitée par des capteurs numériques. |
| Les nouvelles technologies peuvent aboutir à une déshumanisation. • | • L'être humain semble se noyer sous les données, d'après l'œuvre de Raquel Kogan. |

**2 Associez à chaque type d'exemple suivant un exemple tiré des documents du corpus 2 (p. 127-129).**

a. Des données chiffrées : ....................

b. La référence précise à une œuvre d'art : ....................

c. Un événement d'actualité : ....................

d. Des éléments techniques : ....................

**3 Dans les documents du corpus 2 (p. 127-129), relevez des exemples qui illustrent les arguments suivants et complétez le tableau ci-dessous.**

| Arguments | Exemples |
|---|---|
| Nos comportements sont suivis à la trace sur Internet par des procédés très divers. | |
| Il est possible de convertir les *big data* en œuvre d'art. | |
| Les entreprises doivent maintenant demander l'autorisation aux utilisateurs de leurs services Internet d'exploiter leurs données. | |
| La masse d'informations échangées de nos jours sur Internet est énorme. | |

**4 Quels arguments en lien avec le sujet d'écriture personnel (p. 126) ces différents exemples pourraient-ils illustrer ? Complétez le tableau-ci-dessous.**

| Exemples | Arguments |
|---|---|
| Les logiciels de visualisation de données permettent de voir sur un seul écran l'activité de l'ensemble des lignes aériennes mondiales. | |
| L'association française La Quadrature du Net a annoncé le lancement des premières actions collectives, visant les géants américains du numérique, afin qu'ils réparent les préjudices subis en matière d'absence de protection des données. | |
| Facebook ne prendra pas de mesure spéciale pour interdire aux mineurs ses services, mais ils auront accès à une version moins personnalisée du réseau social s'ils n'obtiennent pas l'autorisation de leurs parents. | |
| Le nombre de pas que l'on effectue, quand il est mesuré par un podomètre, s'agglomère à nos datas personnelles reliées à la Toile. | |

**5 Le paragraphe de synthèse ci-dessous ne s'appuie pas assez solidement sur des exemples précis. Corrigez-le afin de l'améliorer en ajoutant des exemples.**

Les big data sont des données massives et envahissent de nombreux domaines de notre vie quotidienne, depuis ces dernières années. Dominique Cardon constate une évolution importante dans la circulation des données, ces dernières années, il s'agit d'un tournant historique : cette accélération constitue une véritable révolution. Pour que l'on puisse s'y retrouver, les algorithmes font le tri pour nous, parmi toutes ces données, et ils sont capables de prévoir nos comportements dans certaines situations.

# PROJET Créer un groupe LinkedIn

i-manuel

**LinkedIn est un réseau social professionnel qui pourra vous aider à trouver un stage ou un emploi si vous apprenez à bien l'utiliser. Si la classe se crée un réseau sur ce support, ce sera l'occasion de mettre en valeur vos compétences et de créer des liens avec les professionnels de votre domaine, en bénéficiant des contacts des autres étudiants.**

## Étape 1 Créer un compte individuel

a. Connectez-vous au site : www.linkedin.com

b. Créez un compte individuel, à partir d'une adresse e-mail personnelle sérieuse : jeanne.dupont@gmail.com convient, mais évitez lolitadu94@msn.fr !

Suivez les différentes étapes de développement du compte, en commençant par décrire votre parcours et en complétant votre profil. Une rubrique « Je suis étudiant », adaptée à votre profil, vous est proposée, sous la rubrique « Ajouter une expérience professionnelle » surlignée en bleu.

## Étape 2 Paramétrer son compte

Souhaitez-vous recevoir des messages promotionnels ? Voulez-vous recevoir par courriel des notifications de l'activité de votre compte ? Une rubrique vous permet de jouer sur tout une série de paramètres concernant la gestion de votre compte, en cliquant sur « Préférences ».

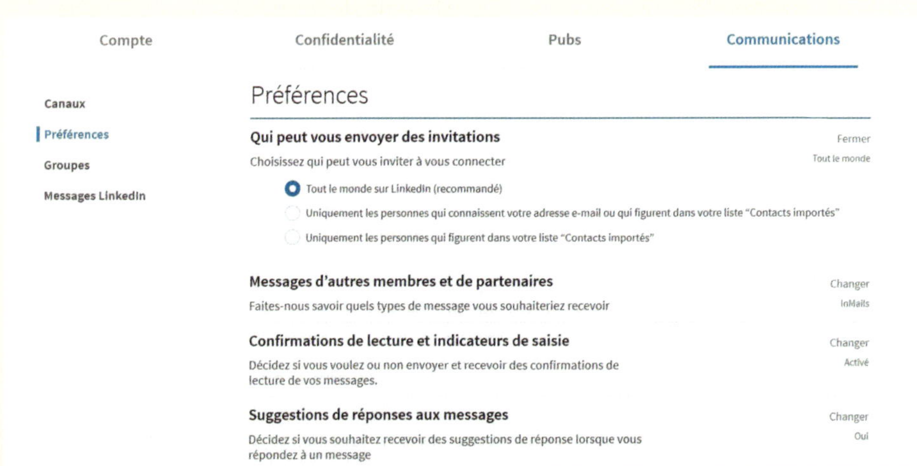

## Étape 3 — Développer son profil

a. Dans la classe, entendez-vous sur un intitulé pour désigner votre formation, car LinkedIn vous propose des intitulés différents prédéfinis, selon les domaines d'études.

b. Ajoutez une photographie choisie avec soin.

c. Ajoutez à votre profil vos compétences particulières, vos stages, vos expériences de bénévolat, en additionnant des sections à votre profil.

## Étape 4 — Développer son réseau

a. Entrez les adresses des autres étudiants de la classe, pour être reliés entre vous. Formez un groupe LinkedIn regroupant tous les étudiants de votre classe.

b. Entrez en relation avec des professionnels de votre domaine d'études. Grâce à la rubrique « Les connaissez-vous ? » vous pouvez chercher les noms des entreprises connues dans votre champ professionnel afin d'élargir votre réseau : LinkedIn peut vous mettre en contact avec des personnes qui y travaillent. Lisez les articles et les informations mis en ligne : *likez* ceux que vous appréciez, partagez-les, et écrivez des commentaires. Soyez actif pour montrer votre dynamisme.

## Étape 5 — Publier des articles

a. LinkedIn est aussi un réseau créatif de partage, où l'on peut publier des articles professionnels. Écrivez un article d'une page environ qui raconte votre stage ou bien un article de vulgarisation technique sur une étude réalisée en cours d'année.

b. Joignez une image à votre article pour le rendre plus attrayant : il sera davantage partagé. Respectez le droit à l'image en évitant les photographies où l'on voit des personnes qui ne vous ont pas donné l'autorisation de diffuser leur portrait.

c. Valorisez les articles des camarades de votre classe en les commentant et en les partageant.

## Évaluez votre compte

| Critères de réussite | Points positifs | Points à améliorer |
|---|---|---|
| Mon profil est bien renseigné. | | |
| Je suis connecté aux élèves de la classe et je fais partie du groupe. | | |
| J'ai demandé des connexions avec des professionnels de mon secteur. | | |
| J'ai posté des publications professionnelles et j'ai commenté les publications des autres. | | |

LIRE et VOIR

# À découvrir pour prolonger votre réflexion

## Un film

**David Fincher, *The Social Network* (2010)**
Lors d'une soirée bien arrosée d'octobre 2003, Mark Zuckerberg, étudiant qui vient d'être quitté par sa petite amie, pirate le système informatique de l'université de Harvard pour créer un site, une base de données de toutes les filles du campus. Facebook est né.

## Un roman

**Dave Eggers, *Le Cercle* (2013)**
Imaginez un monde dans lequel Google, Facebook, Twitter et tous les géants d'Internet auraient fusionné pour former une seule entreprise qui a la main sur tout… L'héroïne de ce roman vient d'y être embauchée !

## Un essai

**Danah Boyd, *C'est compliqué* (2014)**
Une réflexion sur les relations tumultueuses des adolescents avec les réseaux sociaux.

# BILAN

i-manuel

## Dans ce chapitre…

- Quels documents vous ont particulièrement frappé(e) ou intéressé(e) ? Pourquoi ?
- Quelles idées importantes avez-vous retenues ?
- Votre opinion à propos des thèmes étudiés a-t-elle évolué ?

## La préparation à l'examen

- Quels points de méthode maîtrisez-vous mieux à la fin du chapitre ?
- Lesquels vous semblent encore difficiles ? Pourquoi ?
- Quels sont vos objectifs pour le prochain chapitre ?

Chapitre 9

# Entre deux rives

**Jason deCaires Tayler, *Radeau de Lampedusa*, 2016**
*Ce sculpteur britannique a volontairement immergé cette œuvre au large des Canaries.*



## Pour se lancer !

1. Comment comprenez-vous le titre de l'œuvre ? Faites une recherche sur Lampedusa pour vous aider à répondre.
2. Pourquoi avoir immergé cette sculpture ? Émettez des hypothèses.
3. Selon vous et d'après ce document, quels seront les thèmes abordés dans ce chapitre ?

# CORPUS 1 Vers l'Eldorado...

## Document 1 Opération de sauvetage en Méditerranée, 2018

*Le 30 janvier 2018, grâce à son navire l'Aquarius, l'association SOS Méditerranée a secouru environ huit cent personnes tentant de rejoindre l'Italie.*

## Le BTS autrement MENER UNE RECHERCHE

i-manuel

**1 Faites une recherche sur SOS Méditerranée et l'*Aquarius*, pour répondre aux questions suivantes.**

a. Quand l'association a-t-elle été créée ? À quelle occasion ?

b. Qui soutient cette association ?

c. Quelles sont les difficultés qu'elle rencontre ?

## Document 2 Laurent Gaudé, *Eldorado*, 2006

***Une ancienne clandestine raconte sa traversée de la Méditerranée au héros du roman, commandant italien chargé d'intercepter les navires des migrants illégaux.***

Le nouveau continent était au bout. Et la promesse qu'elle avait faite à son enfant de l'élever là-bas était à portée de main. Elle aurait tenu, vaille que vaille, pourvu qu'elle ait pu se raccrocher à l'idée qu'ils se rapprochaient, qu'ils ne cessaient, minute après minute, de se rapprocher. Mais il y eut ces cris poussés à l'aube du deuxième jour, ces cris qui renversèrent tout et marquèrent le début du second voyage. De celui-là, elle se rappelait chaque instant. Depuis deux ans, elle le revivait sans cesse à chacune de ses nuits. De celui-là, elle n'était jamais revenue.

Les cris avaient été poussés par deux jeunes Somalis. Ils s'étaient réveillés avant les autres et donnèrent l'alarme. L'équipage avait disparu. Ils avaient profité de la nuit pour abandonner le navire, à l'aide de l'unique canot de sauvetage. La panique s'empara très vite du bateau. Personne ne savait piloter pareil navire. Personne ne savait, non plus, où l'on se trouvait. À quelle distance de quelle côte ? Ils se rendirent compte avec désespoir qu'il n'y avait pas de réserve d'eau ni de nourriture. Que la radio ne marchait pas. Ils étaient pris au piège. Encerclés par l'immensité de la mer. Dérivant avec la lenteur de l'agonie. Un temps infini pouvait passer avant qu'un autre bateau ne les croise. Les visages, d'un coup, se fermèrent. On savait que si l'errance se prolongeait, la mort serait monstrueuse. Elle les assoifferait. Elle les éteindrait. Elle les rendrait fous à se ruer les uns contre les autres.

Tout était devenu lent et cruel. Certains se lamentaient. D'autres suppliaient leur Dieu. Les bébés ne cessaient de pleurer. Les mères n'avaient plus d'eau. Plus de force. Plus les heures passaient et plus les cris d'enfants faiblissaient d'intensité – par épuisement – jusqu'à cesser tout à fait. Quelques bagarres éclatèrent, mais les corps étaient trop faibles pour s'affronter. Bientôt, ce ne fut plus que silence.

Le premier mort fut un Irakien d'une vingtaine d'années. D'abord, personne ne sut que faire, puis les hommes décidèrent qu'il fallait jeter les morts à la mer. Pour faire de la place et éviter tout risque d'épidémie. Bientôt, ces corps plongés à l'eau furent de plus en plus nombreux. Ils passaient par-dessus bord les uns après les autres et chacun se demandait s'il ne serait pas le prochain. Elle serrait de plus en plus fortement son enfant dans ses bras, mais il semblait ne plus rien faire d'autre que dormir. Une femme, à côté d'elle, lui tendit une bouteille dans laquelle il restait quelques gouttes d'eau. Elle essaya de faire boire le nourrisson mais il ne réagit pas. Elle lui mouilla les lèvres mais les gouttes coulèrent le long de son menton. Elle sentait qu'il partait et qu'il fallait qu'elle se batte bec et ongles. Elle l'appela, le secoua, lui tapota les joues. Il finit par râler, distinctement. Un petit râle d'enfant. Elle n'entendait plus que cela. Au-dessus du brouhaha des hommes et du bruissement des vagues, le petit souffle rauque de son enfant lui faisait trembler les lèvres. Elle supplia. Elle gémit. Les heures passèrent. Toutes identiques. Sans bateau à l'horizon. Sans retour providentiel de l'équipage. Rien. La révolution lente et répétée du soleil les torturait et la soif les faisait halluciner.

Elle était incapable de dire quand il était mort.

Chapitre 1, « L'ombre de Catane ».

**Laurent Gaudé (né en 1972)**
Cet écrivain français s'illustre dans de nombreux genres – théâtre, roman, nouvelle, poésie. Il a gagné le prix Goncourt des lycéens pour *La Mort du roi Tsongor* et le prix Goncourt pour *Le Soleil des Scorta*.

## COMPARER LES DOCUMENTS 1 ET 2

**2** **Quel est le thème commun à ces deux documents ?**

**3** **Qu'avez-vous éprouvé en découvrant chacun des documents ? Pourquoi ?**

## Document 3 « Alpes : des militants d'extrême droite bloquent le col de l'Échelle, lieu de passage de migrants », *Le Monde*, 2018

***Cet article rapporte une action du groupuscule Génération identitaire pour empêcher des migrants d'entrer en France par la frontière italienne, dans les Alpes.***

***Plusieurs politiques, notamment sur les bancs de l'Assemblée lors du débat sur le texte asile-immigration, ont fait part de leur indignation après l'action de Génération identitaire.***

L'action d'une centaine de militants de Génération identitaire (GI), samedi 21 avril, au col de l'Échelle (Hautes-Alpes), s'est invitée dans les débats sur la loi asile et immigration à l'Assemblée nationale. Alors que des membres du mouvement d'extrême droite bloquaient ce point de passage de migrants, pour « *veiller à ce qu'aucun clandestin ne puisse rentrer en France* », Jean-Luc Mélenchon a interpellé le ministre de l'Intérieur, Gérard Collomb.

Le chef de file de La France insoumise a demandé au gouvernement « *ce qu'il compte faire pour empêcher que dorénavant les frontières soient protégées par les amis de Marine Le Pen* ». L'intervention des militants de GI a suscité une vague de réactions indignées de la part de plusieurs politiques.

Ce col, qui culmine à 1 762 mètres et est situé à six kilomètres de la frontière, est un « *point stratégique de passage des clandestins* » depuis l'Italie, a fait valoir un porte-parole de GI, Romain Espino, en dénonçant « *un manque de courage des pouvoirs publics* ». « *Avec un petit peu de volonté, on peut contrôler l'immigration et les frontières.* »

Le groupe de militants, composé majoritairement de Français, compte aussi des Italiens, Hongrois, Danois, Autrichiens, Anglais et Allemands.

### « Frontière symbolique »

Après une ascension commencée après 9 heures, en raquettes sur la neige, ses membres ont matérialisé une « *frontière symbolique* » à l'aide de grillage en plastique de chantier et prévoient de passer la nuit au col. Il s'agit d'« *expliquer aux migrants éventuels que ce qui n'est pas humain, c'est de faire croire à ces gens qui traversent la Méditerranée ou les Alpes enneigées que ces parcours ne présentent aucun risque. C'est faux* », a déclaré Romain Espino. « *Ils ne vont pas trouver l'Eldorado, c'est immoral. Ceux qui en paient les frais, ce sont les Français* », a-t-il ajouté.

Selon la préfecture des Hautes-Alpes, l'opération s'est « *jusqu'à présent déroulée dans le calme* » et une « *partie* » des militants avaient « *déjà quitté le site* » en début de soirée. « *La préfecture et les forces de l'ordre continuent de suivre avec attention et vigilance la poursuite de cette opération, afin de prévenir tout trouble à l'ordre public et de garantir le respect du droit* », souligne-t-elle dans un communiqué. Sur place, aucune force de l'ordre n'était visible samedi après-midi.

### « Sale climat »

Au-delà des bancs de l'Assemblée nationale, de nombreux politiques, principalement de gauche, ont dénoncé l'intervention des militants d'extrême droite. La sénatrice socialiste de l'Oise et ancienne ministre des Familles Laurence Rossignol a évoqué un « *sale climat* » dans un tweet. […] Ian Brossat, adjoint communiste à la mairie de Paris dénonce « *un déni de saloperie* », qui ne serait pas autant condamné que « *le délit de solidarité* ». Nathalie Goulet, sénatrice (Union des démocrates et indépendants (UDI) de l'Orne déplore « *des pratiques ignobles et indignes* ». Le député (LRM) des Bouches-du-Rhône, François-Michel Lambert parle, lui, « *d'une bande de connards* ». La ministre auprès du ministre de l'iIntérieur, Jacqueline Gourault, a assuré que « *les services de l'État [étaient] pleinement mobilisés pour assurer l'ordre public au col de l'Échelle* ». […]

## COMPARER LES DOCUMENTS 3 ET 4

i-manuel

**1** **Qu'est-ce qui oppose Génération identitaire et Cédric Herrou ? Relevez les éléments justifiant votre réponse.**

**2** **Comparez la manière dont Génération identitaire et Cédric Herrou sont considérés par les autorités.**

**3** **Que nous apprennent ces deux articles sur les enjeux politiques de la crise des migrants ?**

## Document 4 Mathilde Frénois, « Cédric Herrou, passeur décisif », *Libération*, 2017

***Le paysan de la Roya, symbole de l'aide aux migrants, veut continuer son action malgré les descentes de gendarmerie et les risques de prison.***

La boîte en fer qui fait office de boîte aux lettres sera bientôt trop exiguë. Chaque jour, le facteur y dépose des dizaines d'enveloppes. À l'intérieur, mots d'encouragement, chèques et dessins. Sur chacun des bordereaux est inscrit : « *Cédric Herrou, Breil-sur-Roya, France* ». « *Google m'a téléphoné pour retirer mon adresse des recherches parce que je reçois aussi des insultes et des menaces,* explique leur destinataire. *Avant de raccrocher, le gars au téléphone m'a dit que j'avais leur soutien.* »

Héros pour certains, délinquant pour d'autres. Mais pour tous, Cédric Herrou est désormais la figure de l'aide aux migrants dans la vallée de la Roya, une enclave montagneuse coincée entre l'Italie et la France. Sur son terrain pentu de Breil, accolé à sa maison, l'agriculteur de 37 ans a installé un joyeux « camping à la ferme ». Au bout d'un chemin qui zigzague, il a planté quatre tentes, fait déposer deux caravanes par un hélicoptère et attaché aux oliviers des ampoules multicolores façon guinguette. C'est ici que Herrou héberge des migrants. Transportés depuis Vintimille avec sa fourgonnette ou arrivés seuls à pied depuis la voie ferrée qui borde sa propriété, des centaines d'enfants, de femmes et d'hommes y font une pause avant de rejoindre les métropoles européennes. Mais Herrou est un hors-la-loi. Depuis août, ses initiatives lui ont valu un procès, trois gardes à vue et cent vingt-huit heures de détention.

« *Ça fait presque une heure par jour* », peste-t-il en omettant la demi-journée à la barre du tribunal de Nice, la justice lui reprochant d'avoir facilité l'entrée, la circulation et le séjour en France d'étrangers. Des faits pour lesquels le procureur a requis huit mois de prison avec sursis. « *C'est normal que je sois en procès,* estime-t-il. *Je fais une action politique, il faut la justifier.* » Cédric Herrou revendique toutes ses pratiques. Il affirme qu'il continuera de « *faire passer* » des migrants jusqu'à l'ouverture de la frontière franco-italienne « *qui tue des gamins* » et la mise en place d'un accueil digne pour les demandeurs d'asile : « *La France, c'est autre chose que ses frontières. La France, c'est moi, mes potes, notre petite vie. Ce n'est pas uniquement des politiques et leurs discours électoralistes.* » Dans sa ligne de mire, les responsables politiques de droite locaux Christian Estrosi et Eric Ciotti, qui le qualifient, à coups de tweets, de « *passeur* » qui « *insulte les forces de l'ordre* ». [...]

## Le BTS autrement — RÉDIGER UN DISCOURS ARGUMENTATIF

i-manuel

**4** **Imaginez le discours que Cédric Herrou a pu tenir devant le juge pour expliquer sa démarche et se défendre. Vous le déclamerez devant la classe.**

**→ Pour se préparer**

**a.** Relevez dans l'article les éléments qui pourraient être exploités dans votre discours.

**b.** Quels arguments en faveur de la solidarité envers les migrants développerez-vous ?

**c.** Quels procédés emploierez-vous pour convaincre le juge ?

MÉTHODE

# Construire un plan

## Activités

**1 a. Relisez les documents du corpus (p. 136 à 139). Notez toutes les idées que vous leur associez et que vous souhaitez aborder dans votre synthèse.**

**CONSEIL**

Reportez-vous à la page 216 pour apprendre à construire un plan de synthèse.

**b. Surlignez ou entourez dans des couleurs différentes vos idées, afin de les regrouper par catégories.**

**c. Identifiez deux ou trois idées majeures qui pourraient constituer les parties de votre synthèse.**

1re idée principale :

2e idée principale :

3e idée principale :

**2 a. Parmi les plans ci-dessous, lequel se rapproche le plus de celui que vous avez élaboré à la question 1 ?**

**PLAN 1**

I. Les migrants

II. Les passeurs

III. Les soutiens aux migrants

**PLAN 2**

I. Les pro-migrants

II. Les anti-migrants

**PLAN 3**

I. Les conditions de voyage difficiles des migrants

II. L'enjeu politique de la crise des migrants

**PLAN 4**

I. Le point de vue des migrants

II. Le point de vue des pays d'accueil ou de transit

**b. Lesquels de ces plans vous semblent pertinents ? Pourquoi ?**

**c. Quels sont les défauts des autres plans ?**

**3 a. Complétez le tableau ci-dessous, en vous aidant des exemples déjà donnés. Toutes les cases ne seront pas nécessairement remplies.**

| Idées principales | Document 1 | Document 2 | Document 3 | Document 4 |
|---|---|---|---|---|
| 1re idée : les conditions de voyage des migrants | conditions très dangereuses qui peuvent conduire à la noyade | | | |
| 2e idée : les tensions politiques | | | groupuscule d'extrême droite se permettant des actions fortes pour empêcher les migrants d'entrer en France, réactions politiques variées | |

**b. Choisissez le plan qui vous semble le plus pertinent (celui élaboré en question 1 ou l'un proposé en question 2). Trouvez deux idées qui pourraient nourrir chaque partie.**

**Partie I :**

**A.** Sous-partie 1 : ……………………

**B.** Sous partie 2 : ……………………

**Partie II :**

**A.** Sous-partie 1 : ……………………

**B.** Sous partie 2 : ……………………

**Partie III :**

**A.** Sous-partie 1 : ……………………

**B.** Sous partie 2 : ……………………

**CONSEIL**

On attend généralement une synthèse constituée de deux ou trois grandes parties, elles-mêmes composées de deux ou trois sous-parties.

# CORPUS 2 Les grandes puissances doivent-elles aider les autres pays à se développer ?

## SUJET

**Les grandes puissances doivent-elles aider les autres pays à se développer ?**

**Vous répondrez à cette question d'une façon argumentée en vous appuyant sur les documents du corpus 2 (p. 143-145), vos lectures et vos connaissances personnelles.**

### Premières intuitions

**1** Spontanément, que répondriez-vous à cette question ?

**2** Dans le cadre ci-dessous, notez librement toutes les idées qui vous viennent à l'esprit, en rapport avec le sujet.

### Analyse du sujet

**3** Entourez dans le sujet les mots-clés permettant de construire votre réflexion.

Les grandes puissances doivent-elles aider les autres pays à se développer ?

**4** Donnez pour chacun de ces mots-clés des synonymes et des antonymes.

**5** Reformulez le sujet avec vos propres mots.

## CONSTRUIRE SA RÉFLEXION

**Lisez les documents du corpus 2 (p. 143 à 145) pour nourrir votre réflexion et réaliser les activités de la Méthode (p. 146-147).**

### Document 1 — Denis Diderot, *Supplément au voyage de Bougainville*, 1772

***Ce conte philosophique s'inspire d'un voyage de l'explorateur Bougainville à Tahiti. Lorsqu'il quitte l'île, un vieillard Tahitien prononce un discours contre l'influence des Européens.***

Laisse-nous nos mœurs, elle sont plus sages et plus honnêtes que les tiennes. Nous ne voulons point troquer ce que tu appelles notre ignorance contre tes inutiles lumières. Tout ce qui nous est nécessaire et bon, nous le possédons. Sommes-nous dignes de mépris parce que nous n'avons pas su nous faire des besoins superflus ? Lorsque nous avons faim, nous avons de quoi manger ; lorsque nous avons froid, nous avons de quoi nous vêtir. Tu es entré dans nos cabanes, qu'y manque-t-il, à ton avis ? Poursuis jusqu'où tu voudras ce que tu appelles commodités de la vie ; mais permets à des êtres sensés de s'arrêter, lorsqu'ils n'auraient à obtenir, de la continuité de leurs pénibles efforts, que des biens imaginaires. Si tu nous persuades de franchir l'étroite limite du besoin, quand finirons-nous de travailler ? Quand jouirons-nous ? Nous avons rendu la somme de nos fatigues annuelles et journalières, la moindre qu'il était possible, parce que rien ne nous paraît préférable au repos. Va dans ta contrée t'agiter, te tourmenter tant que tu voudras ; laisse-nous reposer : ne nous entête ni de tes besoins factices, ni de tes vertus chimériques. Regarde ces hommes ; vois comme ils sont droits, sains et robustes. Regarde ces femmes ; vois comme elles sont droites, saines, fraîches et belles.

**Denis Diderot (1713-1784)**
Écrivain des Lumières s'illustrant dans de nombreux genres (roman, théâtre, conte, essai, dialogue philosophique), il défend un idéal de liberté et dirige le projet de l'*Encyclopédie*, qui vise à réunir et diffuser toutes les connaissances de son époque.

## MOBILISER DES EXEMPLES

i-manuel

**1** **Si l'on avait posé la question d'écriture personnelle (p. 142) au vieillard, qu'aurait-il répondu, d'après son discours ? Justifiez votre réponse.**

**2** **Seriez-vous d'accord avec sa réponse ? Pourquoi ?**

## Le BTS autrement — RÉDIGER UN DISCOURS ARGUMENTATIF

i-manuel

**3** **Imaginez la réponse de Bougainville au vieillard. Votre texte comptera une vingtaine de lignes.**

→ Pour se préparer

**a.** Selon vous, que désignent les expressions « commodités de la vie » (l. 7) et « besoins factices » (l. 14), employées par le vieillard ?

**b.** Que pourrait critiquer Bougainville à propos de la culture tahitienne décrite par le vieillard ?

**c.** Que pourrait-il proposer venant d'Europe, que les Tahitiens ne connaissaient pas à cette époque ?

## CORPUS 2 Les grandes puissances doivent-elles aider les autres pays à se développer ?

**Document 2** Ishara S. Kodikara, *Sri Lankais fouillant une décharge*, 2009

*Haute de 91 mètres, cette pile de déchets à ciel ouvert, située à Colombo (Sri Lanka), s'est effonfrée en 2017 causant la mort de plusieurs dizaines de personnes.*

### MOBILISER DES EXEMPLES

i-manuel

1. Que représente cette photographie ?
2. Quels sentiments suscite-t-elle en vous ?
3. Quel rapport peut-on établir entre cette photographie et la question d'écriture personnelle (p. 142) ?
4. Cette photographie vous invite-t-elle à réviser vos premières intuitions ?

**CONSEIL**

Dans un travail d'écriture personnelle, l'image présente dans le corpus peut souvent servir d'illustration, d'exemple à vos idées, tandis que les textes explicatifs vous seront plus utiles pour formuler des arguments.

## Document 3 Serge Latouche, « En finir, une fois pour toutes, avec le développement », *Le Monde diplomatique*, 2001

*Présenté comme la solution aux problèmes du Sud, le développement n'est souvent qu'un autre visage de l'occidentalisation du monde. Qu'il soit « durable », « soutenable » ou « endogène*[1] *», il s'inscrit toujours, de manière plus ou moins violente, dans la logique destructrice de l'accumulation capitaliste. Il signifie inégalités, destruction de l'environnement et des cultures. Pourtant, des solutions peuvent être imaginées, qui prennent en compte la diversité du monde et s'appuient sur les expériences, menées ici ou là, d'économie non marchande.*

Voici un peu plus de trente ans est née une espérance. Une espérance aussi grande pour les peuples du tiers-monde que le socialisme l'avait été pour les prolétariats[2] des pays occidentaux. Une espérance peut-être plus suspecte dans ses origines et dans ses fondements, puisque les Blancs l'avaient apportée avec eux avant de quitter les pays qu'ils avaient pourtant durement colonisés. Mais enfin, les responsables, les dirigeants et les élites des pays nouvellement indépendants présentaient à leur peuple le développement comme la solution de tous leurs problèmes.

Les jeunes États ont tenté l'aventure. Avec maladresse, peut-être, mais ils l'ont tentée, et souvent avec une violence et une énergie désespérées. Le projet « développementiste » était même la seule légitimité avouée des élites au pouvoir. Certes, on peut épiloguer à l'infini pour savoir si les conditions objectives de réussite de l'aventure moderniste étaient ou n'étaient pas remplies. Sans ouvrir cet énorme dossier, tout un chacun reconnaîtra qu'elles n'étaient guère favorables ni à un développement planifié, ni à un développement libéral.

Le pouvoir des nouveaux États indépendants était pris dans d'insolubles contradictions. Ils ne pouvaient ni dédaigner le développement ni le construire. Ils ne pouvaient, en conséquence, ni refuser d'introduire ni réussir à acclimater tout ce qui participe de la modernisation : l'éducation, la médecine, la justice, l'administration, la technique. Les « freins », les « obstacles » et les « blocages » de toute nature, chers aux experts économistes, rendaient peu crédible la réussite d'un projet qui implique d'accéder à la compétitivité internationale à l'époque de l'« hypermondialisation ». Théoriquement reproductible, le développement n'est pas universalisable. D'abord pour des raisons écologiques : la finitude de la planète rendrait la généralisation du mode de vie américain impossible et explosif. [...]

1. Qui naît de l'intérieur d'un pays, et non d'une source extérieure.
2. Classes ouvrières.

**Serge Latouche (né en 1940)**
Cet économiste français est un théoricien de la décroissance, idée selon laquelle la croissance économique ne serait pas bénéfique à l'humanité.

### MOBILISER DES EXEMPLES

i-manuel

**5** Quelle est la thèse de ce texte ? Reformulez-la avec vos propres mots.

**6** Cette thèse vous semble-t-elle recevable ? Justifiez votre opinion personnelle.

**7** Quels arguments exprimés par Serge Latouche pourront nourrir l'argumentation de votre écriture personnelle (p. 142) ?

### Vocabulaire

Une tribune est un article publié dans un média par un auteur – journaliste, écrivain, essayiste, scientifique, militant, etc. – qui souhaite défendre une thèse personnelle. La thèse est l'idée principale défendue dans un texte, un discours.

# PROJET Présenter à l'oral le rôle d'une ONG

i-manuel

**Vous présenterez à la classe les actions d'une ONG luttant contre la pauvreté dans les pays du tiers-monde. Vous expliquerez les bienfaits de ses actions, mais aussi leurs limites, voire les problèmes ou polémiques qu'elles peuvent causer. Pour préparer votre exposé, vous serez amené à faire des recherches fiables.**

## Étape 1 > Choisir une ONG

Choisissez une ONG et visitez son site officiel, afin de noter les informations suivantes.

- Adresse du site
- Date de création
- Nombre d'adhérents
- Actions qu'elle mène
- Pays où elle est active

*L'association Électriciens sans frontières fournit à des populations défavorisées (ici au Mali) le matériel pour se fournir en électricité.*

## Étape 2 > S'interroger sur les actions de cette ONG

a. Selon vous, quel est l'intérêt des actions menées par cette ONG ?

b. Quelles peuvent être leurs limites ?

c. Peuvent-elles être la cause de problèmes ou de polémiques, selon vous ?

## Étape 3 > Réaliser une revue de presse

a. Sur Internet ou dans la presse papier, cherchez un ou plusieurs articles qui défendraient les actions de cette ONG et un ou plusieurs articles qui les remettraient en cause. Notez leurs références dans le tableau ci-dessous que vous recopierez.

| Nom du site ou du journal | Titre de l'article | Auteur | Date |
|---|---|---|---|
| | | | |

b. D'après ces articles, quels sont les effets bénéfiques et les limites de cette ONG ? Recopiez le tableau ci-dessous.

| Effets bénéfiques | Limites |
|---|---|
| | |

## Étape 4 Préparer l'exposé

a. Quel sera le plan de votre exposé ? Comment vous répartirez-vous la parole ? Pensez, dans chaque partie, à indiquer vos sources.

b. Comment illustrerez-vous votre propos : par une affiche, un diaporama, la présentation des sites consultés ?

c. Préparez les notes qui serviront votre intervention.

## Étape 5 Répéter l'exposé

a. Répétez une première fois votre exposé en vous filmant. Notez ensuite les points positifs de cet essai et les éléments que vous pouvez améliorer.

b. Répétez une seconde fois l'exposé en vous filmant. Qu'avez-vous amélioré ? Que faut-il encore travailler ?

## Étape 6 Présenter son exposé et écouter celui des autres

Lorsque vous observerez les exposés de vos camarades, notez les points positifs dont vous pouvez vous inspirer et les défauts qu'il faudra éviter de reproduire.

## Évaluez votre prestation

| Critères de réussite | Points positifs | Points à améliorer |
|---|---|---|
| La présentation de l'ONG était claire et efficace. | | |
| Les aspects bénéfiques de son action ont été exposés. | | |
| Les limites de son action ont été envisagées. | | |
| Les sources sont fiables et correctement citées. | | |
| L'exposé est vivant, la posture est maîtrisée. | | |
| La langue est correcte. | | |

LIRE et VOIR

# À découvrir pour prolonger votre réflexion

## Un essai

***Immigration : fantasmes et réalités*, dirigé par Claire Rodier et Emmanuel Terray (2008)**
Cet ouvrage, dirigé par une juriste et un chercheur en anthropologie, questionne les politiques migratoires et remet en cause certaines idées reçues sur les conséquences de l'immigration en France.

## Une bande dessinée

**Baudoin et Troubs, *Humains, la Roya est un fleuve* (2017)**
Les deux auteurs ont parcouru la vallée de la Roya, à la frontière franco-italienne, pour rencontrer les membres du collectif « Roya citoyenne », qui viennent en aide aux migrants.

## Un film

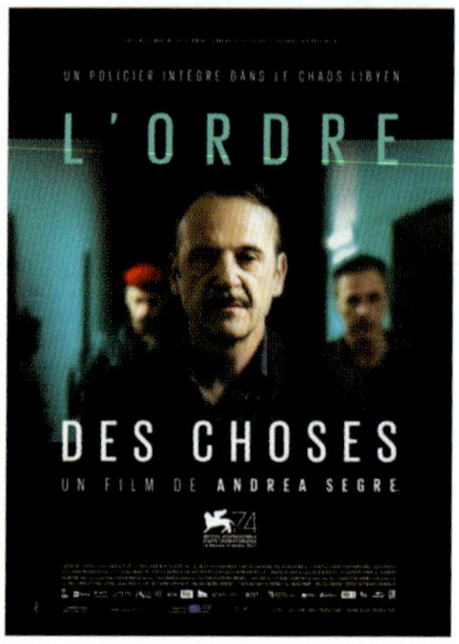


**Andrea Segre, *L'Ordre des choses* (2017)**
Un policier italien est envoyé en Libye afin que les autorités locales empêchent les migrants de partir pour l'Europe. Une rencontre va changer son regard sur cette mission...

BILAN

i-manuel

## Dans ce chapitre...

- Quels documents vous ont particulièrement frappé(e) ou intéressé(e) ? Pourquoi ?
- Quelles idées importantes avez-vous retenues ?
- Votre opinion à propos des thèmes étudiés a-t-elle évolué ?

## La préparation à l'examen

- Quels points de méthode maîtrisez-vous mieux à la fin du chapitre ?
- Lesquels vous semblent encore difficiles ? Pourquoi ?
- Quels sont vos objectifs pour le prochain chapitre ?

# Chapitre 10 Tous révoltés !

Volkan Aslan, ***N'importe quel jour***, **2010**



## Pour se lancer !

1. Quels groupes de personnes identifiez-vous sur la photographie ? Quel rapport entretiennent-ils ?
2. Dans quel décor cette photographie a-t-elle été prise ? Comment comprenez-vous ce choix ?
3. Selon vous et d'après ce document, quels seront les thèmes abordés dans ce chapitre ?

# Tous ensemble, tous ensemble !

## Document 1 Gustave Flaubert, *L'Éducation sentimentale*, 1869

***Février 1848, dans un Paris en pleine révolution. Frédéric, héros du roman, et son ami Hussonnet arrivent au palais des Tuileries, ancienne demeure du roi Louis-Philippe Ier, pris d'assaut par la foule.***

Hussonnet et Frédéric se penchèrent sur la rampe. C'était le peuple. Il se précipita dans l'escalier, en secouant à flots vertigineux des têtes nues, des casques, des bonnets rouges, des baïonnettes et des épaules, si impétueusement, que des gens disparaissaient dans cette masse grouillante qui montait toujours, comme un fleuve refoulé par une marée d'équinoxe, avec un long mugissement, sous une impulsion irrésistible. En haut, elle se répandit, et le chant tomba.

On n'entendait plus que les piétinements de tous les souliers, avec le clapotement des voix. La foule inoffensive se contentait de regarder. Mais, de temps à autre, un coude trop à l'étroit enfonçait une vitre ; ou bien un vase, une statuette déroulait d'une console, par terre. Les boiseries pressées craquaient. Tous les visages étaient rouges, la sueur en coulait à larges gouttes ; Hussonnet fit cette remarque :
– Les héros ne sentent pas bon !
– Ah ! vous êtes agaçant, reprit Frédéric.

Et poussés malgré eux, ils entrèrent dans un appartement où s'étendait, au plafond, un dais de velours rouge. Sur le trône, en dessous, était assis un prolétaire à barbe noire, la chemise entrouverte, l'air hilare et stupide comme un magot[1]. D'autres gravissaient l'estrade pour s'asseoir à sa place.
– Quel mythe ! dit Hussonnet. Voilà le peuple souverain !

Le fauteuil fut enlevé à bout de bras, et traversa toute la salle en se balançant.
– Saprelotte ! comme il chaloupe ! Le vaisseau de l'État est ballotté sur une mer orageuse ! Cancane[2]-t-il ! cancane-t-il !

On l'avait approché d'une fenêtre, et, au milieu des sifflets, on le lança.
– Pauvre vieux ! dit Hussonnet en le voyant tomber dans le jardin, où il fut repris vivement pour être promené ensuite jusqu'à la Bastille, et brûlé.

Alors, une joie frénétique éclata, comme si, à la place du trône, un avenir de bonheur illimité avait paru ; et le peuple, moins par vengeance que pour affirmer sa possession, brisa, lacéra les glaces et les rideaux, les lustres, les flambeaux, les tables, les chaises, les tabourets, tous les meubles, jusqu'à des albums de dessins, jusqu'à des corbeilles de tapisserie. Puisqu'on était victorieux, ne fallait-il pas s'amuser ! La canaille s'affubla ironiquement de dentelles et de cachemires. Des crépines d'or s'enroulèrent aux manches des blouses, des chapeaux à plumes d'autruche ornaient la tête des forgerons, des rubans de la Légion d'honneur firent des ceintures aux prostituées. Chacun satisfaisait son caprice ; les uns dansaient, d'autres buvaient. Dans la chambre de la reine, une femme lustrait ses bandeaux avec de la pommade derrière un paravent, deux amateurs jouaient aux cartes. Hussonnet montra à Frédéric un individu qui fumait son brûle-gueule accoudé sur un balcon ; et le délire redoublait au tintamarre continu des porcelaines brisées et des morceaux de cristal qui sonnaient, en rebondissant, comme des lames d'harmonica.

Puis la fureur s'assombrit. Une curiosité obscène fit fouiller tous les cabinets, tous les recoins, ouvrir tous les tiroirs. Des galériens enfoncèrent leurs bras dans la couche[3] des princesses, et se roulaient dessus par consolation de ne pouvoir les violer. D'autres, à figures plus sinistres, erraient silencieusement, cherchant à voler quelque chose ; mais la multitude était trop nombreuse. Par les baies des portes, on n'apercevait dans l'enfilade des appartements que la sombre masse du peuple entre les dorures, sous un nuage de poussière.

**Troisième partie, chapitre 1.**

**Gustave Flaubert (1821-1880)**
L'œuvre de ce romancier français, auteur de *Madame Bovary*, se caractérise par une tendance au réalisme, un goût pour l'analyse psychologique et l'évocation parfois ironique des travers humains ou sociaux.

1. Espèce de singe.
2. Se balance (le cancan est une danse frivole).
3. Lit.

**Document 2** Pawel Kuczyński, *Révolution*, 2012

## COMPARER LES DOCUMENTS 1 ET 2

**1** Quel est le thème commun aux deux documents ?

**2** Quelle est la couleur dominante du document 2 ? Relevez dans le document 1 des mots que cette couleur vous évoque.

**3** Quelle vision du peuple est donnée dans les deux documents ? Justifiez votre réponse.

**4** D'après les deux documents, quelles hypothèses peut-on émettre à propos des conséquences des révolutions ?

## Le BTS autrement

### MENER UNE RECHERCHE

**5** Faites une recherche sur la révolution de 1848 décrite par Flaubert.

**a.** À quel régime a-t-elle mis fin ?

**b.** Qu'a-t-elle créé en France ?

**c.** Rétrospectivement, pensez-vous que cette révolution a eu un sens ?

## Document 3 Nathalie Quintane, *Un œil en moins*, 2018

***L'auteure raconte une manifestation à laquelle elle a participé.***

C'était une manif, la dixième ou la onzième, franchement je ne sais plus, avec la loi à ronger comme un bout d'os, contre laquelle on manifestait, ce que je ne rappelle jamais puisque j'ai dit dès le début qu'elle ne serait pas retirée et qu'ainsi, par déduction, on manifestait depuis quatre mois pour autre chose.

Normalement, au bled, le cortège suivait le boulevard (il n'y en a qu'un), faisait le tour du rond-point de l'entrée de ville (sur lequel en ce moment il y a une deux-chevaux décorée dans des fleurs), et se finissait pas loin, en bas de la préfecture. Le tout, soixante-cinq minutes.

Quelqu'un avait lancé l'idée de faire cette manif à vélo.

On avait préparé deux vélos dans le garage, et des dossards 49-3 (Manu Valls avait fait passer la loi à l'Assemblée sans discussion par le 49-3 ; il le ferait une deuxième fois après le passage au Sénat de cette même loi, ce qui donnerait lieu à un rassemblement que je raconte ensuite).

On avait coupé des roseaux dans le jardin, fixé ces roseaux aux cadres, et suspendu sur un cintre des chemises déchirées qui flottaient, semi-avachies, dans l'air du mois de juin (quelques mois plus tôt, des employés d'Air France excédés avaient déchiré sur son dos la chemise d'un cadre de la compagnie, à défaut d'avoir eu celle du patron).

Chemises flottantes et à vélo, on avait rejoint la manif où dix autres vélos attendaient, sortis d'un camion. Dix d'entre nous ont sauté dessus et on a commencé à faire des tours au milieu des manifestants.

La manif a démarré, et pendant tout le parcours on a fait la jonction à vélo entre la tête de syndicats et les flics qui déambulaient, trente mètres en avant.

On faisait tous des tours entre la tête de cortège et les flics, remontant le cortège, dépassant les flics, leur tournant autour, tournant autour les uns des autres et autour des manifestants, comme ça pendant toute la manif.

Il faisait chaud et j'avais oublié ma casquette, alors je longeais le boul' pour choper l'ombre des platanes.

Arrivés à la préfecture, on a calé nos vélos sur des plots.

Les syndicalistes ont pris la parole.

L'un d'eux s'est énervé à cause d'une banderole qu'on avait faite : « Ni loi, ni travail, ni nucléaire », et je n'ai pas compris s'il s'énervait à cause de « ni travail » ou de « ni nucléaire », vu qu'on m'avait dit que la cégète était pro-nucléaire dans le coin, où le secteur emploie cinq à six mille personnes.

Le fait de continuer à protester contre la loi dite « travail » nous maintenait dans le sensé, dans un état banal ou habituel et bien connu - aussi loin que notre mémoire portait, chaque fois qu'on avait manifesté, on savait qu'il y avait deux issues possible à cette manifestation : on gagne, ou on perd.

Cette période était close depuis un référendum en 2005, où les gens avaient voté non, et où on leur avait dit qu'ils avaient voté oui. Depuis, on perdait tout le temps et on répondait toujours mal.

Alors, autant changer de question et faire des manifs à vélo.

**Nathalie Quintane**
(née en 1964)
**Cette écrivaine française joue avec les codes des genres littéraires, dans ses récits comme dans sa poésie, qui portent un regard critique et décalé sur notre société.**

## Document 4 — Banksy, *Large Graffiti Slogan (Some Assembly Required) (Ikea Punk)*, 2009

***Banksy est un artiste de street-art dont l'identité réelle est inconnue. Il réalise des œuvres murales, notamment à l'aide de pochoirs.***

### COMPARER LES DOCUMENTS 3 ET 4

i-manuel

**1** **Quel est le rapport entre les manifestants (doc. 3) et le personnage du punk (doc. 4) ?**

**2** **Que faudrait-il, d'après Nathalie Quintane et Banksy, pour que la révolte ait du sens ?**

**3** **Comparez les documents 3 et 4 aux documents 1 et 2 (p. 152-153) : quelle image de la révolte donnent-ils ?**

## Le BTS autrement — DÉBATTRE

i-manuel

**4** **À quelles conditions la révolte peut-elle avoir un sens ? Vous débattrez de cette question.**

→ **Pour se préparer**

**a.** La classe peut être divisée en deux équipes :
– la première définira les raisons pour lesquelles l'engagement et la révolte ont du sens.
– la seconde montrera les limites ou les difficultés qui pèsent sur l'engagement et qui peuvent rendre la révolte inefficace ou inutile.

**b.** Après une phase d'échange et de débats, les deux groupes répondront ensemble à la question suivante : quelles conditions sont nécessaires pour faire exister l'engagement et donner un sens à la révolte ?

MÉTHODE

# Rédiger l'introduction

## Activités

**CONSEIL**

Reportez-vous à la page 218 pour vous approprier les différentes étapes et fonctions d'une introduction.

**1 Relisez le corpus 1 (p. 152-155) puis identifiez les points positifs et négatifs des accroches ci-dessous.**

**a.** On a vu au printemps 2018, à l'occasion d'un projet de loi de réforme de la SNCF, des milliers de salariés en grève dans le secteur ferroviaire et d'importantes manifestations : un mouvement qui s'est finalement conclu par l'adoption du projet de loi de réforme… non sans quelques concessions du gouvernement. Au regard de ces événements récents, peut-on dire que se révolter a un sens ?

**b.** La révolte, à chaque époque, est le propre de l'homme. Or, celui-ci ne sait pas toujours comment faire pour se révolter. Ainsi, il est souvent amené à se demander si sa révolte a un sens.

**c.** Il y a de nos jours de nombreuses personnes révoltées : par la pauvreté, par les inégalités sociales, par les atteintes à l'environnement ou les souffrances causées aux animaux. Le départ de la révolte, c'est l'indignation : mais, pour autant, se révolter a-t-il un sens ?

**d.** 2018 a marqué le cinquantenaire de 1968 : un épisode social connu pour ses nombreuses répercussions sur la société française. Serions-nous, les héritiers directs de cette époque ? Les révoltes d'hier façonnent-elles qui nous sommes et comment nous vivons aujourd'hui ?

**2 Rédigez votre propre phrase d'accroche pour l'introduction d'une synthèse portant sur le corpus 1 (p. 152-155). Faites-la lire à votre voisin et commentez vos productions.**

**3 Classez les problématiques de la meilleure à la moins bonne. Justifiez votre classement.**

**a.** Il faudra se demander : comment faire la synthèse de ces documents ?
**b.** D'après l'observation de ces quatre documents, nous pourrons nous demander quelles sont les conditions nécessaires pour donner du sens à la révolte. Ces conditions permettent-elles en même temps son efficacité ?
**c.** Nous analyserons ces documents en nous demandant : l'engagement ne fait-il pas partie de nos devoirs en tant qu'être humain et citoyen ?

**4 Reformulez correctement ces problématiques mal construites.**

**a.** Il semble important de se demander si toutes les révolutions sont-elles obligatoirement violentes.

**CONSEIL**

La problématique a pour fonction de formuler les enjeux du corpus. Elle doit être rédigée sous forme interrogative, directe ou indirecte.
Ex. : Forme indirecte : *Nous nous demanderons si l'engagement est nécessaire pour chacun de nous.*
Forme directe : *L'engagement est-il nécessaire pour chacun de nous ?*

**b.** Une question se pose à présent : si les révolutions apportent toujours du changement.

**c.** Il faut donc chercher à déterminer à quelles conditions la révolte a du sens ?

**5 Identifiez les points positifs et négatifs de cette introduction dans la marge.**

Aujourd'hui, nombreux sont les pays où il y a des révoltes populaires, et celles-ci sont parfois fortement réprimées, en particulier dans des pays non démocratiques. Nous avons pour répondre à cette question plusieurs documents à présenter : le premier est un extrait de *L'Éducation sentimentale*, le deuxième est un dessin de Pawel Kuczyński datant de 2012. Le troisième est un extrait de Nathalie Quintane. Le dernier est une photographie représentant une œuvre du *street artist* Banksy intitulée *Large Graffiti Slogan (Some Assembly Required) (Ikea Punk)*. Nous pourrons nous demander en quoi ces œuvres montrent différents aspects de la révolte. D'abord, nous verrons des aspects positifs, puis des aspects négatifs.

CORPUS 2

# La révolte doit-elle passer par la violence ?

## SUJET

La révolte doit-elle passer par la violence ?

**Vous répondrez à cette question d'une façon argumentée en vous appuyant sur les documents du corpus 2 (p. 159-161), vos lectures et vos connaissances personnelles.**

## Premières intuitions

**1** Spontanément, que répondriez-vous à cette question ?

**2** Dans le cadre ci-dessous, notez librement toutes les idées qui vous viennent à l'esprit, en rapport avec le sujet.

## Analyse du sujet

**3** Entourez dans le sujet les mots-clés permettant de construire votre réflexion.

La révolte doit-elle passer par la violence ?

**4** Donnez pour chacun de ces mots-clés des synonymes et des antonymes.

**5** Reformulez le sujet avec vos propres mots.

## CONSTRUIRE SA RÉFLEXION

**Lisez les documents du corpus 2 (p. 159-161) pour nourrir votre réflexion et réaliser les activités de la Méthode (p. 162-163).**

**Document 1** **Bruno Barbey, *Manifestation contre la construction de l'aéroport de Narita et la guerre du Vietnam*, 1971**

### MOBILISER DES EXEMPLES

i-manuel

**1** Quelle impression vous donne cette photographie ? Vous semble-t-elle violente ?

**2** Commentez le jeu des couleurs entre manifestants et forces de l'ordre. Comment contribuent-elles à créer l'atmosphère de la photographie ?

**3** Quelle image cette photographie donne-t-elle de la révolte ? Partagez-vous cette vision ?

### Le BTS autrement — ANALYSER UNE PHOTOGRAPHIE

i-manuel

**4** **a.** Cherchez sur Internet une autre photographie d'une manifestation contre la guerre au Vietnam (au Japon ou dans un autre pays).
**b.** Quelle impression se dégage de la photographie que vous avez choisie ?
**c.** Quelle image donne-t-elle de la révolte ?

## CORPUS 2 La révolte doit-elle passer par la violence ?

### Document 2 Ingrid Nyström et Patricia Vendramin, *Le Boycott*, 2015

***Professeure à l'université, Patricia Vendramin est chercheuse en sciences sociales. Ingrid Nyström est coordinatrice de projets humanitaires. Elles étudient toutes deux le boycott, en tant que forme contemporaine d'engagement.***

Perçu à certains moments comme l'arme des pauvres, le boycott trouve aujourd'hui toute sa place dans l'univers des activistes contemporains, dans ce qu'on appelle les nouvelles formes d'engagement ou de militance, aux côtés de la pétition, de la *flash mob*, de l'occupation d'espaces publics ou du *buycott*[1]. [...] Il peut résulter du mot d'ordre d'une organisation militante qui demande à ses membres et à ses sympathisants de cesser d'acheter un produit, de visiter un pays, ou de participer à une manifestation. Mais il peut également être déclenché par des individus qui, en l'absence de tout lien préalable, ont des visées semblables, des individus dont l'élément fédérateur sera de partager un projet commun, d'agir pour promouvoir une cause particulière. C'est ce projet momentané qui donnera corps à l'action collective. Le boycotteur développe un engagement « distancié », basé sur des appartenances choisies, qui s'accommode parfaitement des valeurs individualistes [...].

1. Pratique consistant à encourager les achats définis comme justes, responsables ou éthiques.

### Document 3 Nelson Mandela, *Un long chemin vers la liberté*, 1994

En fin de compte, nous n'avions pas d'autre choix que la résistance armée et violente. Nous avions utilisé toutes les armes non violentes de notre arsenal – discours, délégations, menaces, arrêts de travail, grève à domicile, emprisonnement volontaire –, tout cela en vain car quoi que nous fassions, une main de fer s'abattait sur nous. Un combattant de la liberté apprend de façon brutale que c'est l'oppresseur qui définit la nature de la lutte, et il ne reste souvent à l'opprimé d'autre recours que d'utiliser les méthodes qui reflètent celles de l'oppresseur. À un certain moment, on ne peut combattre le feu que par le feu.

Traduit de l'anglais par Jean Guiloineau, 1955.

**Nelson Mandela (1918-2013)**
Militant pacifique contre l'apartheid en Afrique du Sud dans les années 1950, il prend conscience du manque d'efficacité de cette méthode et participe à des opérations de sabotage contre des installations publiques et militaires. En prison de 1962 à 1990, il est élu président de son pays en 1993.

### MOBILISER DES EXEMPLES

i-manuel

1. **Faites une recherche sur le boycott en Afrique du Sud : quelle en a été l'issue ?**
2. **D'après les documents 2 et 3, quels peuvent être les avantages de la lutte non-violente ? Quelles peuvent en être les limites ?**
3. **Lutter de façon non violente est-il selon vous un moyen de faire progresser une cause ?**

## Document 4 Victor Hugo, *Les Misérables*, 1862

***Paris, en juin 1832, connaît plusieurs journées insurrectionnelles. La barricade construite par le peuple rue de la Chanvrerie tient en échec les régiments monarchistes. Parmi les insurgés, Enjolras, républicain à la beauté angélique, Combeferre, charismatique et progressiste meneur d'hommes, Gavroche, âgé de douze ans. Arrive face à la barricade un régiment équipé d'une arme moderne : un canon à mitraille.***

**Victor Hugo**
(1802-1885)
**Écrivain, poète, dramaturge mais également homme politique, Victor Hugo a pris, tout au long de sa vie, le parti des plus humbles, en luttant pour le progrès social.**

Une compagnie d'infanterie de ligne était venue occuper l'extrémité de la rue, en arrière de la pièce[1]. Les soldats dépavaient la chaussée et y construisaient avec les pavés une petite muraille basse, une façon d'épaulement qui n'avait guère plus de dix-huit pouces[2] de hauteur et qui faisait front à la barricade. À l'angle de gauche de cet épaulement, on voyait la tête de colonne d'un bataillon de la banlieue, massé rue Saint-Denis.

Enjolras, au guet, crut distinguer le bruit particulier qui se fait quand on retire des caissons les boîtes à mitraille, et il vit le chef de pièce changer le pointage et incliner légèrement la bouche du canon à gauche. Puis les canonniers se mirent à charger la pièce. Le chef de pièce saisit lui-même le boutefeu et l'approcha de la lumière[3].

– Baissez la tête, ralliez le mur ! cria Enjolras, et tous à genoux le long de la barricade !

Les insurgés, épars devant le cabaret et qui avaient quitté leur poste de combat à l'arrivée de Gavroche, se ruèrent pêle-mêle vers la barricade ; mais avant que l'ordre d'Enjolras fût exécuté, la décharge se fit avec le râle[4] effrayant d'un coup de mitraille. C'en était un en effet.

La charge avait été dirigée sur la coupure[5] de la redoute, y avait ricoché sur le mur, et ce ricochet épouvantable avait fait deux morts et trois blessés.

Si cela continuait, la barricade n'était plus tenable. La mitraille entrait.

Il y eut une rumeur de consternation.

– Empêchons toujours le second coup, dit Enjolras.

Et, abaissant sa carabine, il ajusta le chef de pièce qui, en ce moment, penché sur la culasse du canon, rectifiait et fixait définitivement le pointage.

Ce chef de pièce était un beau sergent de canonniers, tout jeune, blond, à la figure très douce, avec l'air intelligent propre à cette arme prédestinée et redoutable qui, à force de se perfectionner dans l'horreur, doit finir par tuer la guerre.

Combeferre, debout près d'Enjolras, considérait ce jeune homme.

– Quel dommage ! dit Combeferre. La hideuse chose que ces boucheries ! Allons, quand il n'y aura plus de rois, il n'y aura plus de guerre. Enjolras, tu vises ce sergent, tu ne le regardes pas. Figure-toi que c'est un charmant jeune homme, il est intrépide, on voit qu'il pense, c'est très instruit, ces jeunes gens de l'artillerie ; il a un père, une mère, une famille, il aime probablement, il a tout au plus vingt-cinq ans, il pourrait être ton frère.

– Il l'est, dit Enjolras.

– Oui, reprit Combeferre, et le mien aussi. Eh bien, ne le tuons pas.

– Laisse-moi. Il faut ce qu'il faut.

Et une larme coula lentement sur la joue de marbre d'Enjolras.

1. Pièce d'artillerie, le canon.
2. Un peu moins d'un mètre.
3. Cavité remplie de poudre, par laquelle on allume le canon pour tirer.
4. Cri inarticulé.
5. Là où la fortification de la barricade s'interrompt.

### MOBILISER DES EXEMPLES

i-manuel

**4** **D'après le texte, laquelle des armes paraît la plus cruelle ?**

**5** **Quelle différence fait Combeferre entre « viser » et « regarder » (l. 30-31) ?**

**6** **La violence vous semble-t-elle justifiée dans ce contexte ? Pourquoi ?**

# Rédiger l'introduction

## Activités

> **CONSEIL**
> Reportez-vous à la page 224 pour vous approprier les différentes étapes et fonctions d'une introduction.

**1 Comparez les deux introductions ci-dessous. Précisez celle que vous préférez et donnez-en les raisons.**

**a.** Comment encourager la non-violence ? Nous savons que toute violence est condamnable. Toute révolte comporte d'ailleurs souvent son lot de victimes, parfois innocentes. Au XXIe siècle, il serait donc grand temps d'inventer des formes de révoltes qui soient non violentes et se traduisent par des actions telles que *boycott*, *sit-in*, mobilisation sur les réseaux sociaux, pétitions, etc. Mais comment faire pour les encourager ? Dans une première partie, nous verrons tout d'abord que la lutte contre la violence est une priorité absolue, avant de voir quelles formes elle pourrait prendre.

**b.** Le seul mot de « révolution » suffit souvent à susciter dans l'imaginaire des images parfois violentes et effrayantes. C'est oublier que la France doit sa constitution actuelle à plusieurs révolutions, dont celle de 1789, et à une longue tradition de révolte. Comment articuler dès lors le besoin de révolte face à l'injustice avec l'obligation d'en limiter les excès violents ? Nous verrons d'abord que, en tant que réponse à une violence subie, la révolte comprend très souvent une part de violence, avant de chercher à voir comment d'autres types d'actions peuvent également mettre en place des formes de non-violence, plus ou moins efficaces.

......................................................................

......................................................................

......................................................................

**2 Terminez les problématiques dont le début a été rédigé, en respectant la forme choisie.**
*Idée à introduire : La révolte et la non-violence ne semblent pas toujours conciliables.*

**a.** Il faut se demander si la révolte …

......................................................................

**b.** Une question demeure : peut-on envisager une forme de révolte …

......................................................................

**c.** Nous nous demanderons donc si …

......................................................................

> **CONSEIL**
> Faites attention à la syntaxe de la problématique.
> Ex. : *La révolte est-elle nécessaire ou nuisible à la démocratie ?*
> › interrogative directe : inversion du verbe et du sujet (*est-elle*) et point d'interrogation final.
> *Nous nous demanderons si la révolte est nécessaire ou nuisible à la démocratie.*
> › interrogative indirecte : verbe introducteur (*nous nous demanderons*), conjonction de subordination (*si*), pas d'inversion du sujet et du verbe (*la révolte est*), point final.

**3 a. Relisez les documents du corpus 2 (p. 159-161). Notez au brouillon les idées que vous souhaitez aborder dans votre écriture personnelle (p. 158).**

**b.** **Quelles idées sont en accord ? Lesquelles sont en contradiction ? Soulignez-les avec des couleurs différentes pour les regrouper.**

**c.** **Formulez deux ou trois titres de parties pour votre écriture personnelle, à partir des questions a et b.**

**Partie I** : ..........

**Partie II** : ..........

**Partie III** (facultative) : ..........

**d.** **Complétez votre plan par des sous-parties, en vous inspirant des documents du corpus. Trouvez deux ou trois sous-parties par partie.**

**Partie I**

**A.** ..........

**B.** ..........

**C.** (facultatif) ..........

**Partie II**

**A.** ..........

**B.** ..........

**C.** (facultatif) ..........

**Partie III** (facultative)

**A.** ..........

**B.** ..........

**C.** (facultatif) ..........

**e.** **Rédigez une introduction correspondant au plan que vous avez construit. Vous pouvez vous aider de la grille de critères suivante.**

| | Points positifs | Points à améliorer |
|---|---|---|
| L'accroche donne envie de lire la suite. | | |
| La problématique est pertinente et bien formulée. | | |
| L'annonce du plan est claire et efficace. | | |
| La langue est correcte. | | |

PROJET

# Se révolter en photographie

i-manuel

**Par groupes de trois, vous réaliserez une photographie qui représentera votre révolte face à une inégalité ou une injustice. Il ne s'agira pas de photographier « sur le vif » un sujet, mais de concevoir une mise en scène élaborée capable de traduire le thème abordé.**

Gilles Barbier, *La Révolution à l'envers*, 2007.

## Étape 1 Choisir un thème

**a. Cherchez le thème de votre future photographie, en lien avec l'idée d'inégalité, d'injustice ou de révolte. Vous pouvez vous inspirer de la liste suivante ou faire une autre proposition.**

– L'écologie : le gaspillage, le traitement des animaux, la gestion des déchets, la pollution, etc.

– Les questions sociales ou économiques : les inégalités sociales ou culturelles, le mal-logement, etc.

– Les questions sociétales : le racisme, le sexisme, l'homophobie, etc.

**b. Comment pourrait-on améliorer les choses à propos du thème que vous avez choisi ?**

## Étape 2 Traduire visuellement vos idées

**a. Le point de vue défendu par votre photographie devra être facilement compris par le spectateur. Réfléchissez aux personnages (attitude, expression, vêtements), aux objets, aux accessoires, au décor.**

**b. Choisirez-vous le noir et blanc ou la couleur ? Utiliserez-vous un filtre ? Pensez aux connotations : le rouge traduit la violence mais aussi la vie. Le noir, la tristesse, la mort. Le bleu est lié à l'espoir et au calme, le blanc à la pureté, etc.**

c. Une bonne photographie, comme un tableau, est bien composée, elle respecte une harmonie et un équilibre des couleurs. Voulez-vous un format carré ou rectangulaire ? Faites un dessin, si besoin, de votre cadre et de la répartition des formes et des éléments.

d. Comment cadrer votre photo ? La contre-plongée va grandir votre sujet et le mettre en valeur. La plongée le diminuera et donnera l'impression d'un regard distancié. Le gros plan est plus expressif, mais le plan large embrasse une scène plus importante.

e. Dans ce cadre, vous pouvez faire un croquis de votre mise en scène.

## Étape 3 > Réaliser la photographie

a. Choisissez bien le moment de la prise de vue : matin, midi ou soir ? Quelle lumière souhaitez-vous : naturelle ou artificielle ? L'éclairage permettra de mettre en relief le premier plan.

b. Faites plusieurs prises de vue en variant l'angle, la distance, le cadrage. Vous pourrez retravailler ensuite chez vous les cadres et les couleurs.

## Étape 4 > Exposer son travail

a. Retravaillez les clichés réalisés durant la prise de vue. Lequel montre le mieux votre point de vue ? Lequel est le plus beau ? Recadrez, travaillez l'image si nécessaire.

b. Imprimez votre photographie ou réalisez une exposition numérique, à l'aide d'une application de partage comme Padlet.

c. Donnez un titre à votre photo. Choisirez-vous un titre explicite ? humoristique ? mystérieux ?

## Évaluez votre photographie

| Critères de réussite | Points positifs | Points à améliorer |
|---|---|---|
| La photographie évoque immédiatement le thème traité, sans besoin d'explications. | | |
| La photographie est bien réalisée. | | |
| Le titre est judicieusement choisi. | | |

LIRE et VOIR

# À découvrir pour prolonger votre réflexion

## Un essai

**Philippe Subra,**
***Zones à Défendre* (2016)**
Chercheur en sciences politiques, Philippe Subra s'intéresse à un phénomène de résistance : les ZAD (zones à défendre). Le succès de la mobilisation contre l'aéroport Notre-Dame-des-Landes a donné un souffle nouveau à ce phénomène : mode passagère ou technique durable de contestation ?

## Une autobiographie

**Abd Al Malik, *Camus, l'art de la révolte* (2016)**
Abd Al Malik esquisse le récit de son parcours qui l'a conduit de sa cité jusqu'à une carrière d'artiste. Racontant cette révolte non violente, sublimée à travers la recherche artistique, il rend hommage à celui qui lui a servi de figure tutélaire : Albert Camus, l'auteur de *L'Homme révolté*.

## Une bande dessinée

**Christophe Girard,**
***Le Linceul du vieux monde***
**(2012-2014)**
Christophe Girard a fait de la révolte un fil directeur de son œuvre. *Le Linceul du vieux monde*, en trois volumes, raconte la révolte des canuts à Lyon, dans les années 1830 : l'insurrection d'un mouvement ouvrier suivi de sa répression par le pouvoir monarchique.

# BILAN

i-manuel

## Dans ce chapitre…

- **Quels documents vous ont particulièrement frappé(e) ou intéressé(e) ? Pourquoi ?**
- **Quelles idées importantes avez-vous retenues ?**
- **Votre opinion à propos des thèmes étudiés a-t-elle évolué ?**

## La préparation à l'examen

- **Quels points de méthode maîtrisez-vous mieux à la fin du chapitre ?**
- **Lesquels vous semblent encore difficiles ? Pourquoi ?**
- **Quels sont vos objectifs pour le prochain chapitre ?**

# Chapitre 11 Je rêvais d'un autre monde...

Luc Schuiten, *La cité végétale*, 2009



## Pour se lancer !

1. À quel type d'univers pouvez-vous associer cette image ? Trouvez des adjectifs pour la qualifier.
2. À quelles préoccupations actuelles répond ce projet architectural ?
3. Cherchez les différents sens possibles du mot « utopie ». Lesquels peuvent s'appliquer à cette image ?

# CORPUS 1 La belle verte

## Document 1 Pierre Rabhi, *La Part du colibri : l'espèce humaine face à son devenir*, 2006

**La croissance en question**

Nous sommes de plus en plus nombreux à penser que notre modèle d'existence moderne est erroné et ne peut être aménagé. Mais comment et par quoi le remplacer ? Y a-t-il une alternative ? La vie offre tant de possibilités, de combinaisons possibles ! Encore faut-il se libérer des vieux schémas et des références périmées qui nous rendent impuissants à penser le monde autrement. La première chose dont il faut prendre conscience, c'est que les critères liés à la nature sont indispensables. C'est la nature avant tout qui doit nous inspirer car elle est la seule garante véritable de notre pérennité. Sans elle, aucun projet n'est assuré d'un lendemain. Nous pouvons vérifier quotidiennement la fragilité, la vulnérabilité et les nuisances sociales, écologiques et économiques générées par l'ordre que nous avons établi non seulement en l'ignorant, mais plus encore en agissant contre elle. Nous pouvons également constater que la souffrance humaine ne cesse de croître. Souffrance multiforme : celle qui concerne le manque qui va jusqu'à des pénuries et des famines, celle qui concerne l'être avec un mal-être que l'abondance non seulement ne parvient pas à guérir mais qu'elle exacerbe souvent. Car à tout cela il manque le sens et ce bien suprême que représente le bonheur d'être en vie.

L'idéologie technico-scientifico-marchande a donné à l'argent une prépondérance et un pouvoir absolu sur le monde. L'argent est pourtant une belle invention qui a rationalisé le troc ; il a une valeur incontestable lorsqu'il représente le travail et la créativité humaine ou des biens vitaux. Aujourd'hui, on ne lui demande pas seulement de satisfaire nos besoins légitimes mais nos désirs les plus fous. L'économie est également une invention noble quand elle a pour mission de réguler les liens et les nécessités entre les êtres humains, et d'instaurer un ordre équitable à la satisfaction de chacun. Observée d'une façon plus objective, ce que nous appelons économie repose sur l'avidité et l'insatiabilité humaines avec un « toujours plus » stimulé par la publicité. Celle-ci a pour rôle d'exacerber l'insatisfaction, d'entretenir un sentiment de manque, de frustration permanente et donc d'amplifier le désir de consommation bien au-delà des nécessités. Les vrais besoins ont une limite naturelle : nourriture, vêtements, abri, soins... Le superflu, lui, n'a pas de limite. Il est la cause principale de l'hyperconsommation qui ruine notre planète et empêche que les besoins élémentaires de l'humanité soient équitablement satisfaits.

**Pierre Rabhi**
(né en 1938)
Cet agriculteur, poète et écrivain français défend des pratiques agricoles écologiques. Il a cofondé le mouvement Colibris, qui prône un mode de vie plus sobre, respectueux de l'homme et de la nature.

## COMPARER LES DOCUMENTS 1 ET 2

i-manuel

**1** **Pourquoi, selon Pierre Rabhi, faut-il se fonder sur la nature pour concevoir un nouveau modèle de société ?**

**2** **À quels aspects de la nature ou de ce qui est naturel Pierre Rabhi fait-il allusion ?**

**3** **Quel lien peut-on établir entre la tribune défendant les zadistes et le texte de Pierre Rabhi ?**

**4** **Quels sont les autres aspects de la société idéale selon les zadistes ?**

## Document 2 « Comme à la ZAD de Notre-Dame-des-Landes, défendons d'autres manières d'habiter », blog des invités de *Mediapart*, 2018

***La « zone d'aménagement différé » (ZAD) de Notre-Dame-des-Landes, prévue pour bâtir un aéroport, a été rebaptisée « zone à défendre » par les opposants à ce projet qui l'ont investie pour y développer un mode de vie plus naturel. Cette tribune, signée par divers « architectes, urbanistes, penseurs, citoyens », prend la défense de ces « zadistes », menacés d'expulsion après l'abandon du projet d'aéroport.***

### Un territoire en commun

Dans ce bocage[1] se sont inventées et tissées des formes de vies diverses, aspirant à une meilleure harmonie avec le territoire qu'elles occupent. Dans les interactions entre habitants « historiques », paysans, squatteurs, voisins, animaux sauvages ou d'élevage, herbes, insectes et arbres, mais aussi avec toutes celles et ceux qui passent par là, amis, étudiants, militants, voyageurs, artisans, s'est construit un territoire commun, au-delà de la propriété, des habitudes et des appartenances. Cette expérimentation grandeur nature et à long terme amène chacun à évoluer dans ses représentations et ses pratiques, bien au-delà de ce bocage. En cela, l'horizon joyeux qu'ouvre la ZAD ailleurs que dans les métropoles nous concerne tous.

### Habiter et bâtir autrement

La ZAD, c'est aussi l'aventure de ses constructions. Ce sont des corps de ferme rénovés lors de grands chantiers collectifs, de nouveaux hangars agricoles aux charpentes impressionnantes ; c'est aussi la force poétique des nombreuses cabanes dans les arbres, au milieu d'un lac, au coin d'une friche, ou d'un champ ; c'est aussi la présence d'habitats légers ou nomades, camions, caravanes, yourtes qui complètent ce paysage habité.

Hors norme, multiples, divers, poétiques, adaptés, bidouillés, légers, sobres, précaires, faits de matériaux locaux ou de réemploi, en terre, en bois, en paille ou en récup, ces constructions répondent à leur échelle aux enjeux écologiques et énergétiques, à rebours du monde que l'industrie du béton et de l'acier est en train de construire partout sur la planète. Elles sont aussi le résultat d'une inventivité architecturale, manuelle, bricoleuse et créative, favorisée par la stimulation collective de la ZAD, poussant les gens, habitués ou débutants, à se réapproprier l'acte de construire. La multiplicité des formes construites montre des possibilités d'habiter et de bâtir hors des logiques foncières et immobilières basées essentiellement sur la spéculation qui laissent peu de latitude aux habitants et aux architectes pour proposer des solutions alternatives.

Qui a traversé ce territoire, qui a participé à ses chantiers, sait la valeur des forces qui ont pu rénover ces fermes et construire ces cabanes. Car bien loin de l'image autarcique[2] véhiculée à son encontre, la ZAD est un espace de passage, d'échange, un lieu qui fait école ; école de la vie, mais aussi école de l'habiter et du bâtir.

Ce qui s'y joue, c'est l'invention d'un vernaculaire[3] contemporain fait d'enjeux mondiaux et de matériaux locaux. Ce qui s'y joue, c'est aussi la défense d'un patrimoine vivant issu d'une lutte solidaire qui ouvre nos imaginaires.

1. Petit bois.
2. Qui se suffit à soi-même, en limitant les échanges avec l'extérieur.
3. Ce qui est propre à un lieu spécifique.

## Le BTS autrement — RÉDIGER UNE TRIBUNE

i-manuel

**5 Rédigez, en une vingtaine de lignes, une tribune dénonçant un aspect de notre société qui exigerait d'être corrigé et repensé.**

**→ Pour se préparer**

- Précisez votre prise de position à l'aide du tableau suivant :

| | |
|---|---|
| Aspect à dénoncer | |
| Arguments à l'appui | |
| Propositions alternatives | |

## Document 3 Robert Merle, *Malevil*, 1972

***Ce roman raconte comment se reconstruisent les survivants d'une explosion, sans doute nucléaire, qui a ravagé la Terre.***

Nous sommes très occupés et pourtant, rien ne nous presse. Nous disposons de vastes loisirs. Le rythme de la vie est lent. Chose bizarre, bien que les journées aient le même nombre d'heures, elles nous paraissent infiniment plus longues. Au fond, toutes ces machines qui étaient supposées faciliter notre tâche, autos, téléphone, tracteur, tronçonneuse, broyeur de grain, scie circulaire, elles la facilitaient, c'est vrai. Mais elles avaient aussi pour effet d'accélérer le temps. On voulait faire trop de choses trop vite. Les machines étaient toujours là, sur vos talons, à vous presser.

Par exemple, avant, pour aller à La Roque annoncer à Fulbert que Catie et Thomas étaient mariés – à supposer que je n'aie pas voulu le faire par téléphone – il m'aurait fallu neuf minutes et demie en auto, et encore à cause des nombreux tournants. J'y suis allé à cheval avec Colin, qui a tenu à m'accompagner, sans aucun doute pour revoir Agnès, et il nous a fallu une bonne heure. Et là, mon message remis à Fabrelâtre, Fulbert n'étant pas levé, il n'était pas question de repartir aussitôt, les chevaux, après leurs quinze kilomètres de route, avaient besoin d'un peu de repos. Au surplus, pour rentrer, ne voulant pas leur infliger trop de macadam, j'ai pris le raccourci forestier qui, du fait des cadavres d'arbres qui l'encombraient, nous a beaucoup retardés. Bref, partis le matin de bonne heure, nous sommes rentrés à midi, fatigués mais assez contents, Colin d'avoir parlé à Agnès, et moi d'avoir vu des pousses vertes, çà et là, émerger du sol et mêmes des arbres qui paraissaient morts.

Je remarque que nos mouvements aussi sont plus lents. Ils se sont adaptés à notre rythme de vie. On ne descend pas de cheval comme on sort d'une auto. Pas question de claquer la portière et de monter un escalier quatre à quatre pour décrocher le téléphone qui sonne. Je démonte dès l'entrée, j'amène Amarante au pas dans son box, je la desselle, je la bichonne et j'attends qu'elle soit bien sèche pour lui permettre de boire. En tout, une bonne demi-heure.

Il est possible que, la médecine ayant disparu, la vie devienne plus brève. Mais si on vit plus lentement, si les jours et les années ne passent plus devant votre nez à une vitesse effrayante, si on a le temps de vivre enfin, je me demande ce qu'on a perdu.

Même les rapports avec les gens se sont considérablement enrichis du fait de cette lenteur de notre vie. Et là, alors, si je compare ! Germain, mon pauvre Germain, qui mourut sous nos yeux le jour de l'évènement, bien qu'il ait été mon collaborateur le plus proche pendant des années, je ne l'ai, pour ainsi dire, pas connu, ou ce qui est bien pire, je l'ai connu assez pour l'utiliser. Affreux, ce mot « utiliser », quand il s'agit d'un homme. Mais voilà, j'étais comme tout le monde, j'étais pressé. Toujours le téléphone, le courrier, l'auto, les ventes annuelles de chevaux de selle dans les grandes villes, la comptabilité, la paperasse, l'inspecteur des impôts... À vivre à un tel rythme, les rapports humains disparaissent.

**Chapitre XIII.**

**Robert Merle (1908-2004)**

**Ce romancier français fut marqué par l'expérience de la Seconde Guerre mondiale, qui lui inspira notamment *La mort est mon métier*, où il interroge la banalité du mal à travers le portrait d'un dignitaire nazi.**

## Document 4 — Chris Morin-Eitner, « Paris La Défense – Grande Arche de Noé », *Make our planet green again*, 2017

***Chris Morin-Eitner (né en 1965) est réalisateur, photographe et titulaire d'un diplôme d'architecture. Cet artiste français, troublé par les ruines du temple d'Angkor, au Cambodge, interroge notre avenir à travers ses œuvres.***

i-manuel

## COMPARER LES DOCUMENTS 3 ET 4

1. Quel est l'intérêt, pour Robert Merle et Chris Morin-Eitner, d'imaginer un monde post-apocalyptique ?
2. Les documents présentent-ils un avenir positif ou négatif ? Pourquoi ?
3. Selon vous, quel jugement les deux artistes portent-ils sur le monde contemporain ?

## Le BTS autrement — DÉBATTRE

i-manuel

4. Un retour à la nature est-il la garantie d'une vie meilleure ? Vous débattrez de cette question.

# Rédiger la conclusion

## Activités

**CONSEIL**

Reportez-vous à la fiche aux pages 219 pour vous approprier les règles de la conclusion.

**1 Lisez la conclusion de synthèse ci-dessous.**

L'extrait du roman de Gustave Flaubert *Bouvard et Pécuchet*, ainsi que les essais de Jacques Rigaud (*La Culture pour vivre*) et de Danièle Sallenave (*Le Don des morts : sur la littérature*) viennent efficacement appuyer l'enquête *Les Pratiques culturelles des Français*, menée en 1991 par Olivier Donnat. En effet, nous avons vu dans une première partie que la culture est un bien essentiel pour l'homme. Puis nous avons montré qu'il existe de grandes inégalités dans l'accès à la culture. La troisième partie a insisté sur la nécessité de favoriser l'accès à la culture. Je trouve donc que nous ne profitons pas toujours de la chance que nous avons d'être entourés de nombreuses possibilités culturelles. On pourrait alors se demander à quelles autres occupations les hommes consacrent leur temps.

**a.** Quelles critiques vous inspire la première phrase de cette conclusion ?

......................................................................................................

......................................................................................................

......................................................................................................

**b.** Quelles maladresses comporte le rappel du plan suivi par la synthèse ?

......................................................................................................

......................................................................................................

......................................................................................................

......................................................................................................

**c.** Que pensez-vous de la réponse apportée à la problématique ?

......................................................................................................

......................................................................................................

......................................................................................................

......................................................................................................

**d.** Pourquoi l'ouverture proposée en fin de conclusion n'est-elle pas pertinente ?

......................................................................................................

......................................................................................................

......................................................................................................

**2 Lisez la conclusion de synthèse ci-dessous.**

Ce corpus valorise donc le soin accordé à l'apparence physique car corriger les défauts naturels assure un bien-être évident ; mais c'est aussi l'occasion d'affirmer une identité et une liberté parfois radicale, au point même de se sublimer dans des choix esthétiques qui transfigurent l'humain, en faisant de sa vie et de sa personne une véritable œuvre d'art. On peut dire que paradoxalement, loin de la superficialité qu'on lui prête, l'artifice confère une véritable profondeur au corps naturel. C'est sans doute pourquoi les plus fameux des dandys – ces esthètes qui trouvaient un supplément d'âme dans une marginale élégance – auront si admirablement fondu leur existence et leur art, d'Oscar Wilde à Michael Jackson.

**a.** Rétablissez sous forme de titres le plan qui aurait été suivi dans le devoir.

**I.** ……………………………………

**II.** ……………………………………

**III.** ……………………………………

**b.** Quelles remarques pouvez-vous faire sur la façon dont est rédigé le rappel du plan dans cette conclusion ?

……………………………………

……………………………………

**c.** Soulignez la réponse à la problématique de la synthèse et proposez une formulation pour cette problématique, qui aurait pu figurer en introduction.

……………………………………

……………………………………

**d.** En quoi consiste l'ouverture ménagée par cette conclusion ? Que permet-elle ?

……………………………………

……………………………………

**3 Rédigez une conclusion de synthèse portant sur le corpus 1 (p. 168-171), répondant à la problématique suivante : « Pourquoi opter pour un monde de vie plus naturel ? » et dont le plan serait le suivant :**
**I. Nécessité de repenser le monde**
**II. Vers un mode de vie plus naturel**
**III. Pour une vie plus épanouie**

CORPUS 2

# Un idéal utopique est-il réalisable ?

## SUJET

Un idéal utopique est-il réalisable ?

**Vous répondrez à cette question d'une façon argumentée en vous appuyant sur les documents du corpus 2 (p. 175-177), vos lectures et vos connaissances personnelles.**

## Premières intuitions

1 Spontanément, que répondriez-vous à cette question ?

2 Dans le cadre ci-dessous, notez librement toutes les idées qui vous viennent à l'esprit, en rapport avec le sujet.

## Analyse du sujet

3 Entourez dans le sujet les mots-clés permettant de construire votre réflexion.

Un idéal utopique est-il réalisable ?

4 Donnez pour chacun de ces mots-clés des synonymes et des antonymes.

5 Reformulez le sujet avec vos propres mots.

## CONSTRUIRE SA RÉFLEXION

**Lisez les documents du corpus 2 (p. 175-177) pour nourrir votre réflexion et réaliser les activités de la Méthode (p. 178-179).**

### Document 1 — Thomas More, *Utopie*, 1516

***Dans cette fiction, Thomas More imagine le récit que lui fait un explorateur, Raphaël Hythlodée, de sa découverte de l'île d'Utopie, où semble régner un ordre idéal.***

En Utopie, l'avarice est impossible, puisque l'argent n'y est d'aucun usage ; et partant[1], quelle abondante source de chagrin n'a-t-elle pas tarie ! quelle large moisson de crimes arrachés jusqu'à la racine ! Qui ne sait, en effet, que les fraudes, les vols, les rapines, les rixes, les tumultes, les querelles, les séditions, les meurtres, les trahisons, les empoisonnements ; qui ne sait, dis-je, que tous ces crimes dont la société se venge par des supplices permanents, sans pouvoir les prévenir, seraient anéantis le jour où l'argent aurait disparu ? Alors disparaîtraient aussi la crainte, l'inquiétude, les soins, les fatigues et les veilles. La pauvreté même, qui seule paraît avoir besoin d'argent, la pauvreté diminuerait à l'instant, si la monnaie était complètement abolie.

En voici la preuve manifeste :

Supposez qu'il vienne une année mauvaise et stérile, pendant laquelle une horrible famine enlève plusieurs milliers d'hommes. Je soutiens que si, à la fin de la disette, on fouillait les greniers des riches, l'on y trouverait d'immenses provisions de grains. En sorte que si ces provisions avaient été distribuées à temps à ceux qui sont morts d'amaigrissement et de langueur, pas un de ces malheureux n'eût senti l'inclémence du ciel et l'avarice de la terre. Vous voyez donc que sans argent, l'existence aurait pu, pourrait être facilement garantie à chacun ; et que la clef d'or, cette bienheureuse invention qui devait nous ouvrir les portes du bonheur, nous les ferme impitoyablement.

Les riches eux-mêmes, je n'en doute pas, comprennent ces vérités. Ils savent qu'il vaut infiniment mieux ne manquer jamais du nécessaire que d'avoir en abondance une foule de superfluités ; qu'il vaut mieux être délivré de maux innombrables, qu'assiégé par de grandes richesses.

« Des religions de l'Utopie », Livre II.
Traduit du latin par Victor Stouvenel, 1842.

1. De ce fait, donc.

**Thomas More (1478-1535)**
Ce philosophe et homme politique anglais fait partie des grandes figures humanistes de la Renaissance. C'est lui qui invente le mot « utopie » à partir du grec, pour désigner à la fois un « lieu idéal » et un « lieu de nulle part ». C'est le nom qu'il donne à une île imaginaire qui fait l'objet de son plus célèbre ouvrage.

### MOBILISER DES EXEMPLES

i-manuel

1. **Pourquoi la société imaginée par Thomas More semble-t-elle idéale ?**
2. **Le maintien de cette société vous semble-t-il simple ou difficile ?**
3. **Que peut apporter ce texte à votre réponse au sujet d'écriture personnelle (p. 174) ?**

**CONSEIL**
Un même document peut venir appuyer des arguments différents voire opposés, selon les commentaires qu'il vous inspire, à condition de ne pas en déformer le propos. Il est même pertinent de mobiliser plus d'une fois une référence au cours de l'écriture personnelle pour mettre en valeur sa complexité.

# Un idéal utopique est-il réalisable ?

## Document 2 — Hannelore Cayre, « Les enfants d'Auroville : en Inde, l'utopie veut aussi s'écrire dans une cité idéale », *XXI*, 2011

**Hannelore Cayre (née en 1963)**
Romancière, scénariste et réalisatrice française, cette avocate à la cour d'appel de Paris collabore à la revue *XXI*.

***Cet article décrit le fonctionnement d'Auroville, cité expérimentale créée en Inde en 1968.***

### EXTRAIT 1

Pour ne pas les décevoir par mon ignorance, je me documente. L'expérience d'Auroville date de la fin des années 1960. L'époque est à la contestation et, plutôt que de s'embrigader dans l'extrême gauche, certains jeunes expriment leur opposition à leurs parents par le nomadisme hippie, la fumette et le rêve romantique indien. Pour schématiser le partage mystique qu'ils font de l'Inde, disons que les anglophones se tournent plutôt vers Maharishi Mahesh, le gourou des Beatles, de Donovan et des Doors, et sa méditation transcendantale au nord, alors que les francophones choisissent le yogi[1] Sri Aurobindo et son homme supra-mental au sud.

Je ne me risquerais pas à exposer en détail les idées d'Aurobindo – ceux qui ont passé une vie à l'étudier n'en sont pas encore venus à bout – mais en quelques mots, son yoga, synthèse de tous les yogas exprimée en termes prophétiques et poétiques, aurait pour objet de faire évoluer la conscience de l'homme d'aujourd'hui, simple être de transition, afin qu'il découvre en lui ce que sera l'homme de demain : l'homme supra-mental.

#### Les bâtisseurs de cathédrale

Pour relever ce défi et mettre en œuvre « à ciel ouvert » la pensée d'Aurobindo, sa compagne spirituelle, la Française Mira Richard devenue « la Mère », imagine une cité-laboratoire qu'elle nomme Auroville en référence au Maître. Elle exprime ce désir dans un texte datant de 1954 qu'elle appelle *Le Rêve* : « *Il devrait y avoir quelque part sur la terre un lieu dont aucune nation n'aurait le droit de dire : il est à moi ; où tout homme de bonne volonté ayant une aspiration sincère pourrait vivre librement comme un citoyen du monde et n'obéir qu'à une seule autorité, celle de la suprême vérité…* »

À Auroville se regrouperont des hommes et des femmes qui auront choisi d'adopter une échelle de valeur fondée sur le détachement, l'abandon de l'égo et l'économie du don afin d'accéder à une conscience nouvelle.

### EXTRAIT 2

***La journaliste rencontre Laurence, intermittente du spectacle, dont le statut lui permet de consacrer du temps à Auroville une partie de l'année.***

Je rappelle à Laurence ce que j'ai lu sur l'épineuse question de l'argent : « *Un objectif important est que les Aurovilliens ne reçoivent pas d'argent pour leur travail, qu'il n'y ait pas de circulation d'argent à l'intérieur de la ville, la communauté est responsable des besoins courants de chacun.* » Il faut être sacrément détaché du matériel pour vivre avec le salaire versé par la fondation d'Auroville, huit mille roupies (cent trente-cinq euros) dont deux mille en cash, le reste en nature.

« *Moi, je ne pourrais pas ! En général, les gens cherchent à améliorer l'ordinaire. Certains trouvent du travail à Pondichéry ou monnayent à l'extérieur des savoir-faire acquis à Auroville, d'autres montent des unités de production, d'autres encore vivent ici avec leur retraite ou les Assedic. Mon karma n'est pas d'être chef d'entreprise en Inde, encore moins de collectionner les petits boulots. Pour le moment, mon statut me convient. Et qui sait peut-être qu'un jour…* »

1. Sage pratiquant le yoga.

## MOBILISER DES EXEMPLES

i-manuel

**1** Peut-on dire qu'Auroville est la réalisation d'un idéal utopique ? Pourquoi ?

**2** Que nous apprend Laurence sur le rapport entre les habitants d'Auroville et les préceptes de ses fondateurs ?

**3** Comment cet article peut-il orienter le cours de votre réflexion pour traiter le sujet d'écriture personnelle (p. 174) ?

**CONSEIL**

Afin de vous libérer d'une opposition trop caricaturale entre les parties de votre écriture personnelle, essayez d'adopter un point de vue plus nuancé, éventuellement dans une troisième partie.

**Document 3** Aldo Sperber, portrait d'un habitant d'Auroville, 2011

## MOBILISER DES EXEMPLES

i-manuel

**4** D'après cette image, comment qualifieriez-vous la vie à Auroville ?

**5** Cette photographie vous donne-t-elle envie de vivre à Auroville ? Pourquoi ?

**6** Comment pourriez-vous exploiter ce document pour le sujet d'écriture personnelle (p. 174) ?

# MÉTHODE Distinguer arguments et exemples

## Activités

**1 Les sous-parties suivantes vous semblent-elles pertinentes ? Expliquez pourquoi.**

**Il n'est pas souhaitable de réaliser un idéal utopique**

**A.** Le modèle soviétique, issu du socialisme utopique, a montré ses limites
**B.** Le nazisme, marqué par un idéal de perfection, n'est pas un modèle enviable
**C.** Beaucoup de fictions nous alertent sur les dérives des utopies

**2 Recherchez des arguments exprimant des réserves par rapport à la possibilité d'un idéal utopique.**

**3 a. Trouvez des exemples pour appuyer les arguments suivants :**

**Un idéal utopique, sans être réalisable, reste mobilisateur**

**A.** Rêver d'un monde meilleur empêche la résignation

**B.** Défendre des idées utopiques peut contribuer à rénover un modèle en place

**C.** La diversité des idéaux permet des échanges fructueux

**D.** Chacun peut contribuer à un monde plus beau par de petits gestes quotidiens

**b. Comment pourriez-vous mettre en relation les documents du corpus 2 (p. 175 à 177) avec les arguments des exercices 2 et 3 ? Ces documents vous donnent-ils d'autres arguments pour le sujet ?**

# Rédiger la conclusion

i-manuel

## Activités

**CONSEIL**
Reportez-vous à la fiche à la page 225 pour vous approprier les règles de la conclusion.

**1 Rétablissez, pour chaque conclusion ci-dessous, le plan qui aurait été suivi dans le devoir.**

**a.** Il semble donc qu'un idéal utopique soit par définition naïf et illusoire, trop éloigné du principe de réalité pour voir le jour ; par ailleurs, vouloir édifier une société parfaite peut comporter des limites voire engendrer un certain nombre de dérives. Mais il ne faut pas pour autant renoncer à ses idéaux, car rêver d'un monde meilleur reste un moteur d'action efficace et salutaire. C'est pourquoi, tout irréalisables qu'elles puissent paraître, les utopies nous empêchent de nous satisfaire du monde tel qu'il est en réactivant sans cesse le fameux slogan de mai 68 : « Soyez réalistes, demandez l'impossible ! »

I. ……………………………………

II. ……………………………………

III. ……………………………………

**b.** Il serait finalement assez facile de concrétiser un idéal utopique, puisqu'il est dans l'intérêt de tous de bâtir un monde meilleur, mais cet objectif requiert une bonne volonté et une mobilisation qui peuvent paraître proprement illusoires, compte tenu des nombreux obstacles qui compromettent le rêve d'une société parfaite. D'ailleurs, un idéal de perfection n'est peut-être pas même souhaitable s'il impose un modèle prescriptif et donc restrictif. Les fictions d'anticipation décrivant des utopies réalisées devenues un cauchemar totalitaire semblent avoir encore de beaux jours devant elles.

I. ……………………………………

II. ……………………………………

III. ……………………………………

**2 a. Rédigez votre écriture personnelle sur une feuille, à l'aide des critères ci-dessous.**

**b. Échangez votre copie avec celle d'un autre étudiant en remplissant la grille.**

| Critères de réussite | Points positifs | Points à améliorer |
|---|---|---|
| La question est correctement traitée, sans hors sujet. | | |
| L'argumentation est cohérente et efficace. | | |
| Les exemples sont pertinents, bien exploités. | | |
| La forme de la réponse est claire, lisible, structurée. | | |
| La langue est correcte. | | |

# PROJET Réaliser une exposition sur les utopies devenues réalité

i-manuel

**Vous réaliserez une exposition sur des utopies devenues réalité, en vous répartissant en groupes. Chaque équipe mènera des recherches sur une communauté utopique en interrogeant les choix et les principes qui la caractérisent, ses conditions d'existence ainsi que ses limites ou obstacles. Vous synthétiserez votre présentation à l'aide d'un panneau explicatif et accrocheur.**

## Étape 1 Choisir une utopie existante

**À partir de la liste indicative suivante ou de vos recherches personnelles, sélectionnez un cas d'utopie réelle:**

- Arcosanti aux État-Unis ;
- Christiania au Danemark ;
- Equity aux État-Unis ;
- Gaia en Argentine ;
- Longo Maï en France ;
- Marinaleda en Espagne ;
- Masdar City aux Émirats arabes unis ;
- New Harmony aux État-Unis ;
- New Lanark au Royaume-Uni ;
- Ordos 100 en Mongolie intérieure.

*Laurent Weyl,* Abou Dabi, *Masdar City, 2015.*

*Mehdi Chebil,* Marinaleda, *2012.*

## Étape 2 Identifier les caractéristiques utopiques de cette société

**a. Dressez la liste des choix ou partis pris qui se rattachent à un mode de vie différent. Vous pouvez classer ces éléments selon des rubriques adaptées (économie, vie sociale, culture, écologie, architecture, etc.).**

**b. En quoi ces caractéristiques relèvent-elles de l'utopie?**

**c. Ce modèle vous fait-il particulièrement rêver? Pourquoi?**

**CONSEIL**

Répondez aux questions des étapes 2 et 3 sous forme de notes au brouillon. Elles vous serviront à réaliser votre exposition.

## Étape 3 Interroger la réussite de cette utopie

a. Quelles critiques peut-on opposer à ce choix de vie?

b. Cette utopie vous paraît-elle aisément réalisable? Reproductible? Précisez tout ce qui peut limiter ou entraver le succès ou l'expansion d'un tel modèle.

c. Cette utopie permet-elle de considérer autrement le monde qui nous entoure? Dressez la liste des problèmes auxquels elle nous sensibilise et, éventuellement, des solutions que chacun peut mettre en œuvre au quotidien (sans pour autant vivre en utopie).

## Étape 4 Synthétiser l'information

a. Classez les informations collectées dans des rubriques synthétiques (ex : « une cité idéale », « repenser l'habitat », etc.) qui vous permettront de construire votre affiche.

b. Intégrez dans chaque rubrique tous les éléments que vous souhaitez mettre en avant.

c. Vérifiez en groupe la cohésion de votre travail : tous les points à exposer sont-ils pris en compte? Figurent-ils dans la bonne rubrique? Chacune est-elle complète? Vos choix mettent-ils en valeur une réflexion pertinente?

**CONSEIL**

Choisissez vos propres formules, en fonction des particularités de l'utopie présentée. Prévoyez des titres accrocheurs et des rubriques qui permettent de faire le tour des problèmes et réflexions posés par votre sujet.

## Étape 5 Réaliser un panneau pour l'exposition

a. Choisissez un support adapté pour réaliser un ou plusieurs panneaux.

b. Comment mettrez-vous en relief l'essentiel? Quels grands aspects mettrez-vous en avant? Traduisez en peu de mots les informations à transmettre, tout en vérifiant la clarté et la précision des formules.

c. Trouvez des codes visuels permettant de mettre en valeur les informations (couleurs, titres, schémas, symboles, tableaux...).

d. Soignez tout particulièrement l'aspect visuel. Quelles images allez-vous intégrer? Préparez au brouillon la composition d'ensemble de votre affichage.

## Évaluez votre production

| Critères de réussite | Points positifs | Points à améliorer |
|---|---|---|
| Les caractéristiques de l'utopie ont été spécifiées. | | |
| Une réflexion a été menée sur l'efficacité de cette utopie. | | |
| L'affichage des informations est clair et synthétique. | | |
| La mise en forme de l'exposition est soignée et inventive. | | |

LIRE et VOIR

# À découvrir pour prolonger votre réflexion

## Un essai

***Éloge des mauvaises herbes : ce que nous devons à la ZAD*, ouvrage collectif dirigé par Jade Lindgaard (2018)**
Des intellectuels et écrivains montrent comment la ZAD de Notre-Dame-des-Landes nous suggère de nouvelles formes de vie et de liberté, dans un monde où tout est normé et homogénéisé.

## Un roman

**René Barjavel, *Ravage* (1943)**
Dans un futur soumis à la technologie, la nature reprend ses droits et plonge l'humanité dans le chaos, l'obligeant à reconstruire la civilisation sur de nouvelles fondations.

## Un film documentaire

**Cyril Dion et Mélanie Laurent, *Demain* (2015)**
Ce *road movie* documentaire explore, à travers dix pays et cinq volets thématiques, des initiatives concrètes pour faire face aux problèmes environnementaux et sociaux du XXI$^{e}$ siècle.

# BILAN

i-manuel

## Dans ce chapitre...

- Quels documents vous ont particulièrement frappé(e) ou intéressé(e) ? Pourquoi ?
- Quelles idées importantes avez-vous retenues ?
- Votre opinion à propos des thèmes étudiés a-t-elle évolué ?

## La préparation à l'examen

- Quels points de méthode maîtrisez-vous mieux à la fin du chapitre ?
- Lesquels vous semblent encore difficiles ? Pourquoi ?
- Quels sont vos objectifs pour le prochain chapitre ?

# Chapitre 12
# Des animaux et des hommes

**Hubert Charuel, *Petit paysan*, 2017**

*Ce film raconte l'histoire d'un jeune éleveur qui craint que les services sanitaires abattent son troupeau, car l'une de ses vaches est malade.*



## Pour se lancer !

1. Quelle est votre réaction en voyant cette photographie ? Pourquoi ?
2. Selon vous, peut-on s'attacher à un animal destiné à être mangé ?
3. Selon vous et d'après ce document, quels seront les thèmes abordés dans ce chapitre ?

# CORPUS 1 Adieu veau, vache, cochon…

## Document 1 — Plutarque, *Sur l'usage des viandes*, fin du Ier - début du IIe siècle

Je vous demande avec étonnement quel motif ou plutôt quel courage eut celui qui le premier approcha de sa bouche une chair meurtrie, qui toucha de ses lèvres les membres sanglants d'une bête expirante, qui fit servir sur sa table des corps morts et des cadavres, et dévora des membres qui, le moment d'auparavant, bêlaient, mugissaient, marchaient et voyaient ? Comment ses yeux purent-ils soutenir l'aspect d'un meurtre ? comment put-il voir égorger, écorcher, déchirer un faible animal ? comment put-il en supporter l'odeur ? comment ne fut-il pas dégoûté et saisi d'horreur quand il vint à manier l'ordure de ces plaies, à nettoyer le sang noir qui les couvrait ?

*Les peaux rampaient encor sur la terre écorchées ;*
*Les chairs dans son foyer mugissaient embrochées ;*
*Et l'homme dans son sein les entendit gémir.*

Ces vers d'Homère ne sont qu'une fiction ; mais quel repas monstrueux que d'assouvir sa faim d'animaux encore mugissants, que de se faire apprêter des bêtes qui respiraient, qui parlaient encore, que de prescrire la manière de les cuire, de les assaisonner et de les servir ! C'est de ceux qui commencèrent ces horribles festins, et non de ceux qui les ont enfin quittés, qu'on a lieu de s'étonner. Encore les premiers qui osèrent manger la chair des animaux pouvaient-ils s'excuser sur la nécessité. Ce ne fut pas pour satisfaire des goûts désordonnés, ni dans l'abondance des commodités de la vie, que, par une sensualité barbare, ils recherchèrent des plaisirs réprouvés par la nature et par l'humanité. S'ils pouvaient renaître aujourd'hui et recouvrer le sentiment et la voix, ils nous diraient :

« Heureux mortels, quelle faveur les dieux vous ont faite, de vous réserver pour un temps où la nature vous prodigue toutes sortes de biens ! que de richesses elle fait éclore pour vous ! quels vignobles à vendanger ! quelles moissons à recueillir ! de quels fruits délicieux les arbres sont chargés ! Vous pouvez jouir de toutes ces richesses sans jamais souiller vos mains. Nous, au contraire, nous avons vécu dans le temps le plus dur et le plus misérable, où le monde, nouvellement formé, ne nous offrait aucune ressource contre la plus affreuse misère.

**Discours premier. Traduit du grec par Dominique Ricard, XIXe siècle.**

**Plutarque (46-125)**
**La pensée de ce philosophe gréco-latin s'inscrit dans l'héritage de Platon. *Les Vies parallèles* sont son œuvre majeure, dans laquelle il compare le destin de grandes figures grecques et romaines, dans une visée morale.**

## COMPARER LES DOCUMENTS 1 ET 2

i-manuel

**1 Quel est le thème commun aux deux textes ?**

**2 Résumez en une phrase la thèse défendue par chacun des textes.**

**3 Relevez les idées communes aux deux textes, puis celles qui leur sont propres.**

**4 Selon vous, quels autres points de vue pourraient être défendus dans les documents 3 et 4 (p. 186-187) ?**

## Document 2 — Jonathan Safran Foer, *Faut-il manger les animaux ?*, 2009

Les porcs sont tout aussi intelligents et sensibles que les chiens, au sens le plus raisonnable de ces adjectifs. Certes ils ne peuvent pas bondir sur la banquette arrière d'une Volvo, mais ils sont capables d'aller chercher, de courir et de jouer, de se montrer espiègles et de rendre l'affection qu'on leur donne. Alors pourquoi n'ont-ils pas le droit de se lover près du feu ? Pourquoi ne leur épargne-t-on pas au moins de passer à la broche ?

Le tabou nous interdisant de manger les chiens révèle quelque chose à leur sujet, et nous en apprend beaucoup sur nous.

Les Français, qui adorent leurs chiens, mangent parfois leurs chevaux.

Les Espagnols, qui adorent leurs chevaux, mangent parfois leurs vaches.

Les Indiens, qui adorent leurs vaches, mangent parfois leurs chiens.

Quoique écrits dans un contexte très différent, les mots de George Orwell[1] dans *La Ferme des animaux* peuvent s'appliquer ici : « Tous les animaux sont égaux, mais certains sont plus égaux que d'autres. » La protection apportée à tel ou tel animal n'est pas une loi de la nature ; elle découle des histoires que nous racontons sur la nature.

Alors qui est dans le vrai ? Quelles peuvent être les raisons conduisant à exclure la viande canine de nos menus ? Le carnivore sélectif répondra sans doute : *Ne mangez pas vos animaux de compagnie.* Mais les chiens ne sont pas considérés comme des compagnons dans les endroits où on les mange. Et qu'en est-il de nos voisins qui n'ont pas d'animaux chez eux ? Serions-nous en droit d'élever des objections s'ils mangeaient du chien au dîner ?

Entendu, alors dans ce cas : *Ne mangez pas les animaux ayant des capacités mentales significatives.* Si par « capacités mentales significatives » nous entendons le genre de capacités que possède un chien, alors c'est parfait pour les chiens. Mais une telle définition s'appliquerait aussi aux porcs, vaches, poulets et à de nombreuses espèces d'animaux marins.

**« Tout ou rien, ou quelque chose d'autre », 1, « Plaidoyer pour manger les chiens ». Traduit de l'américain par Gilles Berton et Raymond Clarinard.**

1. Romancier britannique.

**Jonathan Safran Foer (né en 1977)**
Ce romancier américain a connu une reconnaissance internationale avec son essai *Faut-il manger les animaux ?*, vaste enquête sur les filières de la viande aux États-Unis, qui l'a conduit à devenir végétarien.

## Le BTS autrement — MENER UNE RECHERCHE

i-manuel

**5 Choisissez une association de défense des animaux (par exemple : WWF, SPA, L214, PETA, etc.) et recherchez les informations suivantes :**

**a.** Que dénonce-t-elle à propos des animaux ?
**b.** Quels sont ses arguments ?
**c.** Vous convainquent-ils ? Pourquoi ?
**d.** Que propose-t-elle pour les protéger ?
**e.** Quels sont ses principaux modes d'action ?
**f.** Vous semblent-ils efficaces ?

## Document 3 Corentin Lacoste, « Végétarienne de naissance, je n'ai goûté de la viande qu'à 13 ans », *Le Monde*, 2017

*Natica Bartkowiak, 38 ans, a grandi dans une famille végétarienne à une époque où c'était peu courant. Elle regrette ce mode de vie subi qui l'a longtemps mise à part.*

[...] Quand tu es enfant, les gens font un effort si tu ne manges pas d'un aliment. Mais en voyant mes parents demandant, à chaque invitation, à chaque sortie au restaurant, si le plat avait été cuisiné avec de la viande, j'ai compris que c'était un problème, notamment pour la sociabilisation.

Nous devions refuser à chaque fois que l'un de nos voisins algériens nous proposait de partager son couscous parce que la viande avait été cuite avec le reste. Moi-même, je ne mangeais jamais à la cantine en primaire.

**Repenser toute son alimentation**

Le problème s'est aussi posé lorsque je suis allée en classe de neige. Mes parents avaient acheté tout un tas de courses et m'ont fait partir avec des sacs énormes contenant du riz complet, du boulgour et du millet. On pense souvent que le végétarisme, c'est juste l'absence de viande, mais en réalité c'est repenser toute son alimentation pour n'avoir aucune carence.

À l'adolescence, je me suis retrouvée tiraillée entre les convictions que l'on m'avait inculquées et mon envie d'être comme tout le monde. C'est un âge où l'on veut s'identifier à ses amis donc si on ne mange pas pareil, c'est mal parti !

J'ai franchi le pas à 13 ans. Ce n'était pas du tout quelque chose de réfléchi. J'étais chez ma voisine d'en face. À l'apéritif, elle a apporté du crabe et j'ai demandé à y goûter. Elle était affolée. Elle a téléphoné à mon père et, là, c'est moi qui étais affolée. J'ai pensé que j'allais me faire rejeter par ma famille parce que je les avais trahis. Mais ils ont dit oui. Je n'ai pas trouvé cela exceptionnel mais j'étais contente : j'avais goûté.

**Je ressentais de la culpabilité**

Après cet épisode, je savais que j'avais le droit d'en manger mais ce n'est pas pour autant que je le faisais. Cela a été progressif : j'essayais une nouvelle chose tous les trois mois. Certes, je ressentais de la culpabilité mais plus vis-à-vis des animaux que de mes parents qui, eux, étaient d'accord.

Finalement, mon geste a révolutionné le fonctionnement familial : quelques mois plus tard, ma mère se remettait à cuisiner et à manger de la viande. Mon petit frère avait alors 1 an et elle voulait qu'il ait une alimentation équilibrée sans avoir besoin de calculer tous les apports nutritionnels.

Pour mon père, c'était beaucoup plus difficile à cause de ses convictions. Paradoxalement, mon frère, élevé avec une alimentation classique, a très vite préféré le végétarisme.

i-manuel

## COMPARER LES DOCUMENTS 1, 2, 3 ET 4

**1** **Quel lien les documents 3 et 4 entretiennent-ils entre eux ? et avec les documents 1 et 2 (p. 184-185) ?**

**2** **Quels arguments en faveur de la consommation de viande le document 3 donne-t-il ?**

**3** **Comment le document 4 met-il en valeur la consommation de viande ?**

**4** **Entre les documents 1 et 4, lesquels vous semblent les plus convaincants ? Pourraient-ils faire évoluer vos habitudes alimentaires ? Débattez de ces questions en fondant votre prise de parole sur des arguments et des exemples.**

## Document 4 Affiche promouvant la viande de bœuf

## Le BTS autrement — RÉALISER UNE AFFICHE PUBLICITAIRE

i-manuel

**5** Imaginez une affiche qui, à la manière du document 4, prônerait le végétarisme au lieu de la consommation de viande. Vous pouvez la réaliser à partir d'une photographie, d'un dessin, d'un collage. Pensez aux arguments que l'on pourrait donner et transformez-les en slogan accrocheur.

MÉTHODE

# Rédiger le développement

> **CONSEIL**
> Les liens logiques soulignent la structure de votre synthèse et comparent efficacement les documents. Vous pouvez vous reporter à la fiche de la page 240.

## Activités

**1** **a. Classez les liens logiques suivants dans le tableau ci-dessous.**

parce que – mais – toutefois – aussi – donc – de même – cependant – également – similairement – ainsi – c'est pourquoi – car – au contraire

| Cause | Conséquence | Rapprochement | Opposition |
|---|---|---|---|
| | | | |

**b. Complétez le paragraphe suivant avec des liens logiques cohérents.**

*Les quatre documents du corpus abordent le thème de la consommation de viande. ……., ils ne défendent pas le même point de vue. Le texte de Plutarque dénonce la cruauté d'une telle pratique, ………… le texte de Jonathan Safran Foer. ………., les deux autres documents ne présentent pas cette consommation comme un interdit.*

**2** **Reformulez avec vos propres mots, synthétiquement, l'idée principale des citations suivantes.**

Ex. : « Les Français, qui adorent leurs chiens, mangent parfois leurs chevaux. Les Espagnols, qui adorent leurs chevaux, mangent parfois leurs vaches. » (doc. 2, p. 185)
> Chaque culture a ses propres habitudes et interdits alimentaires des espèces animales.

**a.** « Je vous demande avec étonnement quel motif ou plutôt quel courage eut celui qui le premier approcha de sa bouche une chair meurtrie, qui toucha de ses lèvres les membres sanglants d'une bête expirante, qui fit servir sur sa table des corps morts et des cadavres, et dévora des membres qui, le moment d'auparavant, bêlaient, mugissaient, marchaient et voyaient. » (doc. 1, p. 184)

……………………………………………………………………

……………………………………………………………………

**b.** « Certes ils ne peuvent pas bondir sur la banquette arrière d'une Volvo, mais ils sont capables d'aller chercher, de courir et de jouer, de se montrer espiègles et de rendre l'affection qu'on leur donne. Alors pourquoi n'ont-ils pas le droit de se lover près du feu ? » (doc. 2, p. 185)

……………………………………………………………………

……………………………………………………………………

**c.** « À l'adolescence, je me suis retrouvée tiraillée entre les convictions que l'on m'avait inculquées et mon envie d'être comme tout le monde. C'est un âge où l'on veut s'identifier à ses amis donc si on ne mange pas pareil, c'est mal parti ! » (doc. 3, p. 186)

……………………………………………………………………

……………………………………………………………………

> **CONSEIL**
> Dans la synthèse, il est demandé de reformuler efficacement les textes. On peut citer des passages entre guillemets, à condition qu'ils soient courts et commentés. Vous pouvez vous reporter à la fiche de la page 234.

**3** **Voici un paragraphe de synthèse efficace, portant sur les documents du corpus 1 (p. 184-187). Identifiez dans la marge ses qualités.**

La consommation de viande pose la question de la culpabilité du consommateur. Le texte de Plutarque est accusateur, avec ses questions rhétoriques qui demandent comment un homme a pu cruellement le premier tuer un animal pour le manger. On retrouve de telles questions accusatrices dans le texte de Jonathan Safran Foer, qui demande pourquoi l'on tue les porcs pour les manger, alors qu'on ne le ferait pas pour les animaux de compagnie, qui ne sont pas plus sensibles ou intelligents. Natica Bartkowiak, interrogée dans *Le Monde*, a ressenti cette culpabilité lorsqu'elle a mis un terme à son régime végétarien. Mais l'affiche promouvant la consommation de bœuf s'amuse de cette culpabilité que certains partisans du végétarianisme veulent susciter chez les carnivores. La phrase « Mes recettes ont déjà fait beaucoup de victimes » a ainsi un double sens : les victimes sont les bêtes abattues mais aussi les invités de la femme sur l'affiche, qui succombent à ses plats carnés. Ainsi le publicitaire désamorce-t-il cette question de la culpabilité, en affirmant qu'il faut l'assumer.

**4** **Réécrivez ce paragraphe afin de le rendre plus efficace.**

Dans l'article du *Monde*, Natica Bartkowiak dit : « en voyant mes parents demandant, à chaque invitation, à chaque sortie au restaurant, si le plat avait été cuisiné avec de la viande, j'ai compris que c'était un problème, notamment pour la sociabilisation. Nous devions refuser à chaque fois que l'un de nos voisins algériens nous proposait de partager son couscous parce que la viande avait été cuite avec le reste. » L'affiche promouvant la consommation de viande souligne aussi que la consommation de viande est un acte de sociabilité.

**5** **a. Rédigez un paragraphe de synthèse montrant que la consommation de viande peut sembler inhumaine, en vous aidant de la grille de critères ci-dessous.**
**b. Échangez votre copie avec celle d'un autre étudiant et remplissez la grille.**

| Critères de réussite | Points positifs | Points à améliorer |
|---|---|---|
| Le paragraphe est clairement construit. | | |
| Les documents sont comparés. | | |
| Les références aux documents sont synthétiques. | | |
| La langue est correcte. | | |

CORPUS 2

# Peut-on comparer les animaux aux hommes ?

## SUJET

Peut-on comparer les animaux aux hommes ?

**Vous répondrez à cette question d'une façon argumentée en vous appuyant sur les documents du corpus 2 (p. 191-193), vos lectures et vos connaissances personnelles.**

### Premières intuitions

**1** Spontanément, que répondriez-vous à cette question ?

**2** Dans le cadre ci-dessous, notez librement toutes les idées qui vous viennent à l'esprit, en rapport avec le sujet.

### Analyse du sujet

**3** Entourez dans le sujet les mots-clés permettant de construire votre réflexion.

Peut-on comparer les animaux aux hommes ?

**4** Donnez pour chacun de ces mots-clés des synonymes et des antonymes.

**5** Reformulez le sujet avec vos propres mots.

## CONSTRUIRE SA RÉFLEXION

**Lisez les documents du corpus 2 (p. 191-193) pour nourrir votre réflexion et réaliser les activités de la Méthode (p. 194-195).**

### Document 1 — Mark Bekoff, *Les Émotions des animaux*, 2007

Lorsqu'ils jouent, les animaux manifestent une réelle équité et réagissent négativement face à un comportement inique[1]. Dans ce contexte, « l'équité » se rapporte aux attentes sociales particulières d'un individu et non à quelque critère universel définissant ce qui est bien ou mal. Si j'attends d'un ami qu'il joue avec moi et s'il se comporte de manière agressive – en me dominant ou en me frappant au lieu de coopérer et de « jouer » avec moi –, j'aurai alors le sentiment d'être injustement traité, du fait d'un manquement à l'étiquette sociale. En étudiant les détails et la dynamique du comportement ludique des animaux, on a découvert qu'ils présentent un sens de l'équité similaire. Nous savons, par exemple, que les animaux ont des attentes sociales : ils sont surpris si le jeu ne se déroule pas « bien », il faut un supplément de communication pour que le jeu puisse continuer. Prenons un exemple : si, au cours du jeu, un chien devient trop sûr de lui, trop agressif, ou qu'il essaye de copuler, sa camarade de jeu va peut-être hocher la tête et plisser les yeux comme si elle demandait ce qui « ne va pas ». L'espace d'un instant, la rupture de confiance interrompt le jeu ; il ne se poursuit que si le compagnon de jeu « s'excuse » en indiquant par des gestes (comme le *play bow*[2]) qu'il a l'intention de continuer à jouer.

Le jeu en société repose donc sur une « base d'équité ». Il n'a lieu que si les animaux consentent à coopérer, s'ils n'ont d'autre programme que de jouer et si, le temps du jeu, ils neutralisent ou mettent de côté les inégalités de taille ou de rang. Comme nous le verrons, les petits animaux peuvent jouer avec les grands, et il en va de même pour les individus situés en haut et en bas de l'échelle. Mais ce n'est plus le cas si l'un d'eux tire parti de sa force ou de son statut.

Le jeu est un type de comportement à part, dans la mesure où les inégalités y sont mieux tolérées que dans d'autres contextes sociaux. Il ne peut pas avoir lieu si les individus choisissent de ne pas s'impliquer dans l'activité. L'égalité ou l'équité nécessaires à sa poursuite distinguent le jeu des autres formes de coopération (comme la chasse et le travail). C'est peut-être la seule activité à caractère égalitaire. Si nous définissons la justice ou la moralité comme un ensemble de règles et d'attentes sociales neutralisant les différences entre les individus dans un effort d'harmonie collective, c'est exactement ce que nous rencontrons dans le jeu animal.

**Traduit de l'anglais par Nicolas Waquet, 2009.**

**Mark Bekoff (né en 1945)**
Cet universitaire américain est spécialiste de biologie et d'écologie. Vegan, il milite pour le respect des animaux, dont il étudie le comportement et les capacités intellectuelles.

1. Injuste.
2. Mouvement de l'animal exprimant son envie de jouer avec un autre.

## MOBILISER DES EXEMPLES

i-manuel

**1** **D'après le texte, que signifie le terme « équité » ?**

**2** **Quel rapport peut-on établir entre ce texte et le sujet d'écriture personnelle (p. 190) ?**

**3** **Dans quelle mesure ce texte confirme-t-il ou non vos premières intuitions à propos du sujet ?**

# Peut-on comparer les animaux aux hommes ?

## Document 2 James Marsh, *Le Projet Nim*, 2011

***Ce documentaire retrace l'histoire de Nim, chimpanzé ayant fait l'objet d'une expérience universitaire aux États-Unis : élevé comme un enfant, il apprenait la langue des signes. Ses anciens professeurs témoignent.***

**A**

BILL TYNAN. On cherchait à observer son apprentissage de la langue des signes. Intéressant d'un point de vue intellectuel. Intéressant de comprendre les similitudes et les différences entre nous. Il était très mignon. Il posait pour *New York Magazine*. Il y avait un programme quotidien. On devait enseigner tels et tels signes à Nim, et on devait aussi lui inculquer les gestes du quotidien. S'habiller, se déshabiller, ce genre de choses.

**B**

RENEE FALITZ. Ça faisait mal quand il mordait. Quand il mordait la main, il touchait le nerf, on le sentait dans tout le bras. Il y avait des conflits, on se réconciliait. En prenant cet air, il s'excusait. « Si je lui dis ça, elle me pardonnera. » J'étais proche d'un chimpanzé, je parlais à une autre espèce !

**C**

JOYCE BUTLER. Ce signe signifie « sale ». On s'en servait pour les toilettes, c'était son jargon. Je lui faisais réviser des signes, ça l'ennuyait vite. Il demandait les toilettes. Là, j'ai compris : « Petit salopard, tu as fait ce signe pour quitter cette pièce, tu voulais partir. »

### MOBILISER DES EXEMPLES

i-manuel

**1** **Quel est le but du Projet Nim ? Quel est son lien avec le sujet d'écriture personnelle (p. 190) ?**

**2** **Nim vous semble-t-il plus proche de l'animal ou de l'humain ? Justifiez votre réponse.**

## Document 3 — Évelyne Pieiller, « Retour au jardin d'Éden », *Le Monde diplomatique*, 2018

Comment rendre impossible la discrimination, donc rechercher les conditions de l'égalité avec les vivants non humains ? D'abord, en reconnaissant qu'il n'y a pas de différence de nature entre « eux » et « nous », mais seulement de degré, au fil d'un continuum. S'appuyant, parfois intrépidement, sur la biologie, les neurosciences et l'éthologie[1], souvent illustrées par des considérations sur le comportement des grands singes, cette thèse du continuum opposée à la rupture rappelle que nous partageons plus de 98 % de notre patrimoine génétique avec les chimpanzés. Ensuite, en acceptant qu'il y ait une multiplicité de formes d'intelligence : « *Depuis plusieurs décennies, l'éthologie prouve qu'aucun de ces fameux attributs dont l'homme prétend posséder l'exclusif apanage ne lui est absolument propre. Que certains animaux ont aussi, à leur manière, à un autre degré, ce que nous appelons la conscience, la raison, la moralité, la culture, etc.* », rappelle le juriste et philosophe Jean-Baptiste Jeangène Vilmer. Qui n'a entendu vanter dans les médias l'esprit du poulpe, les ressources des bonobos, les potentialités des dauphins ? Mais c'est encore là rester dans cette grille « anthropocentrée », et donc discriminante, qui valide l'intelligence, le « propre de l'homme », comme standard identifiant le droit à l'égalité. Un autre critère va donc être postulé, autrement déterminant pour accueillir, sinon dépasser, l'altérité et fonder l'égalité : la perception de la souffrance et ses implications. « *Si un être souffre, il ne peut y avoir de justification morale pour refuser de tenir compte de cette souffrance*, explique Peter Singer. *Quelle que soit la nature de l'être qui souffre, le principe d'égalité exige que sa souffrance soit prise en compte autant qu'une souffrance similaire - pour autant que des comparaisons grossières soient possibles - de tout être. Dans le cas où un être n'est pas capable de souffrir, ou de ressentir de la joie ou du bonheur, il n'y a rien à prendre en compte. C'est pourquoi c'est la sensibilité (pour employer cette expression courte, mais légèrement inexacte, pour parler de la capacité à souffrir et/ou ressentir le plaisir) qui seule est capable de fournir un critère défendable pour déterminer où doit s'arrêter la prise en compte des intérêts des autres. Limiter cette prise en compte selon tout autre critère, comme l'intelligence ou la rationalité, serait la limiter de façon arbitraire - pourquoi choisir tel critère plutôt qu'un autre, comme la couleur de la peau ?* »

1. Étude du comportement des animaux.

## MOBILISER DES EXEMPLES

i-manuel

**3** **Que signifie l'adjectif « anthropocentrée » (l. 22) ?**

**4** **Pourquoi le critère de la ressemblance entre les animaux et les hommes n'est pas satisfaisant pour fonder le droit des animaux ?**

**5** **D'après l'article, quel critère semble plus pertinent ?**

**6** **Ce texte a-t-il modifié votre position par rapport au sujet d'écriture personnelle ? Pourquoi ?**

# Rédiger le développement

## Activités

**1 Classez les expressions suivantes selon qu'elles introduisent une concession ou une contradiction.**

toutefois – mais – certes – cependant – quoique – pourtant – à l'inverse – bien que – même si – néanmoins – malgré

| Concession | Contradiction |
|---|---|
| | |

**2 Réécrivez les phrases suivantes en y ajoutant des expressions qui introduisent la concession ou la contradiction, afin d'en restituer le raisonnement.**

**CONSEIL**

La première phrase de chaque paragraphe doit exprimer l'idée qui sera développée. Ainsi le lecteur repère-t-il plus facilement la structure du raisonnement.

**a.** Les animaux semblent exprimer des émotions similaires à celles des humains. Nous projetons souvent nos sentiments sur une réalité qui reste indéchiffrable.

**b.** Aucun animal ne peut utiliser un langage articulé. Il est possible de communiquer avec eux.

**c.** Nous ne pouvons pas savoir ce que pensent exactement les animaux. Des tests scientifiques ont prouvé que de nombreuses espèces sont douées de conscience.

**3 Voici un plan de réponse élaboré au brouillon. Transformez les titres de parties et de sous-parties en phrases rédigées, annonçant clairement l'idée qui sera développée. Veillez à ce qu'aucune phrase n'en contredise une autre : employez des expressions concessives si nécessaire.**

**I. Animaux ≠ Humains**

**A.** Le langage

**B.** La science/la technique

**C.** L'art

**II. Animaux pas si différents des humains ?**

**A.** Sensibilité

**B.** Organisation sociale

**C.** Communication animaux/humains

**4 Voici une sous-partie d'écriture personnelle efficace. Identifiez dans la marge ses points forts.**

On pourrait penser que la morale ou l'éthique sont le propre de l'humanité, tandis que les animaux, guidés par leur instinct, n'auraient pas de telles préoccupations. L'universitaire Mark Bekoff, spécialiste du comportement animal, nous invite pourtant à nuancer fortement cette idée. En effet, dans son essai *Les Émotions des animaux*, le scientifique explique comment lorsqu'ils jouent, les chiens respectent le principe d'équité, en contrôlant leur force lorsqu'ils s'amusent avec un congénère plus petit. Celui qui ne respecte pas ce principe peut être exclu du jeu. Ainsi peut-on considérer que certains comportements animaux ont une dimension morale, que Mark Bekoff assimile dans son exemple à un sens de la justice. C'est pourquoi on ne peut définir l'humanité uniquement par le respect de valeurs morales, puisqu'elles ne lui sont pas propres.

**5 a. Rédigez un paragraphe qui montrera que le langage n'est pas le propre de l'homme.**

**b. Échangez votre copie avec celle d'un autre étudiant en remplissant la grille ci-dessous.**

| Critères de réussite | Points positifs | Points à améliorer |
|---|---|---|
| Le paragraphe est clairement construit. | | |
| L'argumentation est claire et logique. | | |
| Les exemples sont pertinents et bien exploités. | | |
| La langue est correcte. | | |

PROJET

# Mener un débat

i-manuel

**Vous débattrez de la question suivante : « Faut-il privilégier le droit des animaux sur le respect des traditions ? » Pour préparer ce débat, vous mènerez des recherches, formulerez des arguments que vous illustrerez par des exemples précis et illustrés. Lors de la discussion, vous serez attentif à la qualité des échanges, sur le fond et sur la forme.**

## Étape 1 > Réfléchir à la question du débat

**a. Notez ci-dessous toutes les idées que vous associez spontanément aux termes du débat. Vous pouvez penser à des synonymes, des antonymes (mots contraires), des exemples, etc.**

– droit des animaux : ……………………………………………………

– respect des traditions : ……………………………………………………

**b. Spontanément, que répondriez-vous à la question du débat ?**

……………………………………………………

## Étape 2 > Mener des recherches

**a. Choisissez un exemple de tradition dans la liste suivante ou parmi ceux trouvés à l'étape 1 : la corrida, le foie gras, les courses hippiques, le cirque, les zoos, la chasse et la pêche, etc.**

Tradition choisie : ……………………………………………………

**b. Cherchez au moins un article dénonçant cette tradition et un autre la défendant. Remplissez le tableau ci-dessous.**

| | Article 1 | Article 2 |
|---|---|---|
| Références (source, titre, auteur, date) | | |
| Thèse défendue | | |
| Principaux arguments | | |
| Votre opinion à propos de ces arguments | | |

**c. Votre opinion a-t-elle évolué après avoir étudié cet exemple ?**

……………………………………………………

## Étape 3 Formuler des arguments

**a. Choisissez le point de vue que vous défendrez :**

– La défense des traditions prime sur le droit des animaux.

– Le droit des animaux prime sur les traditions.

– Ma position est nuancée.

**b. Formulez au moins deux arguments soutenant votre thèse. Illustrez-les.**

**Argument 1 :** ..........................................................................................

..........................................................................................

Exemple 1 : ..........................................................................................

..........................................................................................

**Argument 2 :** ..........................................................................................

..........................................................................................

Exemple 2 : ..........................................................................................

..........................................................................................

## Étape 4 Mener le débat

**a. Dans la classe, installez-vous en fonction de la thèse que chacun défendra. Désignez une personne chargée d'attribuer la parole, une autre chargée d'observer la qualité des arguments et des exemples, une autre chargée d'observer la qualité de la langue.**

**b. Pendant le débat, prenez en notes les arguments et exemples des débatteurs. Levez la main pour demander la parole. Soyez attentif à votre niveau de langue et soyez synthétique lors de vos interventions.**

**c. À la fin du débat, élisez le meilleur débatteur de chaque groupe.**

## Évaluez votre participation

| Critères de réussite | Points positifs | Points à améliorer |
|---|---|---|
| Je suis intervenu(e) à bon escient dans le débat. | | |
| Mes arguments étaient convaincants. | | |
| Mes exemples étaient clairs et pertinents. | | |
| L'expression était soignée. | | |

LIRE et VOIR

# À découvrir pour prolonger votre réflexion

## Un essai

**Jacques Vauclair, *L'Intelligence de l'animal* (2017)**
Jacques Vauclair, professeur de psychologie se fondant sur les travaux de zoologistes et de biologistes, explique pourquoi l'intelligence animale nous permet de mieux comprendre la nôtre.

## Un roman

**Isabelle Sorente, *180 jours* (2013)**
180 jours, c'est le temps qui sépare la naissance d'un porc de son abattage. Martin Enders va découvrir le monde de l'élevage industriel pour les besoins de son travail universitaire : sa vie s'en trouvera bouleversée.

## Un film

**Maud Alpi, *Gorge cœur ventre* (2016)**
Boston, chien dont le maître travaille dans un abattoir, nous fait découvrir la violence de cet univers, dans un film tourné à la manière d'un documentaire.

BILAN

i-manuel

## Dans ce chapitre...

- **Quels documents vous ont particulièrement frappé(e) ou intéressé(e) ? Pourquoi ?**
- **Quelles idées importantes avez-vous retenues ?**
- **Votre opinion à propos des thèmes étudiés a-t-elle évolué ?**

## La préparation à l'examen

- **Quels points de méthode maîtrisez-vous mieux à la fin du chapitre ?**
- **Lesquels vous semblent encore difficiles ? Pourquoi ?**
- **Quels sont vos objectifs pour le prochain chapitre ?**

## PRÉPARATION À L'EXAMEN



## MÉTHODE



## LANGUE ET EXPRESSION



## FRANÇAIS PROFESSIONNEL

# EXAMEN Sujet commenté

**PREMIÈRE PARTIE : SYNTHÈSE DE DOCUMENTS** (40 POINTS)
**Vous rédigerez une synthèse objective, concise et ordonnée des documents 1 à 4 (p. 200 à 203).**

**SECONDE PARTIE : ÉCRITURE PERSONNELLE** (20 POINTS)
**Existe-t-il une éducation idéale ?**

**Vous répondrez à cette question d'une façon argumentée, en vous fondant sur les textes du corpus, vos lectures et vos connaissances personnelles.**

Lisez le sujet d'écriture personnelle avant les documents du corpus : les deux sont liés.

Soyez attentif au nom des auteurs, au titre et à la date des documents, fournis par le paratexte.

## Document 1 Jean-Jacques Rousseau, *Émile ou De l'éducation*, 1762

***Dans cet essai, l'auteur imagine un enfant, Émile, dont il ferait l'éducation idéale. Lors d'une leçon de géographie sur la forêt de Montmorency, le garçon exprime son désintérêt pour cette discipline qu'il trouve théorique. Jean-Jacques cherche un moyen de lui en faire comprendre l'intérêt.***

Bien qu'il donne des informations utiles, le chapeau introducteur ne fait pas partie du document : vous ne pouvez pas le citer dans votre synthèse.

Le lendemain matin, je lui propose un tour de promenade avant le déjeuner ; il ne demande pas mieux ; pour courir, les enfants sont toujours prêts, et celui-ci a de bonnes jambes. Nous montons dans la forêt, nous parcourons les champeaux, nous nous égarons, nous ne savons plus où nous sommes ; et, quand il s'agit de revenir, nous ne pouvons plus retrouver notre chemin. Le temps se passe, la chaleur vient, nous avons faim ; nous nous pressons, nous errons vainement de côté et d'autre, nous ne trouvons partout que des bois, des carrières, des plaines, nul renseignement pour nous reconnaître. Bien échauffés, bien recrus, bien affamés, nous ne faisons avec nos courses que nous égarer davantage. Nous nous asseyons enfin pour nous reposer, pour délibérer. Émile, que je suppose élève comme un autre enfant, ne délibère point, il pleure ; il ne sait pas que nous sommes à la porte de Montmorency, et qu'un simple taillis nous le cache ; mais ce taillis est une forêt pour lui, un homme de sa stature est enterré dans des buissons.

Après quelques moments de silence, je lui dis d'un air inquiet : Mon cher Émile, comment ferons-nous pour sortir d'ici ?

ÉMILE, *en nage, et pleurant à chaudes larmes*. Je n'en sais rien. Je suis las ; j'ai faim ; j'ai soif ; je n'en puis plus.

JEAN-JACQUES. Me croyez-vous en meilleur état que vous ? et pensez-vous que je me fisse faute de pleurer, si je pouvais déjeuner de mes larmes ? Il ne s'agit pas de pleurer, il s'agit de se reconnaître. Voyons votre montre ; quelle heure est-il ?

ÉMILE. Il est midi et je suis à jeun.

JEAN-JACQUES. Cela est vrai, il est midi, et je suis à jeun.

ÉMILE. Que vous devez avoir faim !

JEAN-JACQUES. Le malheur est que mon dîner ne viendra pas me chercher ici. Il est midi : c'est justement l'heure où nous observions hier de Montmorency la position de la forêt. Si nous pouvions de même observer de la forêt la position de Montmorency !...

ÉMILE. Oui ; mais hier nous voyions la forêt, et d'ici nous ne voyons pas la ville.

JEAN-JACQUES. Voilà le mal... Si nous pouvions nous passer de la voir pour trouver sa position !...

ÉMILE. Ô mon bon ami !

Un corpus peut comporter des textes littéraires classiques, qui font écho aux enjeux du monde contemporain.

JEAN-JACQUES. Ne disions-nous pas que la forêt était...
ÉMILE. Au nord de Montmorency.
JEAN-JACQUES. Par conséquent Montmorency doit être...
ÉMILE. Au sud de la forêt.
JEAN-JACQUES. Nous avons un moyen de trouver le nord à midi ?
ÉMILE. Oui, par la direction de l'ombre.
JEAN-JACQUES. Mais le sud ?
ÉMILE. Comment faire ?
JEAN-JACQUES. Le sud est à l'opposé du nord.
ÉMILE. Cela est vrai ; il n'y a qu'à chercher l'opposé de l'ombre. Oh ! Voilà le sud ! Voilà le sud ! sûrement Montmorency est de ce côté !
JEAN-JACQUES. Vous pouvez avoir raison : prenons ce sentier à travers le bois.
ÉMILE, *frappant des mains, et poussant un cri de joie.* Ah ! Je vois Montmorency ! Le voilà tout devant nous, tout à découvert. Allons déjeuner, allons dîner, courons vite : l'astronomie est bonne à quelque chose.

**Document 2** **Geoffroy, *Institutrice et ses élèves*, XIXe siècle**

Le corpus peut comporter des documents iconographiques variés : tableaux, sculptures, dessins, photographies, affiches, publicités, etc.

## Document 3 Annie Ernaux, *La Honte*, 1997

***Dans ce récit autobiographique, l'auteure, fille de petits commerçants, excellente élève, raconte notamment sa scolarité dans une école privée catholique.***

En 51-52, je suis en septième - cours moyen deuxième année de l'école primaire publique - chez Mlle L., dont la réputation de terreur est connue bien avant de l'avoir comme maîtresse. En huitième, à travers la cloison, nous l'avons entendue constamment vociférer et cingler les bureaux de sa règle. Aux sorties du midi et du soir, sans doute à cause de sa voix puissante, elle sert d'aboyeuse à la porte d'entrée, hurlant les noms des petits de la classe enfantine assis sur les bancs du préau, que leurs parents attendent dans la rue. Elle est petite - au début de l'année, je suis déjà plus grande qu'elle - plate et agitée, d'âge indéfinissable, avec un chignon gris, une face ronde et des verres grossissants qui lui font des yeux énormes. Comme toutes les religieuses en civil, elle porte sur sa blouse en hiver une pèlerine à rayures bleues et noires. Pendant les leçons où il n'est pas besoin d'écrire, elle nous force à nous tenir les bras croisés derrière le dos, la tête et les yeux droits. Elle nous menace sans cesse de nous faire redescendre dans la classe au-dessous, nous retient après la fin des cours tant qu'on n'a pas trouvé la solution d'un problème. Seules les histoires de Dieu, des martyrs et des saints la radoucissent, jusqu'aux larmes. Le reste, orthographe, histoire, calcul, est dispensé sans amour, avec rigueur et violence, doit être appris dans la douleur en vue de la réussite à l'examen diocésain[1], organisé par l'épiscopat[2], qui fait pendant à celui d'entrée en sixième de l'école publique. Les parents la craignent et louent une dureté qui s'exerce dans la plus parfaite équité. Les élèves tirent orgueil de dire qu'elles sont dans la classe de la maîtresse la plus terrible de l'établissement, comme d'un martyre supporté sans broncher. Cela n'empêche pas qu'on use avec elle de tous les moyens d'esquive de l'autorité, parler derrière la main ou le pupitre relevé, écrire un mot sur la gomme qu'on passe, etc. À ses cris et ses exigence la classe répond de temps en temps par une vague d'inertie, venue des plus lentes à suivre, qui finit par atteindre les plus avides de lui faire plaisir. Elle se met à pleurer à son bureau en refusant de faire cours et nous devons lui demander pardon une par une.

La question ne se pose pas de savoir si j'aimais ou non Mlle L. Je ne connaissais personne de plus instruit qu'elle dans mon entourage. Ce n'était pas une femme comme les clientes de ma mère ou mes tantes, mais la figure vivante de la loi susceptible de me garantir à chaque leçon sue, chaque zéro faute, l'excellence de mon être scolaire. C'est à elle que je me mesure, plus qu'aux autres élèves : savoir à la fin de l'année tout ce qu'elle sait (lié à cette croyance, longtemps, que chaque enseignant n'en savait pas plus que ce qu'il nous apprenait - d'où aussi l'immense respect, la peur, inspirés par les profs des « grandes classes » et la condescendance vis-à-vis de ceux qu'on avait quittés, donc dépassés). Quand elle m'interdit de répondre pour donner le temps aux autres de trouver ou qu'elle me fait expliquer une analyse logique, elle me situe de son côté. Je prends son acharnement à traquer mes imperfections scolaires comme une manière de me faire accéder à sa propre perfection.

1. Un diocèse est une circonscription placée sous l'autorité d'un évêque.
2. Le pouvoir de l'évêque.

Le corpus peut aussi comporter des textes littéraires récents.

Document 4

**Marie Quenet, « Mathématiques : Singapour, la méthode gagnante », *Le Journal du Dimanche*, 2018**

Dans la bouche de certains, cela sonne comme une formule magique. Pour relever le niveau des élèves français en maths, il suffirait d'appliquer la « méthode Singapour ». De suivre l'exemple de ce petit pays d'Asie pour se hisser en tête des classements mondiaux (PISA et TIMSS). De plus en plus de pays s'y réfèrent. Et le nouveau ministre de l'Éducation, féru de sciences cognitives et de comparaisons internationales, s'y intéresse. Mais de quoi s'agit-il ? D'abord, ce n'est pas vraiment une méthode inventée par Singapour. Mais plutôt une synthèse de différentes pédagogies ayant fait leurs preuves. La cité-État a en effet pioché dans les travaux de nombreux pédagogues – Jean Piaget, Maria Montessori, Jerome Bruner... – pour concocter un programme éducatif cohérent. Puis il l'a testé, adapté et amélioré, pendant une quinzaine d'années, jusqu'à obtenir ces excellents résultats en maths qui l'ont érigé en modèle.

• **L'idée clé :** l'enseignement des maths doit suivre une progression allant du concret vers l'abstrait. Avec trois étapes : d'abord, les enfants manipulent des objets, comme des cubes ou des jetons. Puis ils s'appuient sur des images et verbalisent. Enfin, ils passent aux symboles et aux chiffres. Ce cheminement permet de donner du sens aux expressions mathématiques enseignées en classe.

• **La réussite tient aussi à d'autres principes.** « Là-bas, on cultive le plaisir des maths, explique Monica Neagoy, consultante internationale et spécialiste de la “méthode de Singapour”. Dans beaucoup de pays, on dit tout de suite à un enfant qui n'y arrive pas : “Tu es nul”. On l'enferme dans une étiquette. Là-bas, quand un élève fait une erreur, on l'encourage, on lui donne des séances pour renforcer son estime de soi, on lui dit : “Avec du travail, tu vas y arriver”. » Pour rendre « la difficulté désirable », les enseignants tentent aussi de montrer l'aspect ludique des mathématiques et proposent aux élèves des problèmes intéressants et variés.

• **Autre principe :** l'enfant est guidé de manière explicite. « Le professeur va le pousser à expliquer le chemin parcouru : Comment tu fais cela ? Dis-moi... Il l'incite à raisonner à voix haute, à prendre conscience de sa propre pensée », poursuit la spécialiste, qui forme chaque année en France des centaines de professeurs à la méthode de Singapour. L'idée est aussi de traiter moins de sujets, mais plus en profondeur.

Le corpus peut comporter des articles ou des textes documentaires.

**CONSEIL**

Pour gagner en efficacité lors de l'examen, lisez d'abord le sujet d'écriture personnelle, puis les documents du corpus : au fil de votre lecture, demandez-vous quel rapport ils entretiennent avec la question posée. Annotez-les au fil de votre lecture, en utilisant un code couleur vous permettant de retrouver facilement des idées communes aux documents : cela facilitera le travail de synthèse.

EXAMEN

# Corrigé du sujet : la synthèse

**L'accroche introduit le thème de manière générale. Il peut être intéressant d'expliquer pourquoi il est d'actualité.**

**La présentation du corpus présente un très bref résumé des documents, qui permettra de formuler ensuite une problématique.**

**La problématique doit permettre d'aborder l'ensemble des documents du corpus et d'en souligner l'enjeu commun.**

**Annoncez le plan à la fin de l'introduction.**

La recherche d'une éducation idéale est un enjeu politique fort, comme le prouve l'attention portée par les médias aux classements internationaux du niveau des élèves. La posture du professeur est considérée comme une variable qui peut favoriser la réussite scolaire. Les quatre documents du corpus interrogent cette posture : Jean-Jacques Rousseau, dans *Émile ou De l'éducation,* met en scène un précepteur qui favorise l'expérience pour enseigner ; le tableau de Geoffroy représente une institutrice sévère, comme celle décrite par Annie Ernaux dans *La Honte* ; l'article de Marie Quenet paru dans *Le Journal du dimanche* explique l'intérêt de la méthode de Singapour, qui demande au professeur une posture spécifique favorisant la confiance en soi. Quelle figure du professeur idéal les documents du corpus dessinent-ils ? Il semblerait que la bienveillance à l'égard des élèves soit un critère important, ainsi que l'autonomie intellectuelle qui leur est accordée.

**Une phrase introductive rappelle l'idée principale de la partie.**

**Chaque sous-partie doit apporter un argument.**

**On attend que vous compariez les documents.**

**Les citations, dans la synthèse, doivent être rares et très brèves.**

Les documents du corpus soulignent l'importance de la bienveillance du professeur, pour faire réussir les élèves.

Cette bienveillance peut prendre la forme d'encouragements. C'est ce qui expliquerait l'efficacité de la méthode de Singapour, décrite par Marie Quenet dans son article : les enseignants l'appliquant adoptent une attitude qui renforce l'estime qu'ont les élèves d'eux-mêmes, en les encourageant même lorsqu'ils se trompent. On retrouve la même idée dans le texte de Jean-Jacques Rousseau : le précepteur encourage Émile à raisonner et à éprouver ses raisonnements par l'expérience, notamment lorsqu'il lui dit : « Vous pouvez avoir raison. » Au contraire, l'institutrice d'Annie Ernaux adopte une attitude sévère et menaçante : elle fait croire aux enfants qu'elle peut les rétrograder dans la classe inférieure s'ils ne réussissent pas. Or, l'auteure montre l'inefficacité de cette méthode, qui ne suscite que l'inertie des élèves. Le tableau de Geoffroy montre aussi des élèves craintifs, peu épanouis.

La bienveillance se fonde également sur un dialogue entre le maître et l'élève. Cela favorise en effet une relation apaisée, notamment dans le texte de Jean-Jacques Rousseau : le précepteur garde patience face à la frustration d'Émile, qui témoigne en retour de l'affection pour celui qu'il nomme « bon ami ». Le dialogue est aussi une composante de la méthode de Singapour, qui requiert que le professeur accorde la parole à l'élève. Celui-ci est invité à dire à voix haute les raisonnements qu'il mène, afin que l'enseignant puisse l'aider au mieux en fonction de ses difficultés. Au contraire, l'institutrice dont Annie Ernaux peint le portrait n'accorde aucune valeur à la parole de l'enfant, ce qui explique certainement l'« inertie » de la classe à son égard.

**N'oubliez pas de ménager une brève transition entre vos parties, qui doivent être articulées logiquement.**

Cette bienveillance nécessaire n'est pas une fin en soi : elle doit permettre à l'enfant de se sentir suffisamment confiant pour acquérir son autonomie et prendre goût au savoir.

**Sauter une ligne permet de distinguer vos parties.**

En effet, l'autonomie intellectuelle et le goût pour le savoir sont la visée de l'enseignement, d'après les documents du corpus.

Afin de la construire, l'enseignant doit se mettre au service de l'enfant, et non l'inverse. Jean-Jacques souhaite qu'Émile soit capable de raisonner seul : ainsi lui offre-t-il la possibilité de poser des hypothèses, en le laissant finir les phrases qu'il laisse volontairement en suspens. L'enfant se rend compte par lui-même de l'intérêt de l'astronomie et de la géographie, ce n'est pas son précepteur qui lui impose ce point de vue. C'est aussi ce que préconise la méthode de Singapour d'après Marie Quenet, qui explique que l'enfant prend conscience de sa propre pensée grâce à l'explicitation de sa démarche. Au contraire, l'institutrice d'Annie Ernaux ne laisse aucune autonomie aux enfants, qui doivent l'écouter les bras dans le dos, ce qui se montre inefficace.

**Aller à la ligne permet de distinguer vos parties.**

Cette autonomie est une condition pour développer le goût du savoir et le plaisir qui lui est associé. C'est donc par un cri de joie d'Émile que s'achève le texte de Jean-Jacques Rousseau. Le jeune garçon éprouve un tel sentiment car il a su s'orienter grâce à ses connaissances théoriques. Marie Quenet explique l'importance de la dimension ludique des apprentissages : tout le contraire des méthodes dont parle Annie Ernaux, dont la maîtresse dispense les cours « sans amour », les élèves ne pouvant éprouver que de la « douleur », ce qui les empêche de s'investir. Cette douleur nuisible aux apprentissages est également dénoncée par le tableau de Geoffroy, les élèves éprouvant davantage de crainte que de respect pour l'institutrice qui leur tire les oreilles.

**Dans la conclusion, répondez de manière claire et synthétique à la problématique formulée en introduction.**

Les quatre documents du corpus permettent ainsi d'imaginer un professeur idéal : bienveillant, inspirant la confiance, il sait s'effacer pour permettre la construction de l'autonomie de l'enfant, qui apprend dans le plaisir. Reste à savoir si l'opinion est prête à accepter cette conception de l'enseignement, quand la plupart des sondages montrent que les méthodes traditionnelles plus sévères sont plébiscitées par une large partie de la population.

**Vous pouvez ouvrir votre conclusion en la reliant par exemple à l'actualité.**

# MÉMO Synthèse

## Compétences évaluées

- Comprendre des documents de natures variées (textes littéraires, documentaires ou journalistiques, images, graphiques, etc.).
- Comparer les documents pour faire émerger les points communs et les différences à propos du thème qu'ils abordent.
- Rédiger un texte synthétique objectif et organisé.
- Maîtriser la syntaxe et l'orthographe.

## Écueils à éviter

- Étudier les documents sans les comparer.
- Donner son avis à propos des documents.
- Recopier les documents sans les reformuler.

# Corrigé du sujet : l'écriture personnelle

L'amorce de votre introduction peut parler du contexte actuel.

Reprenez la question du sujet en la reformulant si besoin, pour montrer que vous en avez compris les enjeux implicites.

On attend une définition précise des mots importants du sujet.

Privilégiez la première personne du pluriel à la première personne du singulier, pour donner une portée plus générale à votre propos. N'oubliez pas d'annoncer votre plan.

## Existe-t-il une éducation idéale ?

L'Éducation nationale représente un des premiers postes budgétaires de l'État français : il n'est pas étonnant que l'éducation soit au cœur de nombreux débats politiques. On peut définir cette notion comme la transmission de connaissances, de savoir-faire et du savoir-vivre aux enfants. Cette transmission a lieu à l'école, mais aussi dans le milieu familial ou dans d'autres cadres comme des clubs sportifs, des associations, etc. Chacun ayant reçu une éducation, nous avons tous une opinion à propos de la meilleure manière d'éduquer un enfant ou un adolescent. Mais existe-t-il une éducation idéale, dont on pourrait mesurer les effets et prouver qu'elle est plus efficace que d'autres ? Nous montrerons qu'il existe des pratiques éducatives plus vertueuses que d'autres, puis nous nous interrogerons sur la possibilité d'un modèle unique d'éducation idéale.

Le plan n'est pas apparent : il faut donc rédiger une phrase introduisant l'idée principale de chaque partie.

Chaque paragraphe introduit un argument clairement exprimé.

Les documents du corpus vous permettent de nourrir et d'illustrer votre réponse.

On attend d'autres exemples que ceux du corpus, qui témoignent de votre culture personnelle.

Certaines pratiques éducatives ont davantage fait leurs preuves que d'autres, comme le montrent de nombreuses enquêtes internationales qui comparent les performances des systèmes éducatifs.

L'un des premiers critères est le sentiment de sécurité éprouvé par l'enfant, permis par la bienveillance de ceux qui l'éduquent. C'est ce qui explique en partie l'efficacité de la méthode de Singapour, dont parle Marie Quenet dans un article intitulé « Mathématiques : Singapour, la méthode gagnante », paru dans *Le Journal du Dimanche*. Les professeurs appliquant cette méthode ne découragent pas les élèves lorsqu'ils ratent, mais les encouragent, au contraire, dans un dialogue bienveillant.

Un autre critère est l'autonomie intellectuelle que l'on accorde aux enfants. Montaigne, dans *Les Essais*, assure qu'il faut préférer avoir une tête bien faite qu'une tête bien pleine : il signifie ainsi que l'éducation doit permettre de penser par soi-même et non d'accumuler des connaissances que l'on réciterait sans les comprendre. Jean-Jacques Rousseau, dans *Émile ou De l'éducation,* illustre la même idée : il met en scène un jeune garçon qui apprend à s'orienter seul en forêt, grâce à des connaissances théoriques. Son maître le laisse les guider, afin qu'il développe l'autonomie dont il a besoin.

Ménagez une transition entre vos parties.

Ainsi semble se dessiner un modèle d'éducation idéale, qui offrirait aux individus une plus grande liberté intellectuelle et autoriserait une forme de plaisir dans les apprentissages, qui s'en trouvent ainsi favorisés. Mais peut-on appliquer le même modèle d'éducation à tous ? Existe-t-il vraiment une seule forme d'éducation idéale ?

Il existe autant de manière d'apprendre que d'individus : il suffit de considérer les différents types de mémoire – visuelle, auditive, kinesthésique – pour s'en rendre compte. Prétendre qu'il existerait un seul modèle d'éducation idéale semble ainsi peu pertinent.

Passez à la ligne quand vous introduisez un nouvel argument.

En effet, une bonne éducation doit tenir compte des particularités de chacun. Un élève peut avoir des difficultés de méthode, un autre de compréhension, un troisième d'attention, etc. Ne pas tenir compte de ces spécificités ne peut permettre à chacun de réussir. Il est donc difficile d'affirmer qu'il existe une seule éducation idéale, qui serait valable pour tous. Dans *La Honte,* Annie Ernaux décrit ainsi une institutrice très sévère, qui ne l'a pas empêchée d'être une très bonne élève, mais dont les méthodes semblent disconvenir à la plupart des autres enfants, dont elle nie l'individualité, croyant pourtant appliquer une méthode efficace.

Par ailleurs, une même méthode éducative, aussi bonne soit-elle, ne produira pas les mêmes effets dans toutes les sociétés. Il est ainsi parfois difficile de transposer certaines pratiques efficaces dans un pays dans d'autres pays. Prenons l'exemple de l'orthographe : plus ou moins complexe selon les langues et les systèmes alphabétiques, elle nécessite dans certains pays un apprentissage par cœur laborieux, alors qu'elle sera bien plus facilement intégrée dans d'autres. Appliquer la même méthode dans ces contextes différents ne pourrait produire les mêmes effets. L'importation de pratiques pédagogiques d'un pays à l'autre peut aussi être difficile à cause des différences culturelles. Zadie Smith, dans son roman *Swing Time*, met en scène la construction d'une école en Afrique, financée par une star australienne. L'héroïne du roman cherche à imposer une méthode d'enseignement anglo-saxonne qu'elle juge plus efficace que celle qui consiste à répéter à voix haute les paroles du maître sans nécessairement les comprendre et qui est appliquée par les professeurs locaux. Mais elle se heurte à l'impossibilité d'importer un modèle qui ne tienne pas compte des spécificités culturelles du pays.

**Lorsque vous citez un exemple personnel, vous devez donner suffisamment d'informations pour que le correcteur en saisisse l'intérêt, même s'il ne connaît pas la référence que vous citez.**

Finalement, même s'il existe des pratiques éducatives beaucoup plus vertueuses que d'autres, notamment celles qui reconnaissent à l'enfant son statut d'individu autonome digne de respect, il est difficile d'affirmer avec certitude qu'il existe une éducation idéale produisant les mêmes effets bénéfiques pour tous. Il semblerait même dangereux de vouloir appliquer à chacun une seule méthode, puisque cela reviendrait à nier les spécificités individuelles. Ainsi faudrait-il peut-être chercher pour chaque personne l'éducation qui lui conviendrait le mieux, plutôt que de se perdre dans la quête d'une éducation idéale pour tous.

**La conclusion doit répondre au sujet, en synthétisant le développement et en proposant une position claire par rapport à la question posée.**

# MÉMO Écriture personnelle

## Compétences évaluées

- Exprimer un point de vue personnel, argumenté et nuancé.
- Mobiliser les documents du corpus dans une réflexion personnelle.
- Mobiliser sa culture scolaire et personnelle pour nourrir sa réflexion.
- Rédiger un texte argumentatif organisé.
- Maîtriser la syntaxe et l'orthographe.

## Écueils à éviter

- Adopter un point de vue sans nuances.
- Ne pas hiérarchiser les exemples en fonction de leur qualité et de leur richesse.

# EXAMEN Sujet d'entraînement

**PREMIÈRE PARTIE : SYNTHÈSE DE DOCUMENTS** (40 POINTS)

**Vous rédigerez une synthèse concise, objective et ordonnée des documents 1 à 4 (p. 208 à 211).**

**SECONDE PARTIE : ÉCRITURE PERSONNELLE** (20 POINTS)

**Le repas est-il nécessairement un plaisir ?**

**Vous répondrez à cette question d'une façon argumentée en vous appuyant sur les documents du corpus, vos lectures et vos connaissances personnelles.**

## Document 1 UNESCO, « Le repas gastronomique des Français », 2010

***En 2010, l'UNESCO a inscrit « le repas gastronomique des Français » à la liste du « patrimoine culturel immatériel de l'humanité ». Ce texte en développe les raisons.***

Le repas gastronomique des Français est une pratique sociale coutumière destinée à célébrer les moments les plus importants de la vie des individus et des groupes, tels que naissances, mariages, anniversaires, succès et retrouvailles. Il s'agit d'un repas festif dont les convives pratiquent, pour cette occasion, l'art du « bien manger » et du « bien boire ». Le repas gastronomique met l'accent sur le fait d'être bien ensemble, le plaisir du goût, l'harmonie entre l'être humain et les productions de la nature. Parmi ses composantes importantes figurent : le choix attentif des mets parmi un corpus de recettes qui ne cesse de s'enrichir ; l'achat de bons produits, de préférence locaux, dont les saveurs s'accordent bien ensemble ; le mariage entre mets et vins ; la décoration de la table ; et une gestuelle spécifique pendant la dégustation (humer et goûter ce qui est servi à table). Le repas gastronomique doit respecter un schéma bien arrêté : il commence par un apéritif et se termine par un digestif, avec entre les deux au moins quatre plats, à savoir une entrée, du poisson et/ou de la viande avec des légumes, du fromage et un dessert. Des personnes reconnues comme étant des gastronomes, qui possèdent une connaissance approfondie de la tradition et en préservent la mémoire, veillent à la pratique vivante des rites et contribuent ainsi à leur transmission orale et/ou écrite, aux jeunes générations en particulier. Le repas gastronomique resserre le cercle familial et amical et, plus généralement, renforce les liens sociaux.

**Document 2** Albert Fourié, *Repas de noces à Yport*, 1886

## Document 3 Laurent Gaudé, *Le Soleil des Scorta*, 2004

***Ce roman raconte l'histoire des Scorta, modeste famille italienne. L'extrait suivant décrit un repas.***

Ils étaient une quinzaine à table et ils se regardèrent un temps, surpris de constater à quel point le clan avait grandi. Raffaele rayonnait de bonheur et de gourmandise. Il avait tant rêvé de cet instant. Tous ceux qu'il aimait étaient là, chez lui, sur son *trabucco*[1]. Il s'agitait d'un coin à un autre, du four à la cuisine, des filets de pêche à la table, sans relâche, pour que chacun soit servi et ne manque de rien.

Ce jour resta gravé dans la mémoire des Scorta. Car pour tous, adultes comme enfants, ce fut la première fois qu'ils mangèrent ainsi. L'oncle Faelucc' avait fait les choses en grand. Comme antipasti[2], Raffaele et Giuseppina apportèrent sur la table une dizaine de mets. Il y avait des moules grosses comme le pouce, farcies avec un mélange à base d'œufs, de mie de pain et de fromage. Des anchois marinés dont la chair était ferme et fondait sous la langue. Des pointes de poulpes. Une salade de tomates et de chicorée. Quelques fines tranches d'aubergine grillées. Des anchois frits. On se passait les plats d'un bout à l'autre de la table. Chacun piochait avec le bonheur de n'avoir pas à choisir et de pouvoir manger de tout.

Lorsque les assiettes furent vides, Raffaele apporta sur la table deux énormes saladiers fumants. Dans l'un, les pâtes traditionnelles de la région : les *troccoli* à l'encre de seiche. Dans l'autre, un risotto aux fruits de mer. Les plats furent accueillis avec un hourra général qui fit rougir la cuisinière. C'est le moment où l'appétit est ouvert et où l'on croit pouvoir manger pendant des jours. Raffaele posa également cinq bouteilles de vin du pays. Un vin rouge, rugueux, et sombre comme le sang du Christ. La chaleur était maintenant à son zénith. Les convives étaient protégés du soleil par une natte de paille, mais on sentait, à l'air brûlant, que les lézards eux-mêmes devaient suer.

Les conversations naissaient dans le brouhaha des couverts – interrompues par la question d'un enfant ou par un verre de vin qui se renversait. On parlait de tout et de rien. Giuseppina racontait comment elle avait fait les pâtes et le risotto. Comme si c'était encore un plaisir plus grand de parler de nourriture lorsque l'on mange. On discutait. On riait. Chacun veillait sur son voisin, vérifiant que son assiette ne se vide jamais.

Lorsque les grands plats furent vides, tous étaient rassasiés. Ils sentaient leur ventre plein. Ils étaient bien. Mais Raffaele n'avait pas dit son dernier mot. Il apporta en table cinq énormes plats remplis de toutes sortes de poissons pêchés le matin même. Des bars, des dorades. Un plein saladier de calamars frits. De grosses crevettes roses grillées au feu de bois. Quelques langoustines même. Les femmes, à la vue des plats, jurèrent qu'elles n'y toucheraient pas. Que c'était trop. Qu'elles allaient mourir. Mais il fallait faire honneur à Raffaele et Giuseppina. Et pas seulement à eux. À la vie également qui leur offrait ce banquet qu'ils n'oublieraient jamais. On mange dans le Sud avec une sorte de frénésie et d'avidité goinfre. Tant qu'on peut. Comme si le pire était à venir. Comme si c'était la dernière fois qu'on mangeait. Il faut manger tant que la nourriture est là. C'est une sorte d'instinct panique. Et tant pis si on s'en rend malade. Il faut manger avec joie et exagération.

Les plats de poisson tournèrent et on les dégusta avec passion. On ne mangeait plus pour le ventre mais pour le palais. Mais malgré toute l'envie qu'on en avait, on ne parvint pas à venir à bout des calamars frits. Et cela plongea Raffaele dans un sentiment d'aise vertigineux. Il faut qu'il reste des mets en table, sinon, c'est que les invités n'ont pas eu assez. À la fin du repas, Raffaele se tourna vers son frère Giuseppe et lui demanda en lui tapotant le ventre : « *Pancia piena ?*[3] » Et tout le monde rit, en déboutonnant sa ceinture ou en sortant son éventail. La chaleur avait baissé mais les corps repus commençaient à suer de toute cette nourriture ingurgitée, de toute cette joyeuse mastication.

1. Sorte de banc.
2. Entrées.
3. « Ton ventre est plein ? » en italien.

## Document 4 Claire Schneider, « Pourquoi les repas de famille dégénèrent-ils ? », *Marie-Claire*

***Tonton Gégé a encore forcé sur l'apéro, beau-papa relance la discussion et débat autour du mariage gay, et la nouvelle copine de votre frère n'a pas bougé le petit doigt du repas ? C'est normal c'est Noël !***

Imaginer un réveillon sans couac, c'est un peu comme croire au père Noël. Alors qu'on a tendance à idéaliser le repas de Noël, il dérape à tous les coups ou presque. Mais pourquoi ? Éléments de réponse avec Pascal Couderc, psychanalyste et auteur.

**Pourquoi les repas de famille sont-ils souvent sous tension ?**

Les repas de famille sont souvent sous tension parce que par définition, ils sont "obligatoires", par devoir pour beaucoup, pas souvent par envie, par désir. On parle bien d'obligations familiales. De plus, ce qui fait de nous ce que nous sommes, c'est bien notre histoire, et avant tout notre histoire familiale. Nos difficultés viennent en partie de là. Et de quoi parle-t-on durant les repas de famille ? De la famille...

Certes, certaines familles entretiennent des relations paisibles, mais d'autres se transmettent, de génération en génération, des conflits jamais résolus.

**Quels sont les éléments déclencheurs ?**

Les éléments déclencheurs sont très souvent de vieilles rancœurs jamais apaisées, des reproches envers ses ascendants jamais éteints (on a toujours quelque chose à reprocher à ses parents...).

**Quels sont les sujets à éviter ?**

Les sujets à éviter sont ceux que tout le monde connaît (les conflits familiaux sont souvent la répétition des mêmes tensions, reproches). Il faut considérer les repas de famille comme des réunions où vont se réactualiser toutes les tensions familiales vécues durant l'année, c'est souvent le seul moment de l'année où tous sont réunis. Nous pouvons dire, pour le meilleur comme pour le pire...

**Comment désamorcer ces tensions ?**

Désamorcer ces tensions, c'est un travail de toute une année... Meilleures sont les relations familiales au cours de l'année, meilleurs seront les repas de fin d'année !

**Faut-il faire un plan de table ?**

Cela dépend des cultures familiales, il ne faut pas dramatiser la situation, mais la rendre la plus naturelle possible... Laisser chacun choisir sa place et ses voisins de table me semble la meilleure façon de se retrouver les uns et les autres à côté de membres de la famille avec lesquels on a le plus d'affinités...

**Le fait que cela explose devant toute la famille a-t-il une signification ?**

Parfois, que cela explose devant toute la famille est la seule façon que certains trouvent de faire savoir leur souffrance aux différents membres de la famille et surtout de trouver de l'assentiment et de la compassion. Tout le monde a en tête « Festen » (une comédie dramatique danoise de 1998, ndlr). N'oublions pas non plus que l'alcool désinhibe et que l'on en consomme souvent abondamment durant ces repas...

**Y a-t-il un moyen d'éviter ces tensions ?**

Cela peut être une attention particulière au bien-être de chacun (qui serait mieux à côté de qui ?), favoriser les placements : « tu veux te mettre à côté de... ? »... L'idéal est, bien sûr, de s'appuyer sur l'autorité du patriarche ou de celle ou celui qui fait autorité dans la famille et autour de qui tout le monde se rassemble (on voit d'ailleurs souvent des familles qui, après la disparition de celui qui fédérait, ne se retrouvent plus en fin d'année). Éviter ces tensions est, parfois, tellement difficile que certains n'hésitent pas à... partir en voyage au moment des fêtes...

MÉTHODE

# Identifier les types de documents du corpus

## Une synthèse présente toujours des types de documents différents :

- **Des documents explicatifs ou argumentatifs.** Ils expliquent clairement les enjeux du thème de la synthèse. Ils peuvent parfois présenter un point de vue personnel et engagé. Ils sont souvent les plus riches d'idées par rapport au thème du corpus. Il s'agit souvent d'essais, d'articles de journaux, de manifestes, etc.
- **Des textes littéraires** (récits, romans, poèmes, pièces de théâtre, etc.).
- **Des images** (tableaux, photographies, dessins de presse, etc.).
- **Des documents statistiques** (schémas, sondages, diagrammes, etc.).

Souvent, les textes littéraires, les images et les documents statistiques constituent des exemples et ne donnent pas directement d'idées pour la synthèse. Pour les analyser efficacement, on peut voir en quoi ils illustrent les autres documents de la synthèse.

## Exercices

**1 a.** **Lisez le corpus du sujet d'entraînement (p. 208-211). Quel est son thème précis ?**

.................................................................

**b.** **Lisez les titres et les chapeaux des documents. Que nous apprennent-ils sur ce thème ?**

.................................................................

.................................................................

.................................................................

.................................................................

**c.** **Quels documents sont explicatifs, argumentatifs ou illustratifs ?**

- Explicatifs : ..........................................................
- Argumentatifs : ......................................................
- Illustratifs : ...........................................................

**d.** **Quel(s) document(s) allez-vous analyser en premier ? Pour quelles raisons ?**

.................................................................

.................................................................

.................................................................

.................................................................

.................................................................

i-manuel

**2** **Relisez les documents explicatifs. Que nous apprennent-ils sur le thème du corpus ?**

**3** **a. Observez le document 2. Quelle image nous donne-t-il thème du corpus ?**

**b. Quelles idées des autres documents retrouvez-vous ?**

**c. Observez minutieusement les détails. Que nous apprennent-ils de plus sur le thème du corpus ?**

**4** **Choisissez deux corpus différents parmi les chapitres de ce manuel et identifiez la nature des documents qui les composent.**

- **1^er^ corpus choisi :**

Document 1 :

Document 2 :

Document 3 :

Document 4 :

- **2^d^ corpus choisi :**

Document 1 :

Document 2 :

Document 3 :

Document 4 :

MÉTHODE

# Identifier les idées principales du corpus

**Il existe plusieurs manières d'identifier les idées principales du corpus.**
À vous de déterminer celle(s) qui vous corresponde(nt). Vous trouverez ci-dessous différentes propositions de démarches possibles.

## Exercices

### LE REMUE-MÉNINGES

**1** a. **Relisez le corpus du sujet d'entraînement (p. 208-211) : notez ci-dessous les idées principales des documents, en lien avec leur thème commun. Vous pouvez vous aider des exercices des pages 212-213.**

b. **Regroupez les idées notées ci-dessus par catégories, en les soulignant de différentes couleurs. Chacune de ces catégories pourra constituer une partie ou une sous-partie de votre synthèse.**

c. **Donnez un titre à chacune des catégories que vous avez trouvées.**

- Catégorie 1 : ..........
- Catégorie 2 : ..........
- Catégorie 3 : ..........
- Catégorie 4 : ..........
- Catégorie 5 : ..........

d. **Quelle question (ou problématique) pourrait-on poser pour aborder l'ensemble des catégories que vous avez trouvées ?**

..........

..........

..........

i-manuel

## LE TABLEAU DE CONFRONTATION

**2 a.** **Relisez le corpus du sujet d'entraînement (p. 208-211). Identifiez le document qui vous semble le plus riche.**

..............................

**b.** **Complétez le tableau ci-dessous en commençant par les idées du texte le plus riche. Trouvez entre trois et six idées importantes pour comparer au moins deux documents.**

| Document 1 (p. 208) | Document 2 (p. 209) | Document 3 (p. 210) | Document 4 (p. 211) | Pistes de réflexion |
|---|---|---|---|---|
| Nombreux plats. | Nombreux plats. | Grande profusion de plats. | Risque de commettre des excès. | Le repas est souvent lié au désir d'abondance. |
| | | | | |

**c.** **Quelle question (ou problématique) pourrait-on poser pour aborder l'ensemble des catégories que vous avez trouvées ?**

..............................

..............................

..............................

**CONSEIL**

Dans le tableau de confrontation, chacune de vos idées ne concernera pas nécessairement tous les documents du corpus.

**d.** **Cette question est-elle la même que celle que vous aviez formulée à l'aide du remue-méninges ?**

..............................

..............................

MÉTHODE

# Construire le plan de synthèse

**Une synthèse compte deux ou trois parties. Il existe plusieurs types de plans :**

**1. Le plan thématique :**
On envisage un à un tous les thèmes du corpus.
Par exemple, un corpus sur les migrants pourrait avoir comme plan :
I. Des enjeux économiques [thème 1]
II. Des enjeux sociaux [thème 2]
III. Des enjeux culturels [thème 3]

**2. Le plan de confrontation :**
On analyse à la fois les avantages et les inconvénients d'un phénomène.
Par exemple, un corpus sur le sport pourrait avoir comme plan :
I. Le sport, un apprentissage de la solidarité [avantages]
II. Les dérives du sport-business [inconvénients]

**3. Le plan analytique ou causal :**
On analyse à la fois les causes et les conséquences d'un phénomène.
Par exemple, un corpus sur les médias pourrait avoir comme plan :
I. De plus en plus de rumeurs et de désinformation [causes]
II. Des médias traditionnels déboussolés et forcés de s'adapter [conséquences]

**4. Le plan chronologique** (plus rare) **:**
On analyse les évolutions d'un phénomène.
Par exemple, un corpus sur le vêtement pourrait avoir comme plan :
I. Les vêtements traditionnels [époque 1]
II. Les vêtements modernes [époque 2]
III. Les vêtements dans le futur [époque 3]

## Exercices

**1 Relisez les exercices des pages 214-215. Quel type de plan suivrez-vous, pour rédiger la synthèse ?**

☐ Le plan thématique ☐ Le plan de confrontation
☐ Le plan analytique ou causal ☐ Le plan chronologique

**2 En vous aidant de votre travail, remplissez le tableau ci-dessous. Votre synthèse comportera deux ou trois parties qui comporteront chacune entre deux ou trois sous-parties. Dans chaque sous-partie, il faut évoquer au moins deux documents.**

| | Sous-partie 1 | Sous-partie 2 | Sous-partie 3 |
|---|---|---|---|
| Première partie | Idée : ..........<br>Documents : ..........<br>..........<br>Mots-clés : ..........<br>..........<br>..........<br>..........<br>.......... | Idée : ..........<br>Documents : ..........<br>..........<br>Mots-clés : ..........<br>..........<br>..........<br>..........<br>.......... | Idée : ..........<br>Documents : ..........<br>..........<br>Mots-clés : ..........<br>..........<br>..........<br>..........<br>.......... |

i-manuel

| Deuxième partie | Sous-partie 1 | Sous-partie 2 | Sous-partie 3 |
|---|---|---|---|
| | Idée : ......<br>Documents : ......<br>Mots-clés : ...... | Idée : ......<br>Documents : ......<br>Mots-clés : ...... | Idée : ......<br>Documents : ......<br>Mots-clés : ...... |

| Troisième partie | Sous-partie 1 | Sous-partie 2 | Sous-partie 3 |
|---|---|---|---|
| | Idée : ......<br>Documents : ......<br>Mots-clés : ...... | Idée : ......<br>Documents : ......<br>Mots-clés : ...... | Idée : ......<br>Documents : ......<br>Mots-clés : ...... |

**3** **Rédigez une sous-partie du plan de l'exercice 2 de votre choix.**

MÉTHODE

# Rédiger l'introduction d'une synthèse

**L'introduction d'une synthèse peut suivre le plan suivant :**

- une **phrase d'accroche**, annonçant le thème du corpus ;
- une brève **présentation des documents** ;
- une **problématique** qui permet de cerner les enjeux essentiels du corpus ;
- l'**annonce du plan** de la synthèse.

Vous trouverez un exemple rédigé d'introduction à la page 204.

## Exercices

**1 Rédigez l'introduction d'une synthèse portant sur le corpus des pages 208-211.**

Pour cela, vous pouvez :
– lire l'exemple rédigé à la page 204 ;
– relire les activités des pages 214-217 ;
– vous aider des conseils donnés dans la marge.

**CONSEIL**

> Pour introduire le thème dans une phrase d'accroche, on peut partir d'un exemple ou d'une idée partagée par tous. Cette partie de l'introduction est facultative.
Ex. : *Dans le film ou le livre... les personnages organisent un repas... / Dans nos sociétés, le repas...*

> Une phrase suffit à présenter chaque document.
Ex : *Dans le roman* Le Soleil des Scorta *(2004), Laurent Gaudé présente un festin organisé par une famille de pêcheurs italiens...*

> Attention à ne pas confondre question directe et indirecte dans la formulation de la problématique.
Ex : *Nous nous demanderons quels sont les enjeux du corpus. / Quels sont les enjeux du corpus ?*

> Il faut annoncer son plan clairement.
Ex : *Le repas familial est d'abord... Il présente aussi... Enfin, il peut être.../ Nous verrons d'abord que... Nous analyserons ensuite... Nous étudierons enfin...*

**2 Choisissez un corpus dans le manuel. Rédigez l'introduction de la synthèse de ce corpus.**

# Rédiger la conclusion d'une synthèse

i-manuel

## Une conclusion de synthèse peut suivre les étapes suivantes :

- un **résumé** des idées principales de la synthèse ;
- une **réponse claire** à la problématique.

## Exercices

**1 Rédigez la conclusion d'une synthèse portant sur le corpus des pages 208-211.**

Pour cela, vous pouvez :
- lire l'exemple rédigé à la page 205 ;
- relire les activités des pages 214-215.

**2 Choisissez un corpus dans le manuel.**
**Rédigez la conclusion de la synthèse de ce corpus.**

**CONSEIL**

> On peut commencer une conclusion par un mot logique. Ex. : *ainsi, en somme, en conclusion...*

> On évoque des idées générales, sans donner d'exemple ou citer de documents précis.

> On peut utiliser des connecteurs logiques pour ajouter ou opposer des idées.
Ex. : *d'abord, ensuite, par ailleurs, en outre, enfin / mais, néanmoins, toutefois, cependant...*

> On ne donne pas son point de vue. On utilise le pronom *on* ou *nous* et non *je*.

MÉTHODE

# Rédiger le développement de la synthèse

**Le développement présente plusieurs caractéristiques :**

- un paragraphe de synthèse commence par un **alinéa** ;
- il commence par un argument ou une **idée directrice** ;
- pour défendre cette idée, il évoque les documents du corpus, les compare et indique leurs **points communs** et leurs **différences** ;
- on reformule les documents **sans les recopier**. On peut parfois **citer** une phrase courte ou une expression **pour la commenter**.

## Exercices

**1 Relisez le corpus aux pages 208-211.**

**a. Quel point commun y a-t-il entre tous ces repas ?**

..................................................

**b. Surlignez dans les documents tous les éléments qui montrent ce point commun.**

**c. Rédigez un paragraphe qui souligne ce point commun. Vous pouvez vous aider du modèle de la page 204.**

..................................................

..................................................

..................................................

..................................................

..................................................

..................................................

..................................................

..................................................

..................................................

..................................................

..................................................

..................................................

**d. Lisez votre paragraphe à la classe. Vos camarades devront vous dire si votre paragraphe de synthèse est efficace.**

**2 a. Quels points communs identifiez-vous entre les documents 1 et 2 ?**

## Document 1 — Nathalie Picard, « L'animal, thérapeute au banc d'essai », *Le Monde*, 2017

Coiffé d'un casque bordeaux, Lorik observe les chevaux installés dans une enfilade de box. Le garçonnet de 5 ans tient sagement la main de l'infirmier Patrice Delavous, qui n'en revient pas : « *En trois séances, sa progression est spectaculaire. Avant, il ne supportait pas l'attente.* » Depuis le mois de septembre, Lorik suit une thérapie avec le cheval aux écuries d'Anadé, un centre équestre de Montlouis-sur-Loire (Indre-et-Loire).

Chaque année, l'hôpital de jour du centre universitaire de pédopsychiatrie du CHRU de Tours propose cette prise en charge à trois personnes, sur la centaine d'enfants et d'adolescents suivis pour des troubles neurodéveloppementaux. Ces pathologies hétérogènes, dont l'autisme fait partie, se caractérisent par des troubles du comportement, des difficultés à communiquer et à établir des interactions sociales. À part la phobie des chevaux, il y a peu de contre-indications. Le choix s'avère donc difficile : « *Nous favorisons les enfants scolarisés en école maternelle pour lesquels les difficultés de communication sociale et le comportement posent problème* », explique Joëlle Malvy, pédopsychiatre et responsable de l'hôpital de jour.

Prescrite par un médecin, l'équithérapie s'intègre dans une prise en charge individualisée, en lien étroit avec les familles et d'autres partenaires comme l'école. Un soin hors de l'hôpital, où chaque enfant est encadré par un adulte. La séance commence par la préparation du cheval. Ce jeudi-là, Lorik brosse Étoile, un shetland au corps massif et court sur pattes, à l'aide d'une étrille rose. L'infirmier lui montre le geste. Devant le box adjacent, la monitrice Marion Tessier guide le jeune Sofiane, 6 ans. « *Brosser le poney, c'est s'intéresser à un autre être, utiliser et manipuler un objet, imiter une action, coordonner la main et le regard... Préparer le cheval est une suite d'actions porteuses de sens, car elles permettent d'atteindre un but. Cela exerce les capacités de planification de l'enfant* », décrypte Laurence Hameury, la pédopsychiatre – désormais retraitée – à l'origine de ces ateliers lancés en 2003.

Les deux enfants commencent à montrer des signes d'impatience. Lorik tape du pied : il veut monter sur le poney. Une fois la selle installée, il se laisse porter par Étoile. En route vers le grand manège ! Une main sur la longe, Sofiane le suit avec Rigolo. L'enfant guide le poney sur un parcours et suit méticuleusement les consignes : une pause dans le cerceau vert, des zigzags entre les plots rouges et jaunes... Enfin, il monte sur le poney. S'allonge sur lui, l'enlace, l'embrasse... Un grand sourire aux lèvres. Le plaisir et la détente se lisent sur son visage.

## Document 2 — « Trouvez l'animal qui vous ressemble », campagne de la SPA, 2015

**b. Rédigez un paragraphe de synthèse sur un de ces points communs.**

MÉTHODE

# Analyser le sujet d'une écriture personnelle

## Pour bien traiter un sujet d'écriture personnelle :

- Il faut d'abord l'analyser au brouillon ;
- ensuite, il faut parcourir le **corpus**, penser aux documents **étudiés pendant l'année**, et trouver des idées dans sa **culture personnelle** ;
- l'**analyse du sujet** permet à la fois de trouver des **arguments**, des idées générales que l'on défendra, et des **exemples**, qui prouveront et illustreront ces arguments.

## Exercices

**1** a. **Relisez le sujet d'entraînement aux pages 208-211. Que répondriez-vous spontanément à la question d'écriture personnelle : « Le repas est-il nécessairement un plaisir ? »**

b. **Recopiez les mots-clés de la question. Proposez, pour chacun d'eux, des synonymes et antonymes.**

c. **En vous aidant de ce travail, reformulez la question posée.**

d. **Quels exemples du corpus pourrez-vous mobiliser ?**

e. **Quels exemples personnels pourrez-vous utiliser ?**

f. **Proposez deux arguments permettant de répondre positivement à la question.**

g. **Proposez deux arguments permettant de répondre négativement à la question.**

# Construire le plan d'une écriture personnelle

i-manuel

## Comment répondre à la question posée par le sujet ?

- Le sujet est souvent une **interrogation totale**, par exemple : Un repas est-il nécessairement un plaisir ? Travaille-t-on seulement pour gagner sa vie ? L'art est-il une marchandise comme les autres ?

- La réponse doit être **nuancée** : la première partie donnera des arguments en faveur d'une réponse positive ou négative à la question, la deuxième partie apportera des nuances.

- Chaque partie propose au moins deux sous-parties. Chaque sous-partie commence par un **argument** et l'illustre par un ou plusieurs **exemples**.

## Exercice

**1 En vous aidant de votre travail à la page 222, remplissez le tableau suivant.**

| Sujet : | |
|---|---|
| Réponse de la première partie : | Réponse de la seconde partie : |
| Argument 1 :<br>Exemple(s) : | Argument 1 :<br>Exemple(s) : |
| Argument 2 :<br>Exemple(s) : | Argument 2 :<br>Exemple(s) : |
| Argument 3 :<br>Exemple(s) : | Argument 3 :<br>Exemple(s) : |

MÉTHODE

# Rédiger l'introduction d'une écriture personnelle

**Une introduction d'écriture personnelle peut suivre le plan suivant :**

- une **accroche**, définissant les mots-clés du sujet ou partant d'un exemple précis pour expliquer les enjeux de la question ;
- une **problématique** qui reformule la question posée pour en montrer l'enjeu essentiel ;
- l'**annonce du plan** de l'écriture personnelle.

Vous trouverez un exemple rédigé d'introduction à la page 206.

## Exercices

**1 Voici une introduction qui répond au sujet d'écriture personnelle : « Faut-il toujours dire la vérité ? » Identifiez ses qualités et ses défauts.**

Il faut toujours dire la vérité aux gens, mais certaines personnes n'osent pas le faire. Parfois, on aime entendre des vérités, même désagréables, mais on peut aussi être vexé. Cela dépend vraiment des personnes. Dans quels cas est-on obligé de dire la vérité ? Dans quels cas peut-on dissimuler ses aspects les plus violents ? Nous verrons d'abord qu'il faut toujours dire la vérité. Nous verrons ensuite qu'il ne faut pas toujours dire la vérité.

**Par exemple : la copie développe et reformule la question posée.**

**2 Relisez le corpus aux pages 208-211 et votre travail aux pages 222-223. Rédigez l'introduction du sujet d'écriture personnelle « Le repas est-il nécessairement un plaisir ? ».**

# Rédiger la conclusion d'une écriture personnelle

i-manuel

**Une conclusion** propose d'abord un **résumé** de l'écriture personnelle et en reprend toutes les idées essentielles. Elle **répond également à la problématique**.
Si vous avez le temps, une **ouverture** permet d'élargir la question et d'envisager d'autres dimensions du problème.

## Exercices

**1 Voici une conclusion qui répond au sujet d'écriture personnelle : « L'amour donne-t-il tous les droits ? » Identifiez ses qualités et ses défauts.**

L'amour bouleverse souvent les conventions sociales et les règles établies. Il peut nous donner le goût de la découverte ou même du risque. On peut aimer une personne plus âgée, plus jeune, d'un autre milieu social, d'une autre religion, d'une autre culture, du même sexe. Cette personne peut déplaire à notre famille ou à nos amis. L'amour nous permet alors de transgresser les règles et d'acquérir des droits que nous n'avions pas. Toutefois, l'amour ne doit pas nous amener à commettre des actes dangereux ou illégaux. Il doit nous permettre d'améliorer notre vie ou la société, et non de les mettre en danger. Les jeux vidéo aussi donnent des droits. On peut explorer des endroits interdits, prendre des risques et même tuer des gens virtuellement.

Par exemple : l'ouverture n'a pas vraiment de rapport avec le sujet traité.

**2 Relisez le corpus aux pages 208-211 et votre travail aux pages 222-224. Rédigez la conclusion du sujet d'écriture personnelle « Le repas est-il nécessairement un plaisir ? »**

MÉTHODE

# Rédiger le développement d'une écriture personnelle

**Le développement de l'écriture personnelle** présente au moins deux parties, qui s'articulent souvent dans un **raisonnement concessif et nuancé**.
- les arguments de chaque partie sont organisés en sous-parties qui prennent la forme de paragraphes argumentés, articulés logiquement.
- chaque argument doit être illustré par un ou plusieurs **exemples** tirés du corpus ou de votre culture personnelle.

## Exercices

**1 Voici une liste de connecteurs logiques. Classez-les selon qu'ils permettent de classer, de justifier ou d'opposer.**

d'abord – car – ensuite – toutefois – enfin – en effet – néanmoins – cependant – par ailleurs – parce que – en outre – aussi

| Classer | Justifier | Opposer |
|---|---|---|
| | | |

**2 Les phrases suivantes répondent à la question : « Faut-il accomplir des actes extraordinaires pour être un héros ? ». Vous insérerez les connecteurs logiques de votre choix dans ces phrases. Vous indiquerez dans les parenthèses leur utilité (classer, justifier, opposer). Plusieurs réponses sont parfois possibles.**

**a.** Les héros sont des êtres extraordinaires. Leurs parents sont souvent des dieux. Ils ont des pouvoirs prodigieux. Ils accomplissent des exploits.

..........

**b.** Les héros accomplissent des actes extraordinaires. Un acte extraordinaire peut également être cruel ou violent.

..........

**c.** Les héros ordinaires existent. Nous pouvons tous l'être par des gestes généreux et désintéressés.

..........

**d.** Les héros sont extraordinaires. Tout le monde ne peut pas devenir un héros.

..........

**e.** Les héros appartiennent aux mythes. Notre monde connaît aussi des héros.

..........

**3** **Voici un plan de réponse élaboré au brouillon, répondant à la question : « Faut-il accomplir des actes extraordinaires pour être un héros ? » Transformez chaque titre de partie ou de sous-partie en une phrase rédigée, annonçant clairement l'idée qui sera développée. Veillez à ce qu'aucune phrase n'en contredise une autre.**

**I. Héros = extraordinaire**
**A.** Naissance
**B.** Pouvoir + actions
**C.** Dévouement/sacrifice

**II. Héroïsme négatif**
**A.** Violence / danger
**B.** Héros du mal
**C.** Modèle à ne pas suivre

**III. Héroïsme ordinaire**
**A.** Dévouement discret + utile
**B.** Dépend des circonstances
**C.** Modèle pour tous

**4** **Voici une sous-partie d'écriture personnelle efficace. Identifiez dans la marge ses points forts.**

........................................
........................................
........................................
........................................
........................................
........................................
........................................
........................................
........................................
........................................

> Seuls les actes extraordinaires permettent aux héros de se distinguer des autres hommes. En effet, Hercule a accompli douze travaux, incroyables, comme étrangler à mains nues un lion, vaincre une hydre immortelle, se rendre aux Enfers. Il est également connu comme un fondateur de villes. Ceux que l'on considère comme des héros du XXe siècle ont également eu un comportement extraordinaire : ils ont résisté au péril de leur vie contre des tyrans, ils se sont sacrifiés pour un idéal. Sans ces actes hors du commun, ils ne seraient pas des héros.

**5** **Rédigez un paragraphe qui développera une sous-partie de la troisième partie du plan de l'exercice 3. L'affiche ci-contre vous servira d'exemple.**

........................................
........................................
........................................
........................................
........................................
........................................
........................................
........................................
........................................
........................................

# Prendre la parole

## Observation

1

2

3

**1 Quelles qualités spécifiques requiert chacune de ces situations d'oral ?**

Image 1 : ……

Image 2 : ……

Image 3 : ……

**2 Quels codes ou impératifs réclame chacun de ces contextes ?**

Image 1 : ……

Image 2 : ……

Image 3 : ……

## Méthode

### A. Le langage verbal

- Parlez suffisamment fort pour être entendu par tous.
- Articulez clairement.
- Contrôlez votre débit (souvent trop rapide).
- Évitez les tics, formules parasites ou marques d'hésitation.
- Chassez les tournures familières ou relâchées.
- Adoptez un vocabulaire précis et rigoureux.
- Soyez capable de reformuler et de nuancer.

**CONSEIL**

Évitez de vous reporter à des supports trop rédigés, afin de livrer un discours spontané.

### B. Le langage corporel

- Adoptez une tenue appropriée.
- Soignez votre posture, en évitant les gestes relâchés ou parasites.
- Mettez en relief votre propos à l'aide d'une gestuelle fluide.
- Interagissez avec les supports disponibles.

**CONSEIL**

Dans le cadre d'un exposé, adoptez des gestes qui épousent une respiration apaisée et accompagnez physiquement certains supports (tableau, écran de projection, affiches…) pour désigner explicitement des données et vous donner une contenance.

### C. Prise en compte de l'interlocuteur et de la situation

- Faites preuve de conviction et d'expressivité.
- Regardez vos interlocuteurs dans les yeux.
- Soyez réceptif à leurs réactions.
- Écoutez-les avec attention, éventuellement en prenant des notes.

**CONSEIL**

Évitez de rester penché sur vos notes afin de communiquer aussi par le regard, en prenant en considération l'ensemble de l'auditoire.

i-manuel

## Entraînement

**3** **Mémorisez les phrases suivantes et entraînez-vous à les prononcer de plus en plus vite.**
Je veux et j'exige d'exquises excuses.
Un chasseur sachant chasser doit savoir chasser sans son chien.

**4** **Dispersez-vous à plusieurs au sein d'un vaste espace (grande salle, gymnase, cour…).** Par association d'idées, chacun adresse un mot à la personne de son choix en adaptant précisément le volume de sa voix à la distance à laquelle elle se trouve de son interlocuteur.

**5** **À deux et à tour de rôle, rendez compte oralement du contenu d'un des textes de ce manuel, de telle sorte que votre partenaire puisse prendre correctement en notes l'essentiel.** Restez précis dans vos reformulations, tout en ajustant le débit à une transcription efficace.

**6** **Cet extrait de débat comporte des propos familiers. Or, sans répondre aux mêmes exigences qu'un écrit soutenu, une intervention orale doit adopter un langage correct. Corrigez ces paroles en adoptant un niveau de langue plus acceptable.**

*Ben, le port de l'uniforme à l'école c'est pas envisageable, malgré que ça pourrait atténuer les inégalités, parce que, au final, ça revient à nier notre personnalité. Moi, j'trouve qu'on est tous différents, en vrai, et qu'il faut affirmer nos choix. Et puis l'uniforme c'est grave démodé, quoi. Ouais, c'était bon pour d'autres, genre nos grands-parents.*

**7** **Classez les attitudes suivantes dans le tableau ci-dessous :**
se passer la main dans les cheveux – croiser les bras – pointer du doigt un interlocuteur – garder les mains dans le dos – se balancer – faire des gestes brusques et saccadés – jouer avec son stylo

| Manque d'assurance | Agressivité | Fermeture au dialogue |
|---|---|---|
| | | |

**8** **Créez une vidéo tutorielle afin de donner des conseils pour être à l'aise et efficace dans toutes sortes de communication orale. À vous de vous montrer convaincant (humour bienvenu).**

| Critères de réussite | Points forts | Points à améliorer |
|---|---|---|
| L'élocution est claire et maîtrisée. | | |
| L'attitude et la gestuelle appuient le propos. | | |
| La vidéo délivre des conseils précis et convaincants. | | |
| La prestation fait preuve d'inventivité. | | |
| La langue est correcte. | | |

## VERS L'EXAMEN

**9** **Par groupes de trois, préparez la soutenance de votre rapport de stage : chacun s'exprime à tour de rôle devant les deux autres qui, à l'issue de l'intervention, pourront interroger et demander des précisions, tout en filmant la prestation. Après le visionnage des prestations, répondez aux questions suivantes :**

– Quels sont les atouts de l'exposé ? les éléments à corriger ou améliorer ?
– Les échanges lors de l'entretien étaient-ils efficaces ? Pourquoi ?

**CONSEIL**
Pour préparer l'exercice, vous pouvez vous aider des pages 254-255.

# Mener un débat

## Observation

1 Que représente cette photographie ?

2 Comment les personnes sont-elles réparties sur le plateau ? Quel est l'intérêt de cette répartition ?

3 Selon vous, quel est le rôle des deux personnes en bout de table ?

## Méthode

### A. L'organisation du débat

La place des participants est importante :

- Les personnes qui défendent un point de vue proche doivent être assises à côté.
- Celles qui défendent des points de vue antagonistes doivent être assises face à face, de manière à échanger facilement leurs arguments.
- Ceux qui défendent un point de vue intermédiaire doivent être assis entre ceux dont les points de vue sont plus tranchés.

### B. L'animation du débat

Une personne chargée d'animer le débat est nécessaire. Elle doit rester neutre, réguler les échanges en s'assurant du temps de parole de chacun et de la courtoisie des débatteurs.

### C. Le rapporteur du débat

Il est également possible de désigner un rapporteur, chargé de prendre en notes les idées des débatteurs, pour en faire une synthèse à la fin du débat et d'apporter une conclusion aux échanges.

**CONSEIL**

Le langage corporel fait partie des armes d'un débat. Évitez de laisser transparaître votre nervosité, mais n'hésitez pas à vous servir de vos mains pour souligner certaines idées. Attention cependant à ne pas trop en faire !

i-manuel

## Entraînement

**4 Par groupe de cinq, travaillez votre langage corporel dans un jeu de mime.**

**a.** Quatre étudiants choisissent un thème de débat dans la liste ci-dessous et se répartissent les points de vue (deux étudiants s'opposent aux deux autres). Le cinquième étudiant ne doit rien savoir.

Thèmes de débat :
– La mode est-elle un art ?
– La défense des animaux doit-elle passer par des actions fortes ?
– Faut-il interdire le téléphone portable à l'école ?

**b.** Pendant trois minutes, les quatre premiers étudiants miment le débat, sans prononcer un seul mot, mais en faisant des gestes qu'ils feraient s'ils parlaient à voix haute.

**c.** À la fin du débat silencieux, le cinquième étudiant doit deviner le thème du débat et les points de vue défendus.

**5 Par groupes de sept, choisissez un sujet de débat parmi les propositions suivantes :**
– Faut-il renoncer aux plaisirs de la société de consommation ?
– Faut-il croire les médias d'information ?
– Les technologies numériques sont-elles une chance pour l'humanité ?

**a.** Répartissez-vous les rôles :
– deux étudiants devront répondre « oui » à la question du débat ;
– deux étudiants devront répondre « non » ;
– un étudiant défendra un point de vue nuancé ;
– un animateur régulera les échanges ;
– un rapporteur fera la synthèse des échanges et conclura.

**b.** Au brouillon, formulez spontanément le plus d'arguments possibles.

**c.** Cherchez des exemples sur Internet, mais également dans votre manuel. Formulez d'autres arguments qui émergeraient à la lecture des exemples.

**d.** Débattez : l'animateur ouvre le débat et attribue la parole aux participants, en veillant à ce que chacun puisse s'exprimer dans un temps équitable. Le rapporteur note les échanges : à la fin du débat, il les résumera et conclura de manière synthétique.

**CONSEIL**

On ne s'engage jamais dans un débat sans l'avoir préparé : concevez des fiches résumant vos arguments et vos exemples. Notez par exemple les statistiques ou les dates difficiles à retenir par cœur : vous gagnerez en exactitude, et donc en force de conviction.

**6 Évaluez votre prestation à l'aide de la grille ci-dessous.**

| Critères de réussite | Points forts | Points à améliorer |
|---|---|---|
| Je suis intervenu à bon escient dans le débat. | | |
| Mes arguments étaient convaincants. | | |
| Mes exemples étaient clairs et pertinents. | | |
| L'expression était soignée. | | |

## VERS L'EXAMEN

**7 a. À quelle partie de l'épreuve écrite la pratique du débat vous fait-elle penser ? Pourquoi ?**
**b. Quelles différences y a-t-il entre le débat et cette épreuve ?**

**8 a. Quelles compétences utiles dans un débat peuvent aider lors d'une soutenance ?**
**b. Quelles différences existe-t-il entre ces deux situations d'oral ?**

# Prendre des notes

## Observation

**Cours intégralement copié**

**A. Les mécènes de La Fontaine**

En 1658, La Fontaine entre au service de Fouquet, surintendant du roi, qui lui commande des poèmes. Mais son mécène, accusé de malversations, est arrêté en 1661. La Fontaine part en province jusqu'en 1664 : il entre au service de la duchesse d'Orléans, qui meurt en 1672. Madame de La Sablière le prend alors sous sa protection.

**B. Les sources d'inspiration de La Fontaine**

La Fontaine puise son inspiration chez l'auteur grec Ésope et l'auteur latin Phèdre, mais également chez l'auteur indien Pilpay.

**C. Les dédicataires de ses fables**

Les six premiers livres de son recueil, publiés en 1668, sont dédiés au dauphin Louis de France. Les cinq suivants, publiés en 1678 et 1679, sont dédiés à Madame de Montespan, favorite de Louis XIV. Enfin, le dernier livre, publié en 1693, est dédié au duc de Bourgogne, petit-fils du roi. Ainsi, La Fontaine cherche-t-il à s'attirer les grâces du roi.

**Cours pris en notes**

**A. Mécènes de La Fontaine**

1658. LF au service de Fouquet, surintendant du roi, qui lui commande poèmes
1661. arrestat° Fouquet, accusé de malversat° > départ province
1664. entre au service de la duchesse d'Orléans (meurt en 1672) > Mme de La Sablière offre protect°

**B. Sources d'inspiration de LF**

– Ésope (grec)
– Phèdre (latin)
– Pilpay (indien)

**C. Dédicataires des fables**

1668. livres 1-6 > dauphin Louis de Fr
1678-1679. livres 7-11 > Mme de Montespan, favorite L.XIV
1693. livre 12 > duc de Bourgogne, petit-fils L.XIV
> LF cherche grâces du roi

**1** D'après ces deux cours, à quoi la prise de notes sert-elle ?

**2** D'après ces deux cours, quels procédés peut-on employer pour prendre des notes ? En utilisez-vous d'autres ?

| Mot | Abréviation |
|---|---|
| dans | ds |
| quand | qd |
| temps | tps |
| donc | dc |
| beaucoup | bcp |
| pendant | pdt |
| avant | avt |
| jamais | jms |
| toujours | tjs |
| c'est-à-dire | càd |
| gentiment (et les autres adverbes en *-ment*) | gentim$^{t}$ |
| fonction | fonct°/f° |

| Mot/Idée | Symbole |
|---|---|
| Conséquence | → / > |
| Cause | ← / < |
| Homme | ♂ |
| Femme | ♀ |
| Travail | ω |
| Infini | ∞ |
| Psy (psychologie...) | Ψ |
| Phi (philosophie...) | Φ |
| Rien, absence, vide | Ø |
| Paragraphe | § |
| Environ | ~ |
| Différent | ≠ |

## Entraînement

**3 Proposez des abréviations ou des symboles pour les mots suivants :**

| | | |
|---|---|---|
| – document ........ | – augmentation ........ | – différent ........ |
| – pourquoi ........ | – français ........ | – supérieur ........ |
| – quelque chose ........ | – argumentation ........ | – équivalent ........ |
| – quelqu'un ........ | – même ........ | – texte ........ |

**4 Transformez ces phrases verbales complètes en tournures nominales synthétiques, sous forme de notes.**

Ex. : *Cet article a été publié en avril 2016. > article publié 04/16*

**a.** Il est interdit de recopier le texte sans l'avoir reformulé.

**b.** Le personnage est décrit avec de nombreux détails aux lignes 12 à 18.

**c.** Le prix Goncourt 2017 a été attribué à Éric Vuillard pour *L'Ordre du jour*.

**5 Proposez une prise de notes pour les phrases suivantes.**

**a.** Le texte de ce journaliste défend une thèse tout à fait opposée à celle de cet écrivain.

**b.** Le corpus présente quatre documents qui parlent tous du réchauffement climatique.

**c.** Victor Hugo, né en 1802 et mort en 1885, est l'auteur de pièces de théâtre comme *Hernani* ou *Ruy Blas* et de romans comme *Les Misérables* ou *Notre-Dame de Paris*.

## VERS L'EXAMEN

### Document 1 — Aymeric Caron, *Antispéciste*, 2016

Selon une estimation récente publiée dans la revue scientifique *Nature*, 75 % des espèces actuellement vivantes pourraient être éradiquées d'ici 2200, ce qui constituerait la sixième extinction de masse dans l'histoire de la planète.

Les causes de ces disparitions sont essentiellement humaines : chasse, surpêche, perte ou dégradation de l'habitat liées à nos activités (déforestation, urbanisation, accroissement démographique, tourisme, extraction d'énergie), dérèglement climatique et évidemment commerce illicite... Bientôt, si nous n'inversons pas notre logique de destruction, il n'y aura plus sur Terre d'animaux sauvages, hormis ceux que nous aurons choisi de sauver pour nous donner bonne conscience.

Leur trafic est en expansion, notamment grâce à Internet où des centaines de sites proposent des animaux vivants, ou des bouts d'animaux, ou des produits dérivés. De plus en plus de rhinocéros sont assassinés pour les vertus supposées (mais bidon) de leurs cornes sur la santé sexuelle. Une corne de rhinocéros se marchande 60 000 euros le kilo, soit plus cher que l'or et autant que la cocaïne. Le crime organisé lorgne sur les animaux car les peines encourues sont beaucoup moins lourdes que dans les affaires de drogue. Quelques milliers de dollars d'amende pour un braconnier, quelques années de prison pour un trafiquant de cocaïne. Ces trafics sont tellement criminels qu'au moins 1 000 gardes ont été tués ces dix dernières années par des braconniers, pour qui la vie humaine importe aussi peu que la vie des animaux non humains.

**6 a. Vous devez préparer une synthèse sur les espèces animales en voie d'extinction. Prenez en notes les éléments du texte qui vous seraient utiles.**

**b. Quelles informations avez-vous conservées ? Lesquelles étaient inutiles ?**

**c. Recommencez l'exercice, mais avec un objectif différent : imaginez que vous préparez une synthèse sur le trafic d'animaux.**

**d. Quelles informations avez-vous conservées ? Lesquelles étaient inutiles ?**

LANGUE ET EXPRESSION

# Employer un lexique précis

## Observation

**Document 1** **Publicité pour Évian**

**Extrait de synthèse 1**
Le document montre une personne âgée. Elle porte un t-shirt sur lequel on voit un bébé. L'auteur veut dire que l'on peut rester jeune et dynamique, notamment si l'on boit l'eau Évian. Il dit aussi que cette eau rend heureux. Les autres documents du corpus disaient qu'on ne pouvait rien faire contre la vieillesse.

**Extrait de synthèse 2**
La publicité met en scène une personne âgée. Elle porte un t-shirt sur lequel on voit un bébé. Le publicitaire veut nous prouver que l'on peut rester jeune et dynamique, notamment si l'on boit l'eau Évian. Il sous-entend aussi que cette eau rend heureux. Il s'oppose à la vision du romancier et de l'essayiste du corpus, selon qui on ne peut rien faire contre la vieillesse.

1. **Quelles différences voyez-vous entre ces deux extraits de synthèse ?**
2. **Pour quelles raisons faut-il employer des mots précis dans une synthèse ?**

## Vocabulaire

### Éviter les répétitions

Pour éviter les répétitions, notamment du verbe « dire », on peut :
– utiliser des verbes de parole : raconter, affirmer, déclarer ;
– utiliser des verbes d'analyse : indiquer, expliquer, montrer, démontrer, prouver, exposer, observer, analyser, remarquer ;
– montrer l'insistance : détailler, souligner, insister ;
– indiquer le point de vue de l'auteur : approuver, demander, exprimer, exiger, souhaiter, s'enthousiasmer, s'opposer, s'indigner, se révolter, refuser, protester, s'irriter.

### Parler de l'auteur

- En fonction du genre du texte, on peut remplacer « l'auteur » par : l'écrivain, le romancier, le poète, le dramaturge (qui écrit des pièces de théâtre), le fabuliste (qui écrit des fables), l'essayiste (qui écrit des essais), le journaliste, le sociologue, le politologue (qui étudie la politique), le spécialiste, le médecin, le militant, etc.
- Le créateur d'une image peut être un peintre, un dessinateur, un caricaturiste, un photographe, un publicitaire, etc.

## Entraînement

**3 Dans chacune des phrases suivantes, remplacez le verbe « dire » par un verbe plus précis.**

**a.** L'auteur dit que les hommes et les femmes vivent de plus en plus longtemps.
**b.** Il dit que cela est dû aux progrès de la médecine.
**c.** Il dit toutes les différentes innovations qui ont permis ces progrès.
**d.** Il dit que la diminution des conflits et des grandes épidémies explique ces changements.
**e.** Il dit toutefois que les progrès sont inégalement répartis.

## VERS L'EXAMEN

### Document 2 — Gaëlle Dupont, « Plus on vieillit, moins on est reconnu », *Le Monde*, 2018

***L'article évoque la situation des personnes âgées en France et présente l'association Old'up, qui milite « pour que les vieux ne soient pas considérés comme des sous-citoyens ».***

« *Plus on vieillit, moins on est reconnu,* résume Philippe Gutton. *Parce qu'on marche moins bien, qu'on entend moins bien, qu'on voit moins bien. Les vieux sont perçus comme hors circuit.* » Vieillir, c'est s'effacer. Physiquement, pour ne pas être bousculé dans la rue parce que les autres vous trouvent trop lent. Mais dans les têtes aussi. « *Votre avis n'intéresse plus personne,* témoigne Paule Giron, 89 ans. *Cela pèse plus sur les gens qui avaient un rôle important dans la société, en particulier les hommes. Les titres, la profession, tout est gommé. Nous les femmes on est habituées, alors on s'en sort plutôt mieux.* »

En raison de la peur de la déchéance physique, mentale, et de la mort qu'ils véhiculent, les vieux n'ont pas une bonne image. « *On nous présente comme une charge, un déficit, un coût,* observe François Monconduit, 81 ans. *On ne parle que des malades, des Ehpad* [établissements d'hébergement pour personnes âgées dépendantes]. » Alors que seulement 8 % des personnes âgées sont touchées par la perte d'autonomie. Les membres d'Old'up, bien que parfois chancelants, vivent à domicile, où ils ambitionnent de rester. « *L'idée qui prévaut est : tous les vieux sont pareils* », observe Philippe Gutton.

Tout de même, les égards réservés au grand âge perdurent. Dans les transports, les plus jeunes se lèvent pour laisser leur place. Pourtant, beaucoup sentent une distance s'installer entre eux et le reste du monde. « *Souvent les jeunes parlent entre eux, comme si les vieux n'avaient rien à dire* », observe Paule Giron. Il faut constamment « *remettre en cause ce que les autres projettent sur vous, y compris vos propres enfants* », poursuit-elle. Par exemple ? « *Quand j'ai voulu changer de voiture à 84 ans, ils m'ont dit : "Mais tu ne vas pas arrêter de conduire bientôt ?" Quand j'ai voulu déménager, j'ai entendu : "À ton âge, tu es folle !"* » Une parole qui « *force au rétrécissement* ».

Les plus jeunes « *veulent toujours prendre les décisions à notre place* », conteste Bernadette Aumont, 92 ans. « *On me dit : "Je ne te propose pas de venir dîner, le soir tu dois être trop fatiguée".* » Alors que non, Bernadette adore sortir le soir. « *Le grand âge donne un sentiment d'impuissance,* poursuit-elle. *Mais ce n'est pas grave. On gagne en profondeur et en liberté.* » C'est un message-clé d'Old'up. « *Nous sommes là pour témoigner que les choses peuvent être différentes* », affirme Philippe Gutton. Que la vieillesse peut être bien vécue.

**4 a. Quelles est la situation des personnes âgées, d'après le texte ? Complétez les phrases suivantes.**

L'article explique ……………………………
Il détaille ……………………………
Il insiste ……………………………
Il dénonce ……………………………

**b. Expliquez ce que propose l'association pour changer la situation, en utilisant des verbes variés.**

# Reformuler des documents

## Observation

**Document 1** **Annie Ernaux, *Regarde les lumières mon amour*, 2014**

***L'auteure raconte les observations qu'elle fait dans un supermarché.***

Les jouets occupent plusieurs rangées de rayons rigoureusement séparés en « Garçons », « Filles ». Aux uns, l'exploit – Spiderman – l'espace, le bruit et la fureur – voitures, avions, chars, robots, punching-ball – le tout décliné dans des rouges, verts, jaunes violents.

Aux autres, l'intérieur, le ménage, la séduction, le pouponnage. « Ma petite supérette », « Mes accessoires de ménage », « Ma mini-Tefal », « Mon fer à repasser », « Ma baby-nurse ». Un « Sac aliments » transparent est rempli hideusement, entre étron[1] et vomi, de croissants et autres nourritures en plastique. Entrevoir une trousse de docteur au milieu de cet arsenal ménager me soulage presque. La reproduction du rôle ne s'embarrasse pas de subtilités ni d'imagination : tout pareil que maman en mini. En face, les teintes sucrées des trousses de maquillage, des coiffeuses avec une glace et un siège pour se faire une beauté, des costumes de Blanche-Neige et de princesses. Plus loin, des poupées de haut en bas d'un rayon de dix mètres. Publicité pour une Barbie au volant d'une Volkswagen, 29,90 euros. Je suis agitée de colère et d'impuissance. Je pense aux Femen, c'est ici qu'il vous faut venir, à la source du façonnement de nos inconscients, faire un beau saccage de tous ces objets de transmission. J'en serai.

1. Excrément

**Les jouets des garçons sont toujours liés à la performance ou à la violence.**

**Les jouets des filles sont toujours liés aux tâches domestiques.**

**Les jouets des filles leur permettent d'être belles et séduisantes.**

**Annie Ernaux évoque des « objets de transmission ». En effet, les jouets des enfants leur permettent d'imiter et de reproduire ce que font leurs parents.**

**1** **Quelles différences voyez-vous entre les phrases surlignées et leur reformulation dans la colonne de droite ?**

**2** **Pour quelles raisons faut-il reformuler les documents, dans une synthèse ?**

**3** **Comment peut-on faire pour reformuler efficacement un document, d'après cet exemple ?**

## Entraînement

**4** **Reformulez les mots en gras par une expression plus synthétique ou plus générale.**

Ex. : Dans les contes de fées, les princes sont souvent **valeureux, courageux. Ils multiplient les actions d'éclat, ils bravent les dangers et affrontent des monstres.**

→ Dans les contes de fées, les princes sont souvent **héroïques**.

**a.** Dans les contes de fées, **les princesses sont emprisonnées dans une tour. Elles ne sont pas à l'initiative des actions, et seul un homme leur indique quoi faire.**

→ ....................

**b.** Les jouets des garçons **les font voyager dans les déserts, dans la jungle, sous l'eau, dans le temps et l'espace.**

→ ....................

i-manuel

VERS L'EXAMEN

Document 2

## Émilie Brouze, « La vraie révolution : que les garçons expriment enfin leurs émotions », *L'Obs*, 2017

***Cet article évoque les difficultés qu'ont les garçons à exprimer leurs émotions.***

**« Un garçon, ça ne pleure pas »**

Pour Sylvie Ayral, enseignante, docteure en sciences de l'éducation et auteure de *La Fabrique des garçons* (éd. PUF, 2011), rien d'étonnant à nos observations : toute la socialisation des garçons consiste à mettre de la distance dans leurs émotions.

« *La douleur, l'expression du chagrin, les larmes, sont réprimées depuis la petite enfance.* »

Dans les cours d'écoles, au sein des familles, les adultes réagissent généralement différemment face à un chagrin de petite fille ou de petit garçon.

Ces derniers sont incités à ne pas s'arrêter sur leurs émotions ou leur douleur, à ne pas se laisser avoir par elles, mais à être courageux et passer outre (« un garçon, ça ne pleure pas » ; « allez, relève-toi, ce n'est rien » ; « serre les dents »).

« *La seule émotion qu'on va tolérer socialement, c'est la colère et les débordements qui vont avec.* »

Parce qu'exprimer ses émotions, c'est faire preuve d'une certaine vulnérabilité, les garçons peuvent montrer la colère, mais pas le chagrin, les larmes, la peur, la tristesse.

**« L'idéal viril »**

L'apprentissage émotionnel va bien au-delà des « ne pleure pas », adressés davantage aux garçons. Il passe aussi par les copains de classe, internet, la télé, les jeux, les activités ou encore par l'observation de ce que font les adultes autour. « Comment ils se comportent, ce qu'ils ont le droit de dire et ne pas dire, comment ils se parlent, est-ce que l'homme parle de ce qu'il ressent... », détaille la chercheuse Isabelle Boni-Le Goff.

« Très souvent, au sein des familles, on voit que les mamans parlent, tandis qu'un père avec son fils va faire quelque chose avec lui, ils vont avoir du mal à communiquer vraiment, et encore plus sur leurs émotions respectives », complète Sylvie Ayral.

« Dans la norme de masculinité que les sociologues appellent "hégémonique[1]", en réalité inatteignable, il n'y a pas la possibilité de dire ses vulnérabilités », opine Arthur Vuattoux. « Il y a une sorte d'amour propre, qui vient paralyser les garçons », ajoute Sylvie Ayral.

Parce qu'un homme est censé avoir une autorité naturelle, il est ainsi difficile pour un enseignant homme de parler de ses problèmes à gérer une classe, cite-t-elle en exemple.

« *Alors qu'une femme va pouvoir craquer, pleurer, puisqu'on va le tolérer socialement et qu'on va même considérer que c'est inhérent à la nature féminine.* »

Contrôle de soi et sang-froid sont des qualités attendues chez ces messieurs. Un garçon doit cacher ses faiblesses pour coller au flamboyant idéal viril que la société lui impose.

1. Dominante

**5** **Qu'apprend ce texte sur l'éducation des garçons ? Relevez les passages importants, puis reformulez-les.**

**6** **Quelles phrases vous semblent particulièrement marquantes ? Expliquez-les.**

LANGUE ET EXPRESSION

# Modaliser son propos

## Observation

**Texte A**

Les abeilles disparaissent et de multiples facteurs expliquent cette disparition. Les pesticides, de plus en plus nombreux et divers, causent chaque année la mort de millions d'abeilles. De plus, leur élevage est difficile, et des apiculteurs amateurs ne connaissent pas les techniques permettant de mieux gérer les grandes ruches. Elles sont les victimes du parasite « Varroa destructor », qui décime les ruches. Enfin, les conditions météorologiques, notamment les fortes précipitations et les écarts de température fragilisent les essaims. Les causes sont donc nombreuses, mais la fin des abeilles conduit à la fin de l'humanité.

**Texte B**

Les abeilles disparaissent et de multiples facteurs peuvent expliquer cette disparition. Les pesticides, de plus en plus nombreux et divers, causeraient chaque année la mort de millions d'abeilles. De plus, leur élevage est difficile, et des apiculteurs amateurs ne connaissent pas toujours les techniques permettant de mieux gérer les grandes ruches. Elles seraient sans doute les victimes du parasite « Varroa destructor », qui décime les ruches. Enfin, les conditions météorologiques, notamment les fortes précipitations et les écarts de température fragilisent peut-être les essaims. Les causes sont donc nombreuses et incertaines, mais la fin des abeilles pourrait conduire à la fin de l'humanité.

**1 a.** **Relevez dans le texte B les différences par rapport au texte A, et classez-les dans le tableau ci-dessous. C'est à vous de trouver les catégories.**

| Les modalisateurs | | | |
|---|---|---|---|
| **Adverbes** | | | |
| Peut-être | | | |

**b.** **À quoi servent les mots ou expressions que vous avez repérés et qu'on appelle des modalisateurs ?**

**c.** **À quoi pourraient servir les modalisateurs dans une synthèse de documents ? Et dans une écriture personnelle ?**

## Entraînement

**2 Modalisez chacune des phrases suivantes. Vous indiquerez le type de modalisateur que vous avez choisi (en fonction des catégories trouvées dans l'Observation).**

a. Les animaux de la terre disparaissent massivement.
b. Seuls les dinosaures ont disparu plus vite.
c. Les poissons et les grenouilles sont les plus menacés.
d. L'activité humaine l'explique dans une grande partie.

**3 Vous modaliserez le texte suivant en utilisant au moins sept modalisateurs différents.**

Des scientifiques ont découvert une incroyable grenouille au Costa Rica. On l'appelle la grenouille de verre, parce qu'elle est transparente et qu'on peut voir ses organes à travers son ventre. Sa tête est d'un vert très intense, et ses pattes hésitent entre le noir et le blanc. Son petit cri strident, plus proche de celui d'un insecte que d'une grenouille, s'entend à plusieurs mètres. Les scientifiques ne savent pas encore expliquer avec précision à quoi sert la transparence de leur ventre. Il sert à les protéger du soleil, mais aussi à se fondre dans la végétation pour éviter leurs prédateurs. La recherche médicale s'intéresse à la peau de ces grenouilles. Elle les aidera à guérir certaines maladies génétiques.

## VERS L'EXAMEN

### Document 1 Affiche de l'association Robin Wood, 2016

**4 L'activité humaine est-elle contradictoire avec le respect de l'environnement ? Vous répondrez à cette question en un paragraphe, en modalisant votre propos. Vous pouvez vous inspirer de l'affiche.**

# Maîtriser les connecteurs logiques

## Observation

**Texte A**

Les héros sont les fils des dieux et des déesses. Ce mot a désigné des êtres dotés de pouvoirs surnaturels et incroyables. Des personnes remarquables pour leur génie, leur talent ou leur dévouement à une cause ont été appelées ainsi. Les héros ordinaires existent. Les personnes engagées et les bénévoles se dévouent pour le bien commun. Ils n'ont pas de pouvoir fabuleux, ils peuvent se montrer héroïques.

**Texte B**

Les héros sont d'abord les fils des dieux et des déesses. Ce mot a ensuite désigné des êtres dotés de pouvoirs surnaturels et incroyables. Enfin, des personnes remarquables pour leur génie, leur talent ou leur dévouement à une cause ont été appelées ainsi. Toutefois, les héros ordinaires existent aussi. Les personnes engagées et les bénévoles se dévouent pour le bien commun. En effet, même s'ils n'ont pas de pouvoir fabuleux, ils peuvent se montrer héroïques. Ainsi, nous pouvons tous être des héros.

**1** **a.** **Relevez les différences entre ces deux textes.**
**b.** **À quoi servent les mots relevés ?**

**2** **Complétez cette carte mentale avec les connecteurs du texte et ceux que vous connaissez.**

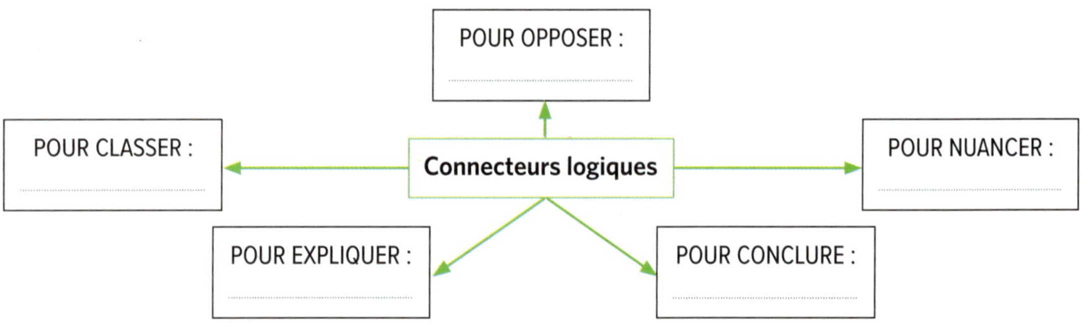


## Entraînement

**3** **Ajoutez des connecteurs logiques dans le texte ci-dessous.**

Avant d'être cosmonaute, Thomas Pesquet était ingénieur et pilote de ligne. Il parle cinq langues. Il joue du saxophone, adore le judo, le parachutisme, l'alpinisme et le VTT. Il semble heureux. En 2009, il a été sélectionné avec cinq autres personnes parmi 8 413 autres candidats : il avait 0,071 % de chances d'être élu. Il se trouve chanceux. Il est amusant, et sait très bien expliquer son métier : ce qu'il fait lors des entraînements, les sensations au décollage, ce qu'il fera dans la navette, les expériences qu'il devra conduire. Il se montre intelligent, vif, désireux d'apprendre et d'échanger avec les journalistes, toujours optimiste et volontaire. Il reste modeste, il sait que c'est surtout la chance et la persévérance qui lui ont permis d'arriver là.

## VERS L'EXAMEN

**4** **Avons-nous besoin de héros pour nous construire ? Vous répondrez à cette question en un paragraphe argumenté et nuancé. Vous utiliserez des connecteurs logiques.**

# Se relire

i-manuel

## Méthode

Se relire permet de corriger les erreurs et les incohérences d'une copie.
De manière générale, une seule relecture ne suffit pas.

### A. La première relecture

À cette étape, on vérifie que les phrases ont un sens, on corrige les expressions maladroites ou confuses et on supprime les répétitions. On peut également réécrire les mots peu lisibles. C'est la relecture la plus importante.

### B. Relecture des parties charnières

On peut relire avec précision les parties charnières de la copie (introduction, transitions, débuts de paragraphe, conclusion) pour corriger les contradictions et les incohérences : le développement suit-il le plan annoncé ? La conclusion répond-elle à la question posée en introduction ? Y a-t-il une idée ou un argument clair au début de chaque paragraphe ?

### C. Les relectures ciblées

Une ou plusieurs relectures ciblées permettent d'améliorer la langue de sa copie. On peut notamment vérifier : la construction des phrases ; les accords des noms et des verbes ; les terminaisons des verbes ; la manière d'écrire le son « é » à la fin des verbes ; certains homonymes grammaticaux (à/a ; par/part ; son/sont, etc.).

**Vous pouvez remplir cette fiche tout au long de l'année, en vous aidant des remarques de votre professeur. Lors de vos relectures, vous pouvez vous concentrer sur un ou deux objectifs.**

| Devoir | Objectifs | Progrès | Points à améliorer |
|---|---|---|---|
| Exemple :<br>Synthèse sur les robots | 1. Corriger les phrases trop longues.<br>2. Faire une conclusion moins générale, en rapport avec l'introduction. | 1. Phrases encore longues.<br>2. Bonne conclusion. | 1. Relire les phrases pour mieux les délimiter.<br>2. Ne pas confondre « on » et « ont ». |
| | | | |
| | | | |
| | | | |
| | | | |
| | | | |
| | | | |

# Créer son CV

Document 1

Samuel Duval
7, rue des Chrysanthèmes
94 000 Créteil
06 52 47 85 69
sam.duval@bts.net

## EXPÉRIENCES PROFESSIONNELLES

**2019** (6 mois) : Assistant à l'Association sportive de Créteil (section basket)
> Participation au recrutement
> Organisation des journées portes ouvertes
> Lien avec les sponsors

**2018** (3 mois) : Conseiller de vente, Decathlon d'Ivry
> Conseil aux clients
> Vente
> Rayonnage

**2017** (3 mois) : Stage de découverte professionnelle à l'AS basket d'Alfortville

## FORMATION

**2018-2019** : BTS SAM, lycée Saint-Exupéry, Créteil

**2018** : Baccalauréat STMG option « Ressources humaines », mention Bien, lycée Léon Blum, Créteil

## COMPÉTENCES

**Langues :**
> Anglais : lu, écrit, parlé (niveau B2)
> Espagnol : lu, écrit, parlé (niveau B1)

**Numérique :**
> Animation et mise à jour du site de l'Association sportive de Créteil
> Maîtrise du Pack Office

## LOISIRS

Entraîneur d'une équipe de basketball junior à l'AS Alfortville
Jeux de rôle

i-manuel

1 Indiquez dans la marge du CV (p. 242) l'intérêt des rubriques et les pièges à éviter.

2 Complétez le schéma ci-dessous.

Mon parcours

| Formation et diplômes | Expériences professionnelles | Loisirs et centres d'intérêt |
| --- | --- | --- |
| | Emplois saisonniers | |
| | Stages | |

**CONSEIL**
Soignez la mise en page : le CV doit être immédiatement lisible. Relisez-vous attentivement.

3 **Rédigez votre CV avec un traitement de texte :**
– sélectionnez vos expériences les plus marquantes, en fonction du poste visé ;
– classez vos expériences et les étapes de votre formation de la plus récente à la plus ancienne.

# Rédiger une lettre de motivation

## Document 1 Julien Prévieux, *Lettres de non-motivation*, 2009

***Pendant plus de dix ans, Julien Prévieux a répondu à des petites annonces en expliquant en quoi il n'était pas intéressé par ces offres d'emploi.***

Julien Prévieux
11, avenue Gambetta
75020 Paris

Société BENEDICTA
30, Bd Bellerive
92566 Rueil Malmaison Cedex

Bénédicta

N°2 sur le marché Français des sauces froides (mayonnaises, sauces de variété, sauces crudités) nous recherchons

**1 Chef de secteur h/f**

• Région Parisienne 91 - 94
• Province 41 - 45

Rattaché au Directeur Régional, vous développez nos marques par votre action de négociation. Vous veillez à la qualité d'implantation des produits en optimisant les moyens merchandising, marketing et budgétaires mis en place.
A 25/35 ans, vous avez un BAC +2 ou équivalent avec une première expérience réussie dans le commerce de la grande distribution.
Rémunération fixe + prime sur objectif + frais.
Voiture de fonction + téléphone.
Merci d'envoyer votre dossier à Mme Dominique BOUIS
Société BENEDICTA - 30 Bld Bellerive - 92566 Rueil Malmaison Cede

Objet : poste de chef de secteur

Le 10/09/2003,

Madame, Monsieur,

Je vous écris suite à votre proposition de poste de chef de secteur parue dans le journal « Le marché du travail ». Je dispose d'une solide formation commerciale, d'un tempérament enthousiaste et d'un goût immodéré pour la junk-food. Depuis 5 ans, je me nourris exclusivement de sauce béarnaise, de sauce hot pepper, de sauce pommes frites, de sauce américaine, d'aïoli, de sauce pour nem, de sauce bourguignonne et de sauce madère. Dans une recherche d'efficacité maximum, j'ingurgite les pots le plus rapidement possible. Fort de cette expérience, j'ai largement dépassé le poids limite qu'on peut se permettre si l'on veut pouvoir se déplacer. C'est pourquoi j'estime avoir toutes les qualités requises pour devenir chef de secteur. Malheureusement votre proposition de poste se situe en région parisienne et je ne m'éloigne jamais du supermarché Franprix de la rue des Amandiers. Par conséquent, je me vois, bien malgré moi, dans l'obligation de refuser votre offre.

Dans l'attente d'une réponse de votre part, je vous prie, Madame, Monsieur d'agréer l'expression de mes sentiments distingués.

Julien Prévieux

**1** Selon vous, comment peut réagir un recruteur en lisant une telle lettre ?

**2** Que faudrait-il changer pour que cette candidature soit retenue ?

i-manuel

## Document 2 Lettre de motivation pour une recherche de stage

Noémie Girard
12, rue Jules Renard
31 000 Toulouse
03 12 45 78 65
noemie.girard@bts.fr

À l'attention du responsable du recrutement
Pop Store
45, rue Simone Veil
31 000 Toulouse

Toulouse, le 28 septembre 2018

Objet : recherche de stage (management des unités commerciales)

Madame, Monsieur,

Actuellement étudiante en BTS MUC au lycée Émile Zola de Toulouse, je suis à la recherche d'une entreprise qui pourrait m'accueillir dans le cadre d'un stage conventionné d'une durée de six semaines, à compter du 8 janvier 2019.

C'est tout naturellement que je me suis tournée vers « Pop Store », dont je suis une fidèle cliente. Je suis en effet passionnée par l'informatique et les nouvelles technologies de manière générale.

Lors de ma formation, j'ai pu développer mes compétences de gestion, ainsi que mon sens du relationnel et de la communication. J'aime par ailleurs travailler en équipe. Passionnée par l'informatique et le numérique, j'apprécie enfin le fait de conseiller les clients et de partager mon goût pour les nouvelles technologies, ce que j'ai été amenée à faire l'été dernier en occupant un emploi saisonnier au rayon numérique d'un magasin Fnac.

Je serais donc honorée de pouvoir améliorer mes compétences en intégrant votre équipe en tant que stagiaire.

Je vous remercie vivement de l'attention que vous porterez à cette demande et me tiens à votre disposition pour un entretien.

Dans l'attente de votre réponse, je vous prie d'agréer, Monsieur, l'expression de mon plus profond respect.

Noémie Girard

NG

**4** **Indiquez dans la marge l'intérêt de chaque rubrique et les pièges à éviter.**

# Rédiger une lettre de motivation

**5 Corrigez la lettre de motivation ci-dessous.**
**Vous pouvez barrer ce qui ne convient pas, écrire sur la lettre et dans la marge ou tracer des flèches.**

Lunettes 2000
45 rue des lentilles
59000 Lille

Thomas Durand
14 avenue de la République
59000 Lille
thomas.durand@bts.fr

Madame,

Actuellement en BTS opticien lunettier au lycée Victor Hugo de Lille, je suis à la recherche d'une entreprise qui pourrait m'accueillir dans le cadre d'un stage conventionné.
Je connais votre magasin depuis de nombreuses années. « Lunettes 2000 » propose ce qui se fait de mieux en lunettes. Vos produits sont à la fois élégants, résistants et pratiques : aucun magasin de lunettes n'est aussi prestigieux dans la région. Je m'intéresse à l'optique et aux lunettes depuis toujours et ce serait, plus qu'un honneur, un rêve de travailler à vos côtés.
Lors de ma formation, j'ai pu développer mes compétences de gestion, ainsi que mon sens du relationnel et de l'accueil des clients. Je suis serviable et attentionné, mais aussi très charismatique. Je pourrai multiplier vos ventes si vous m'engagez en tant que stagiaire. J'aime par ailleurs travailler en équipe et proposer un vrai leadership à mes collègues.
Je serais ravi de pouvoir apporter mes compétences acquises au cours de mon cursus ainsi que mon immense enthousiasme à travailler à vos côtés.
Je vous remercie vivement de l'attention que vous porterez à cette demande.
Dans l'attente de votre réponse, je vous prie d'agréer, Monsieur, l'expression de mon plus profond respect.

**6 Cherchez une offre de stage ou d'emploi concernant votre secteur d'activité. Que pourriez-vous mettre en valeur dans votre lettre de motivation ? Remplissez le schéma ci-dessous.**

**Ma candidature**

**1 Ma formation**

.......................................................
.......................................................
.......................................................
.......................................................
.......................................................
.......................................................
.......................................................

**2 Mes expériences**

.......................................................
.......................................................
.......................................................
.......................................................
.......................................................
.......................................................
.......................................................

**3 Mes compétences**

.......................................................
.......................................................
.......................................................
.......................................................
.......................................................
.......................................................
.......................................................

**4 Mes qualités**

.......................................................
.......................................................
.......................................................
.......................................................
.......................................................
.......................................................
.......................................................

**5 Mes motivations**

.......................................................
.......................................................
.......................................................
.......................................................
.......................................................
.......................................................
.......................................................

**CONSEIL**

- La lettre de motivation ne doit pas faire plus d'une page pour être lisible.
- Aérez la mise en page en faisant des paragraphes et en laissant des marges.
- Relisez-vous attentivement.

FRANÇAIS PROFESSIONNEL

# L'entretien téléphonique

**1** **Selon vous, quelle est la meilleure phrase pour se présenter, si vous appelez un standard ou un secrétariat pour une candidature spontanée ?**

☐ Est-il possible de parler au directeur des ressources humaines ? Je suis à la recherche d'un stage.

☐ Bonjour, Sophie Duval à l'appareil, je voudrais parler au responsable du recrutement, s'il vous plaît.

☐ Bonjour Madame/Monsieur, je m'appelle Sophie Duval, je suis actuellement étudiante en BTS et suis à la recherche d'un stage. Pourriez-vous s'il vous plaît me passer le service des ressources humaines ?

☐ Madame/Monsieur, je me nomme Sophie Duval et je requiers votre sollicitude afin de pouvoir m'adresser à la direction des ressources humaines.

**2** **Vous appelez la personne en charge du recrutement de l'entreprise.**

**a.** Quelles sont les informations pratiques que vous devez penser à lui donner ?

..............................

..............................

**b.** Quelles sont les erreurs à éviter lors d'une prise de contact par téléphone ?

..............................

..............................

**c.** Quelles sont les qualités dont vous devrez faire preuve pour laisser une bonne impression ?

..............................

**CONSEIL**

Dans le cas où un recruteur vous appelle et vous laisse un message : vérifiez que l'annonce de votre boîte vocale soit neutre et que votre prénom et votre nom soient clairement audibles. Évitez les annonces humoristiques ou trop longues : optez pour une phrase classique comme « Bonjour, vous êtes sur le répondeur de Sophie Duval, vous pouvez me laisser un message avec vos coordonnées et je vous rappellerai dès que possible. »

**3** **Voici des expressions familières à ne pas employer lors d'un entretien téléphonique pour trouver un stage ou un emploi. Cherchez des équivalents plus acceptables dans ce contexte.**

– okay : ..............................

– ouais : ..............................

– du coup : ..............................

– au jour d'aujourd'hui : ..............................

– un boulot/un taf : ..............................

– je sais pas : ..............................

– j'ai trop aimé mon ancien stage : ..............................

– chuis grave motivé : ..............................

**4** **Quelle est la meilleure manière de conclure une conversation téléphonique ?**

☐ À bientôt et très bonne journée.

☐ Merci Madame/Monsieur de m'avoir accordé du temps. Je reste à votre disposition si nécessaire. Au revoir Madame/Monsieur.

☐ Vous avez l'air très aimable et je suis ravi(e) de venir faire mon stage chez vous. Au revoir Madame/Monsieur.

**5** **Par groupe de deux, préparez une improvisation sur la recherche de stage par téléphone, en choisissant parmi les propositions suivantes, qui mettent en scène un(e) étudiant(e) appelant…**

– une personne très désagréable au standard.
– un(e) responsable très bavard(e), qui ne lui laisse pas la parole.
– un(e) responsable débordé(e) par son travail.
– un(e) responsable qui ne veut plus s'occuper de stagiaires à cause d'une mauvaise expérience.

# Le courriel

i-manuel

**1 Lesquelles de ces adresses électroniques donnent une image sérieuse pour une recherche de stage ou d'emploi ?**

☐ petitecocotte@hotmail.fr ☐ sophieduvaldu93@free.fr ☐ sophie@hotmail.com
☐ sophie.duval@gmail.com ☐ sduval@yahoo.fr ☐ sosodv@sfr.com

**2 Quel objet vous semble acceptable pour l'envoi d'un courriel à un responsable du recrutement ?**

☐ Objet : je suis très motivé
☐ Objet : assistant manager
☐ Objet : stage
☐ Objet : candidature à l'offre de stage n°23C (assistant manager)
☐ Objet : je souhaiterais proposer ma candidature pour l'annonce publiée sur votre site

**3 Quelle est la meilleure manière de s'adresser à un(e) responsable du recrutement au début d'un courriel ?**

☐ Madame/Monsieur...
☐ Chère Madame/Cher Monsieur...
☐ Ma chère Madame/Mon cher Monsieur...
☐ Madame la responsable du recrutement/Monsieur le responsable du recrutement...
☐ Bonjour Madame/Monsieur...

**4 Classez ces formules de politesse de la plus familière à la plus formelle.**

☐ Très cordialement ☐ Respectueusement
☐ Bien à vous ☐ Bises
☐ À bientôt ☐ Je vous prie d'agréer, Madame, Monsieur, l'expression de mes salutations respectueuses

**5 a. Voici un courriel adressé à un responsable du recrutement. Quelles en sont les maladresses ?**

> Objet : stage
>
> Mon cher monsieur,
> L'offre de stage n°C23, publiée sur le site de votre entreprise, a retenu mon attention. Actuellement étudiant en BTS assistant manager, je suis la personne parfaite pour votre entreprise : vous ne regretterez pas de me recruter. Vous trouverez ci-joint mon CV et ma lettre de motivation.
> J'attends votre réponse avec impatience.
> Cordialement,
> Éric Michaud

..........

**b. Réécrivez-le pour qu'il soit moins maladroit.**

..........

**CONSEIL**

- Lorsque vous écrivez un courriel pour trouver un stage, faites attention à l'adresse que vous utilisez : elle doit être neutre et donner une impression de sérieux, de professionnalisme.
- L'objet du courriel doit être explicite et concis.
- Si vous joignez votre CV et une lettre de motivation, faites-le au format PDF et donnez un nom simple et clair aux deux fichiers.
- Vous pouvez donner le lien vers votre profil sur les réseaux sociaux professionnels (p. 132).
- Si vous ne connaissez pas la personne à qui vous écrivez, mieux vaut être trop formel que pas assez.
- Si vous ne connaissez pas le sexe de la personne à qui vous écrivez, employez les deux termes « Madame, Monsieur » dans les formules de politesse.

# Passer un entretien d'embauche

## Document 1 Lena Dunham, *Girls*, saison 4, 2015

***Cette série raconte la vie de quatre amies vingtenaires. Shoshanna passe de nombreux entretiens pour trouver un emploi sérieux.***

### Extrait 1, épisode 3

SHOSHANNA. C'était super sympa ! On dirait qu'on prend un verre entre amies en parlant des hommes.

LA RECRUTEUSE. J'adore. Je ne peux pas vous embaucher sans avoir vu tous les candidats. Mais si vous le voulez, le poste est à vous.

SHOSHANNA. C'était exactement ce que je voulais entendre.

LA RECRUTEUSE. Donc, c'est sûr, on va se revoir très bientôt.

SHOSHANNA. En fait, j'en suis pas sûre.

LA RECRUTEUSE. Pardon ?

SHOSHANNA. En fait, pour être vraiment honnête... Je sens que je peux l'être avec vous. Au fond de mon cœur, je savais que ça serait un entraînement. Pour tester mes compétences, ma poignée de main et le confort de ces talons.

LA RECRUTEUSE. Pourquoi venir si Ann Taylor Loft ne vous intéresse pas ?

### Extrait 2, épisode 4

LA RECRUTEUSE. Vous avez un esprit d'analyse, mais une vision des choses trop simpliste, je le crains. Concernant vos capacités de leadership, j'ai peur que votre style soit rebutant.

SHOSHANNA. Physiquement ? Je suis un peu avant-gardiste, mais un bon leader doit être précurseur.

LA RECRUTEUSE. Ce n'était pas à prendre au sens littéral. En ce qui concerne le travail d'équipe, votre manque de sensibilité est problématique.

SHOSHANNA. D'après mon expérience, les gens apprécient ma franchise. Genre, ce collier ne vous met pas en valeur.

### Extrait 3, épisode 10

SHOSHANNA. Je suis très au courant du climat actuel des affaires et du sens du marketing à l'air numérique.

LA RECRUTEUSE. Vous avez vraiment tapé dans le mille. C'est notre philosophie. Nos employés doivent comprendre notre mode de vie et notre message. Je crois qu'il y a un poste auquel vous conviendrez parfaitement. Ça implique du marketing.

SHOSHANNA. Une passion.

LA RECRUTEUSE. Les médias sociaux.

SHOSHANNA. Un vrai plaisir pour moi.

LA RECRUTEUSE. Et faire le lien entre le gérant japonais de la marque et notre équipe de vente américaine.

SHOSHANNA. Excellent !

i-manuel

**1 a.** **Lequel de ces trois entretiens vous semble le mieux réussi ? Pourquoi ?**

**b.** **Quels conseils auriez-vous donné à Shoshanna pour ses entretiens, d'après ces trois scènes ?**

**2** **Si vous deviez passer un entretien d'embauche pour un emploi dans votre secteur professionnel, quelles questions pourrait-on vous poser ? Formulez-en trois pour chaque catégorie du tableau suivant.**

| Vos études | Vos expériences professionnelles | Votre vie privée |
|---|---|---|
| | | |

**3** **Comment répondriez-vous à chacune de ces questions ou remarques déstabilisantes ? Expliquez pourquoi vos réponses vous permettraient de donner une image positive de vous au recruteur.**

**a.** Quel est votre principal défaut ?

**b.** Vous n'avez pas d'enfants, mais qu'est-ce qui m'assure que vous n'en aurez pas dans les années à venir et que vous aurez toujours autant de temps à consacrer à l'entreprise ?

**c.** Avez-vous déjà commis des erreurs dans votre parcours professionnel ?

**d.** Votre parcours scolaire est loin d'être parfait, vous avez redoublé plusieurs fois : peut-on vous faire confiance ?

**4** **Par équipes de trois, simulez un entretien d'embauche. L'un jouera le candidat, un autre le recruteur, le troisième observera et évaluera la prestation des deux autres.**
**Choisissez une situation dans la liste suivante :**

– Le recruteur ne parle jamais du poste, il aborde des points hors-sujet.
– Le recruteur adopte une attitude froide, distante et sévère.
– Le recruteur est très bavard et ne laisse pas le candidat parler.
– Le recruteur pose des questions trop personnelles.

# Le rapport de stage

## A. Avant la rédaction

- Prenez des notes sur le terrain. Vous pouvez le faire dans un carnet, mais aussi vous enregistrer avec votre téléphone ou prendre des photographies, après avoir sollicité l'accord de votre tuteur.
- Archivez les documents qui serviront d'annexes. À la fin de chaque semaine, mettez au propre vos notes.
- Avant la fin du stage, vous pouvez solliciter un entretien avec votre tuteur pour lui demander des précisions ou revenir sur un document ou une mission que vous n'auriez pas compris.
- Vous pouvez aussi lui soumettre le plan de votre rapport, avant la rédaction.

## B. La rédaction

- **La page de garde** contient :

– votre prénom et votre nom ;
– l'intitulé du BTS pour lequel vous candidatez ;
– l'intitulé de votre poste dans l'entreprise ;
– les dates et le lieu du stage ;
– le nom, le logo, l'adresse de l'entreprise ;
– le nom, le logo, l'adresse du lieu de formation ;
– le nom du tuteur et l'intitulé de son poste.

- **La page des remerciements** s'adresse au tuteur, aux collègues et aux enseignants qui vous ont aidé(e) pendant votre stage et votre formation. Citez le nom et le poste de chaque personne et justifiez votre remerciement.

- **Le sommaire** présente le plan du rapport, qui permet de comprendre les enjeux du stage.

- **L'introduction** contient :

– la présentation du contexte ;
– vos objectifs vis-à-vis de ce stage, votre plan de formation ou de carrière ;
– une présentation rapide de l'entreprise ;
– l'annonce du thème et de l'enjeu du stage ;
– l'annonce du plan.

### Exemple d'introduction

En 2060, 90 % des Français rouleront dans des véhicules électriques, chiffre annoncé par l'étude « Ma voiture du futur » qui en dit long sur les changements à venir le domaine de l'automobile.
Dans le cadre de mon BTS Communication au lycée Champlain de Chennevières-sur-Marne, j'ai souhaité réaliser mon stage dans une entreprise répondant à cet enjeu… tout en me formant aux métiers de la communication. Les missions d'Éco'Auto m'ont attiré car j'ai un esprit créatif et je souhaite m'orienter professionnellement dans cette voie.
Cette entreprise française, créée en 2014, s'est fait connaitre dans l'industrie automobile pour ses prototypes innovants de voitures électriques. Elle est encore méconnue du grand public et l'une des missions importantes de son service de communication est de remédier à cela. Nous verrons ainsi dans ce rapport quels sont les freins et les leviers pour promouvoir l'image d'une entreprise innovante dans ce secteur industriel.
Dans un premier temps je décrirai l'entreprise en insistant sur ses particularités par rapport à l'industrie automobile. Puis je présenterai mes missions au sein du service de communication, avant de proposer un bilan de mon stage.

- **Le développement** doit présenter les éléments suivants :
– la présentation de l'entreprise ;
– son secteur d'activité ;
– son historique, son statut, son chiffre d'affaire, ses parts de marché, son positionnement, sa clientèle, etc. ;
– son organigramme ;
– la présentation du stage ;
– les missions menées, leurs objectifs, leurs résultats ;
– les outils utilisés ;
– les difficultés rencontrées ;
– les apports professionnels (compétences et connaissances développées) ;
– les apports personnels.

- **La conclusion** contient :
– un résumé des principales conclusions du rapport de stage ;
– une mise en perspective du stage avec la formation suivie et le projet professionnel.

**Exemple de conclusion**

Ce stage a été très enrichissant car il m'a permis de découvrir dans le détail le secteur de l'automobile électrique, ses acteurs, ses contraintes, et m'a permis de participer concrètement à l'action d'un service de communication visant à promouvoir ce type de véhicule. Grâce à la variété des tâches qui m'ont été confiées, j'ai pris conscience que les missions créatives n'étaient pas les plus adaptées pour moi. Je préfère ainsi davantage m'orienter vers l'organisation d'événements, que j'ai pu découvrir notamment lors de ma participation au salon de la voiture écologique. L'entreprise Éco'Auto, qui m'a accueilli pendant ce stage, est en plein essor, et je suis fier d'avoir pu contribuer, à ma mesure, à son développement. Fort de cette expérience, j'aimerais par la suite approfondir ma formation en préparant une licence professionnelle en événementiel et trouver un stage permettant de prolonger mon expérience au sein d'Éco'Auto.

- **Les annexes** comprennent tous les documents qui illustrent votre rapport (documentation de l'entreprise, articles en lien avec votre propos, etc.).

### Les normes de présentation

Le rapport étant présenté pour l'obtention d'un diplôme, il est soumis à des normes de présentation :
– pages numérotées en bas à droite ;
– police de caractères et corps lisible (Times New Roman, corps 12, par exemple) ;
– interlignage de 1,5 ;
– références précises des sources, des citations ;
– annexes titrées et numérotées.

# La soutenance

La soutenance doit rendre compte des compétences et des connaissances développées lors de votre formation. Il ne s'agit ni de répéter le contenu de votre rapport écrit ni de réciter un texte mémorisé.

**Le jury évaluera :**
- vos capacités à rendre compte de votre expérience dans le monde du travail ;
- vos connaissances techniques et professionnelles ;
- vos capacités d'analyse d'une situation professionnelle ;
- votre exploitation des outils de communication ;
- l'organisation et la structure de votre présentation ;
- votre posture et votre expression.

## A. Avant la soutenance

### Préparation des supports

Votre préparation comprendra deux éléments : votre diaporama de présentation à destination du jury et vos notes personnelles.

### Le diaporama

Il suit la même structure que votre rapport de stage (voir les pages 252-253). Pour bien l'organiser :
– choisissez un seul modèle de diapositive ;
– n'excédez pas une vingtaine de diapositives, à la présentation aérée ;
– adoptez pour le texte des diapositives une police et un corps lisibles ;
– évitez de rédiger vos diapositives et préférez des mots-clés ;
– n'utilisez pas plus de trois couleurs par diapositive ;
– indiquez les sources de chaque image insérée.

### Les notes personnelles :

Reportez-vous aux pages 230-231 pour préparer vos notes. Pour en faire un usage efficace :
– utilisez des fiches de petit format, que vous numéroterez, en fonction du plan de votre diaporama ;
– changez de fiche à chaque nouvelle partie ;
– n'utilisez que le recto de la fiche ;
– ne rédigez pas de phrases dans vos fiches et préférez la mise en en valeur des titres, des transitions et des mots-clés (notions, noms, chiffres, faits importants, dates...) ;
– ne lisez pas vos fiches.

### Préparation de l'oral :

- À l'aide d'un téléphone, entraînez-vous à présenter votre soutenance en cherchant à :
– adopter un rythme dynamique sans aller trop vite ;
– prendre appui sur vos notes sans pour autant les lire ;
– commenter les diapositives de votre diaporama.

- Écoutez ou visionnez ensuite votre prestation pour la reprendre en améliorant les points les moins réussis. Pensez à respecter le temps imparti en vous chronométrant.

- Pour l'entretien, vous pouvez réfléchir à des questions que l'on pourrait vous posersur votre rapport : questions d'approfondissement, de précision, de perspectives, de mise en situation...

**Types de questions posées :**
- sur les normes professionnelles ;
- sur les types et fonctions des métiers observés ;
- sur le fonctionnement de l'entreprise ;
- sur l'éthique professionnelle ;
- sur les postures professionnelles ;
- sur une étude de cas ou une situation ;
- sur les procédures à suivre ;
- sur des notions de cours en lien avec le monde professionnel.

**Exemples de questions :**
- Pourquoi avoir choisi ce stage ?
- Qu'est-ce qu'une convention collective ?
- Pensez-vous être devenu un professionnel de ... ?
- De quelles qualités faut-il faire preuve pour être un professionnel de ... ?
- Qu'est-ce que les relations entre collègues peuvent apporter à l'entreprise ?
- Quelles difficultés avez-vous rencontrées dans votre stage ?
- Quelle est votre plus grande fierté lors de ce stage ?

## B. La soutenance

**Présentation du diaporama :**
- adoptez une posture qui maintient l'attention (regard tourné vers le jury) ;
- faites une utilisation dynamique du diaporama ;
- atténuez les signes de stress (respiration, position des mains, tics de langage ...).

**Entretien :**
- prenez le temps d'écouter et de comprendre les questions pour réfléchir à votre réponse ;
- demandez au jury de reformuler une question en cas d'incompréhension ;
- formulez vos réponses avec un langage professionnel ;
- soyez respectueux à propos de l'entreprise et des collègues qui vous ont accueilli(e), même lorsque vous décrivez une expérience négative.

## Crédits textes

**p.9** Mathilde Ramadier, *Bienvenue dans le nouveau monde, Comment j'ai survécu à la coolotude des startups*, 2017 © Éditions Premier Parallèle **p.10** Margaux Rambert, « France Télécom et le management par la peur », Novembre 2009 © Psychologies magazine **p.11** © *Management*, décembre 2013 **p.12** « Coup de grisou en Géorgie : quatre morts », 16 juillet 2018 © AFP **p.12** Pierre Bachelet, *Les Corons*, 1982 **p.15** Matthew B. Crawford, Éloge du carburateur ; essai sur le sens et la valeur du travail, 2010 © Édition La Découverte **p.17** Sabine Harreau, Infographie : Askmedia – Pèlerin n° 6961 © Bayard Presse 2016 p.22 Julia de Funès et Nicolas Bouzou, *La Comédie (in) humaine*, 2018 © L'Observatoire **p.25** Michel Houellebecq, *La Carte et le Territoire*, 2010 © Flammarion **p.26** Dimitri Sokolov-Mitrich, « Huit jours de bonheur loin de la consommation », 26 octobre 2010 © Courrier international **p.27** Georges Perec, *Les Choses*, 1965 © Éditions Julliard **p.31** Mona Chollet, *Beauté fatale*, 2012 © Éditions de la Découverte **p.32** Jacques Strenberg, *Histoires à dormir sans vous*, 1990 © Éditions Denoël **p.36 hg** Simone de Beauvoir, *Les belles images*, Folio, 1972 © Éditions Gallimard **p.36 mg** Frédéric Beigbeder, *14.99 euros* © *Éditions Grasset &* Fasquelles, 2001 **p.36 bg** Christophe Rioux, *Tête de gondole*, 2009 © Flammarion **p.36** bd Annie Ernaux, *Regarde les lumières mon amour*, Folio, 2016 © Éditions Gallimard **p.36 hd** Radhika Jha, *La Beauté du diable*, 2009 © Éditions Philippe Picquier **p.36 md** Violaine Schwartz, *Comment on freine ?*, 2015 © Éditions P.O.L **p.38 g** Marcos Prior et Danide, *Phagocytose*, 2018 © Éditions ça et là **p.40** Pierre Bourdieu, *La Distinction, critique sociale du jugement*, 1979 © Éditions de Minuit **p.42** Zadie Smith, *De la beauté*, [2005], trad. Philippe Aronson© Éditions Gallimard, 2009 reproduction avec la permission des Éditions Rogers, Coleridge et White Ltd-London **p.47** Philippe Escande, «Le mythe de Leonard de Vinci, record des enchères», 16 novembre 2017 © Le Monde **p.48** Gilles Lipovetsky, Jean Serroy, *L'Esthétisation du monde : vivre à l'âge du capitalisme artiste*, 2013 © Éditions Gallimard **p.54 m** Maylis de Kerangal, *Un monde à portée de main*, «Verticales», 2018 © Éditions Gallimard **p.54 d** *L'île du Louvre*, 2015 © Coédition Louvre éditions et Futuropolis **p.57 Cécile** Daumas et Thomas Lebègue, « Petits et grands conflits de garde-robe », 11 juin 2001 © Libération **p.59** France Borel, *Le Vêtement incarné, les métamorphose du corps*, 1992 © Éditions Calmann-Levy **p.63** Elsa Godard, *Je selfie donc je suis*, 2016 © Éditions Albin Michel **p.64** Catherine Lejealle, « Facebook et la mise en scène de soi : contrôler son image est euphorisant », 5 octobre 2013 © Le Nouvel Obs p.65 h ©Chompoo Baritone **p.70 g** Loïc Prigent, *J'adore la mode mais c'est tout ce que je déteste© Éditions Grasset &* Fasquelles, 2017 **p 70 d** Sylvie Weil, *Selfies*, 2015 © Buchet Chastel **p.70 m** Pascale Frey et Bernard Ciccolini, *Coco Chanel*, 2013 © Naïve **p.72** Olivier Adam, *Poids léger*, 2002 © Éditions de l'Olivier **p.73** Aya Cissoko et Marie Desplechin, *Danbé*, 2011 © Éditions Calmann-Levy **p.74** Joyce Carol Oates, *De la boxe*, [1987], trad. Anne Wicke, 2012 © Éditions Tristram pour la traduction française **p.79** Pierre de Coubertin, *La Gloire du football*, [1933], 2006 © Mercure de France **p.80** Entretien de Sébastien Louis, « Euro 2016 : «Les hooligans russes ont mené un raid comme un commando paramilitaire» », 13 juin 2016 © Le Monde **p.84** Romain Duchesne, « Mark Cavendish, bouquet final », 5 juillet 2018 © Libération **p.86 m** Paul Fournel, *Les athlètes dans leur tête* © Éditions du Seuil, 1994, Points, 2012 **p.86 d** *Panama Al Brown* de Jacques Goldstein, illustré par Alex. W. Inker © 2017, éditions Sarbacane **p.88** Platon, *Le Banquet*, [1998], trad. Luc Brisson, GF, 2018 © Flammarion **p.89** Philippe Pons, « La dérobade des jeunes japonais «sans genre» », 8 février 2017 © Le Monde **p.90** Catherine Mallaval, « Transsexuels : le droit à changer de sexe à l'état civil repart en arrière », 26 septembre 2016 © Libération **p.91 Pénélope** Bagieu, *Les Culottés*, 2016 © Éditions Gallimard **p.96** Édouard Louis, *Qui a tué mon père ?* © Éditions du Seuil, 2018, Points, 2019 **p.97** Elisabeth Badinter, *XY, de l'identité masculine*, 1992 © Éditions Odile Jacob **p.100 hg** Une, 20 avril 2018 © Elle magazine **p.100 d** Une, novembre 2018 © Muscle & Fitness Magazine **p.100 b** Une, juin 2018 © Causette **p.102 g** Laure bereni, Sébastien Chauvin, Alexandre Jaunait, et Anne Revillard, *Introduction aux études sur le genre*, 2015 © Éditions de Boeck **p.102 m** Chloé Cruchaudet, *Mauvais Genre*, 2013 © Éditions Delcourt **p.104 « Le monde a admiré cette photo. Nous aurions dû nous en inquiéter », 5 octobre 2012** © **Slate p.105** Alain Korkos, « Le Daily Mirror et le ver de terre », 2014 © Arrêt sur images.fr **p.105 g** Une « So why have we handed out one million food parcels ? », 16 avril 2014 © Daily Mirror **p.106** Laurent Abadjian, « La Japonaise qui a fait le tour du monde », 20 mars 2012 © Telerama.fr **p.106 g** Une « L'onde de choc », n°2419, le 17 mars 2011 © Le Nouvel Obs **p.106 d** Une « La chute d'un géant », 17 mars 2011 © Le Point **p.107** Emmanuel Guibert, Frédéric Lemercier et Didier Lefèvre, *Le Photographe*, T2 © DUPUIS, 2014 **p.111** Christian Salmon, *Storytelling*, 2007 © Éditions de La Découverte **p.112** Florence Aubenas et Michel Benasayag, *La Fabrication de l'information*, 1999 © Éditions de La Découverte **p.113** Denis Robert et Laurent Astier, *L'Affaire des affaires*, « L'argent invisible » tome 1 © DAGAUD, 2019 **p.118 g** Brooke Gladstone et Josh Neufeld, *La machine à influencer*, 2014 © Éditions ça et là **p.118 m** Eric Fottorino, *Mon Tour du «Monde»*, 2012 © Éditions Gallimard **p.120** Camille Laurens, *Celle que vous croyez*, 2016 © Éditions Gallimard **p.121** Salomé Garganne, « Usurpation d'identité : Facebook condamné à aider un boulanger auvergnat », 28 février 2018 © Le Figaro **p.122** Antonio Casilli, *Les Liaisons numériques*, 2010 © Éditions du Seuil **p.123** Henry Jenkins, Mizuko Ito, Danah Boyd, *Culture participative*, 2017 © C&F éditions **p.127** Dominique Cardon, À quoi rêvent les algorithmes ?, 2015 © Coédition les Éditions du Seuil – La République des idées, 2015 **p.129** Grégoire Allix, « Le projet de « ville Google » prend forme à Toronto », 8 juillet 2018 © LeMonde.fr **p.134 m** Dave Eggers, *Le Cercle*, 2013 © Éditions Gallimard **p.134 d** Danah Boyd, *C'est compliqué*, 2014 © C&F éditions **p.137** Laurent Gaudé, *Eldorado*, 2006 © Actes Sud **p.138** « Alpes : des militants d'extrême droite bloquent le col de l'Echelle, lieu de passage de migrants », 21 avril 2018, © Le Monde **p.139** Mathilde Frénois, « Cédric Herrou, passeur décisif », 30 janvier 2017 © Libération **p.145** Serge Latouche, « En finir, une fois pour toutes, avec le développement », mai 2001 © Le Monde diplomatique **p.150 g** Claire Rodier et Emmanuel Terray, *Immigration : fantasmes et réalité*, 2008 © Éditions de la Découverte **p.150 m** Baudoin et Troubs, *Humains, la Roya est un fleuve*, 2017 © Edmond Baudoin, Troubs & L'Association **p.154** Nathalie Quintane, *Un œil en moins* © P.O.L. Éditeurs, 2018 **p.160** Ingrid Nyström, Patricia Vendramin, *Le Boycott*, 2015 © Éditions Presses de Sciences P.O **p.166** g Philippe Subra, *Zones à Défendre, de Sivens à Notre-Dame-des-Landes*, 2016 © Éditions de l'Aube **p.166 m** Abd al Malik, *Camus, l'art de la révolte* © LIBRAIRIE ARTHÈME FAYARD 2016 **p.166 d** Christophe Girard, *Le Linceul du vieux monde*, 2013 © Les Enfants rouges **p.168** Pierre Rabhi, *La Part du colibri : l'espèce humaine face à son devenir*, 2006 © Éditions de l'aube **p.169** Comité de soutien Défendre-Habiter, « Comme à la ZAD de ND des Landes, défendons d'autres manières d'habiter », 6 avril 2018 © Blog Mediapart.fr **p.170** Robert Merle, *Malevil*, 1972 © Éditions Gallimard **p.176** Hannelore Cayre, « Les enfants d'Auroville : en Inde, l'utopie veut aussi s'écrire dans une cité idéale », 2011 © Revue XXI **p.182 g** Éloge des mauvaises herbes : ce que nous devons à la ZAD, ouvrage collectif dirigé par Jade Lindgaard, 2018 © Éditions Les Liens qui libèrent **p.182 m** René Barjavel, *Ravage*, Folio, 1943 © Éditions Gallimard p.184 Plutrarque **p.185** Jonathan Safran Foer, *Faut-il manger les animaux ?*, 2009 © Éditions de l'Olivier **p.186** Corentin Lacoste, « Végétarienne de naissance, je n'ai goûté de la viande qu'à 13 ans », 18 juin 2017 © Le Monde **p.191** Mark Bekoff, trad. Nicolas Wacquet, *Les émotions des animaux* © *Éditions Rivages*, 2007 **p.193** Evelyne Pieiller, « Retour au jardin d'Éden », 2018 © Le Monde diplomatique **p.198 g** Isabelle Sorente, *180 jours*, 2013 © JC Lattès **p.198 d** Jacques Vauclair, *L'intelligence de l'animal*, 2017 © Points **p.201** Affiche de l'éducation nationale **p.202** Annie Ernaux, *La Honte*, 1997 © Éditions Gallimard **p.203** Marie Queret, «Mathématiques : Singapour, la méthode gagnante» © Le journal du dimanche, 4 février 2018 **p.208 « Le repas gastronomique des français » © UNESCO p.210** Laurent Gaudé, *Le Soleil des Scorta*, © Actes Sud, 2004 **p.211** Claire Schneider, « Pourquoi les repas de famille dégénèrent-ils ? » © Marie-Claire **p.221** Nathalie Picard, « L'animal, thérapeute au banc d'essai », 5 décembre 2017 © Le Monde p.221 Affiche campagne © SPA, 2015 **p.227** Affiche publicitaire © Biocop **p.233** Aymeric Caron, *Antispéciste*, © Éditions du Seuil, sous la marque des éditions don Quichotte, 2016 « Points documents », 2017 **p.235** Gaëlle Dupont, « Plus on vieillit, moins on est reconnu », © Le Monde, 21 mai 2018 **p.236** Annie Ernaux, *Regarde les lumières mon amour*, © Éditions Raconter la vie/ Le Seuil, 2014 **p.237** Émilie Brouze, « La vraie révolution : que les garçons expriment enfin leurs émotions », ©L'Obs, 15 novembre 2017 **p.239** Affiche publicitaire © Robin Wood, 2016 **p.244** © Julien Prévieux

## Crédits photographiques

Couverture : ht SHUTTERSTOCK/LightField Studios ; bas SAGAPHOTO/S. Gautier/© Succession Picasso 2019 ; 7 DEBANNE VINCENT ; 13 ht d BETC ; 13 bas MAXPPP/Le Parisien/Photo PQR/Frédéric Dugit ; 13 ht g BIS / Ph. © Archives Nathan ; 16 GAMMA RAPHO/Robert Doisneau ; 22 d CHRISTOPHE L COLLECTION © Nord Ouest Productions/Arte France Cinéma ; 22 m CHRISTOPHE L COLLECTION © Zadig ; 23 Centre Pompidou, MNAM-CCI, dist. RMN-Grand Palais/Philippe Migeat © Courtesy Monika Sprüth, Cologne © ADAGP, Paris 2019 ; 24 REPESSE Antoine ; 29 GREENPEACE FRANCE ; 33 Collection FRAC BOURGOGNE/Photo André Morin © Daniel Firman ; 38 g CHRISTOPHE L COLLECTION © Mediapro/Arte ; 38 m CHRISTOPHE L COLLECTION © HBO ; 39 AFP/Getty images France/Oli Scarff ; 43 ht COLOMYES Sigrid ; 43 bas COLOMYES Sigrid ; 47 STUDIO X/imago ; 49 AFP/Photo William Edwards ; 52 d Musée d'Orsay, Dist. RMN-Grand Palais/Patrice Schmidt ; 52 g AFP/Pierre Verdy ; 54 g CHRISTOPHE L COLLECTION © Canal +/France 2 Cinéma ; 55 CELIKDAG Timur ; 57 MARTY Olivier ; 58 Agence Chevalier, Le Forestier, Michel et Team, Paris/ Musée des Arts décoratifs, centre de documentation ; 65 bas © Estate of Vivian Maier, Courtesy Maloof Collection and Howard Greenberg Gallery, New York ; 68 Juan Pablo Echeverri ; 71 GAMMA RAPHO/Robert Doisneau ; 75 bas © Chartoff Wincker Productions ; 75 ht d © Chartoff Wincker Productions ; 75 ht g © Chartoff Wincker Productions ; 81 ht © Clubhouse Pictures ; 81 bas d © Clubhouse Pictures ; 81 bas g © Clubhouse Pictures ; 84 KNIGHT Max ; 86 g CHRISTOPHE L COLLECTION © Malpaso Productions/Liberty Pictures ; 87 SIPA PRESS/AP/Chris Pizzello ; 95 BETC/Jung Architectures et Magasins généraux ; 102 d CHRISTOPHE L COLLECTION © Hold-up Films ; 103 CHRISTOPHE L COLLECTION © Bold Films/Sierra Affinity ; 104 GETTY IMAGES France/ The Life Picture Collection © Lieutenant Victor Jorgensen ; 118 d CHRISTOPHE L COLLECTION © Bold Films/Sierra Affinity ; 119 SEMENIAKO Boris ; 128 BASSIGNAC Gilles/ Divergence ; 134 g CHRISTOPHE L COLLECTION © Columbia Pictures/Relativity Media ; 135 Jason deCaires Taylor. All rights reserved, DACS/Artimage 2018/Photo Jason deCaires Taylor. © ADAGP, Paris 2019 ; 136 ANDIA/ABC/DPA/Schmid ; 144 AFP/Ishara S. Kodikara ; 148 KLEIN Stéphane/Divergence ; 149 KLEIN Stéphane/Divergence ; 150 d CHRISTOPHE L COLLECTION © JoleFilm/MACT Production ; 151 VOLKAN Aslan ; 153 KUCZYNSKI Pawel ; 155 © Banksy/Pest Control Office ; 159 MAGNUM PHOTOS/Bruno Barbey ; 164 Galerie GP et N. Vallois, Paris © ADAGP, Paris 2019 ; 167 SCHUITEN LUC ; 171 Chris MORIN-EITNER ; 177 SPERBER Aldo ; 180 g SAIF © Photo Laurent Weyl ; 180 CHEBIL Mehdi/hanslucas.com ; 182 CHRISTOPHE L COLLECTION ©Move Movie/Mars Films ; 183 AURIMAGES / DOLFY AGENCY LTD/BBQ ; 187 INTERBEV ; 192 m g © Red Box Film ; 192 ht g © Red Box Film ; 192 bas d © Red Box Film ; 192 bas g © Red Box Film ; 192 m d © Red Box Film ; 192 ht d © Red Box Film ; 198 d CHRISTOPHE L COLLECTION © Mezzanine Films/Mille et Une Productions/Rhône Alpes Cinéma ; 199 SHUTTERSTOCK/Peshkova ; 201 Rue des Archives/PVDE ; 209 BRIDGEMAN IMAGES/ Musée des Beaux-Arts, Rouen ; 228 g SHUTTERSTOCK/Lakov Filimonov ; 228 d SHUTTERSTOCK/Pressmaster ; 228 m SHUTTERSTOCK/Dotshock ; 230 SAIF/Photo Alain Soldeville ; 234 BETC ; 242 SHUTTERSTOCK/Sylvrob1 ; 250 ht © HBO ; 250 bas © HBO ; 250 m © HBO.

MIXTE
Papier issu de sources responsables
FSC www.fsc.org FSC® C022030

N° de projet : 10262036
Dépôt légal : février 2020
Imprimé en France par Clerc